무역결제론 (2판)

이우영·김철호·우광명·이양기

International
Trade
Payments

三 英 社

[제2판] 머리말

먼저 그 동안 본서를 교재로 사용하여 주시고, 애독하여 주신 모든 분들께 감사드린다.

본서가 출간된 이후 대금결제 관련분야에서 많은 변화가 나타남에 따라 기존 본문 내용을 체계화하고 단순하게 정리하여 보다 쉽고 용이하게 이해할 수 있도록 전반적으로 수정하였다.

본 개정판의 주요 변경사항은 다음과 같다.

첫째, 무역결제에서 활용도가 낮은 전자결제시스템에 관한 내용(기존 제3편 제13장 전자무역결제)을 삭제하는 대신 최근 많은 논의가 진행되고 있는 은행의 대금지급확약과 무역결제에서 블록체인기술 활용에 관한 내용을 제13장과 제14장에 새로이 추가하였다.

둘째, 제5장 신용장 거래의 실무 부분에서 은행간 대금상환방법에 대하여 개념 및 주요 내용을 추가하여 보완하였다.

셋째, 제6장 신용장과 무역결제서류 및 제7장 화환신용장통일규칙에서 중복기술된 부분, 특히 서류와 관련한 내용을 대폭 정리하였다.

또한 각 장에서 중복되는 내용을 정리하여 수정・보완하였으며, 표현상의 자구도 부분적으로 수정하였다.

이러한 수정 및 보완을 거쳤음에도 불구하고 여전히 미흡한 부분이 적지 않을 것으로 생각된다. 이번 개정에서 반영하지 못한 부분은 독자 여러분과 동학 선배제현의 조언과 충고를 통하여 향후 지속적으로 보완하고자 한다.

그리고 본서의 교정을 위해 수고해 주신 경남과학기술대학교 최철호 박사의 수고에 감사드리며 본서의 개정판을 흔쾌히 허락하여 주신 삼영사의 고성익 사장님, 그리고 그 동안 편집을 위해 수고하여 주신 임진숙 과장님을 비롯한 편집부제위께 감사의 인사를 드리는 바이다.

2020년 2월

공저자 씀

머리말

정보통신기술의 발전에 힘입어 무역거래에서도 전자적 거래가 보편화되어 가고 있다. 이러한 무역거래환경의 변화는 기존의 무역거래와 관련된 관행 및 법·제도에 상당한 변화를 초래하고 있는데, 무역거래자의 입장에서는 이러한 변화에 능동적으로 대처하는 것이 무엇보다 중요하다.

전통적인 무역대금결제방식으로는 송금방식, 추심방식 및 신용장방식과 더불어 국제팩토링방식과 포페이팅방식 등이 주로 활용되고 있다. 그러나 무역거래가 전자화됨에 따라 신속한 거래를 수행하기 위해서는 대금결제의 전자화가 필수적이다. 이에 전통적 무역대금결제방식들도 전자적 방식으로 전환되고 있으며, 전자대금결제를 위한 새로운 시스템과 방식들이 활용되기에 이르렀다.

본서에서는 이러한 변화를 염두에 두고 무역거래에서 활용되고 있는 전통적인 무역결제방식에 대하여 살펴본 후, 전자신용장, 무역거래의 전자화에 따른 무역서류의 전자화 등에 관한 내용을 다루었다. 또한 기존의 무역결제론 분야의 교재들에서 다소 누락된 감이 없지 않은 외국환과 외국환업무, 환위험에 대해서도 별도의 장을 두어 상세하게 설명하고자 하였다. 동 분야는 그동안 국제경영론의 외환론에서 다루어졌던 분야이나 최근의 추세가 무역학을 국제경제의 이론과 국제상거래의 실무로 양분하는 점을 반영하여 무역결제론에서 종합적으로 다루고자 하였다. 현재 무역영어, 국제무역사, 무역관리사 등의 자격증 시험에서도 동 분야의 출제빈도가 증가되고 있다는 현실적인 점도 고려하였다.

본서는 제3편 제13장으로 구성되어 있다. 제1편 무역결제 일반은 총3장으로 구성되어 있으며, 무역거래와 무역결제, 외국환과 외국환업무, 환위험관리 등 무역결제에 대한 전반적인 내용을 다루고 있다. 제2편 신용장방식에 의한 결제방식은 총5장으로 구성되어 있다. 제4장 신용장의 기본원리, 제5장 신용장거래의 실무, 제6장 신용장과 무역결제서류, 제7장 화환신용장통일규칙과 제8장 전자신용장 등 신용장방식에 관하여 종합적으로 정리하고 있다. 역시 총5장으로 구성되어 있는 3편에서는 신용장이외의 결제방식에 대하여 다루고 있다. 제3편은 최근 10년간의 무역결제방식의 변화추이 즉, 신용장방식의 감소와 송금 및 추심방식의 증대 현상을 고려하여 제9장 송금방식에 의한 결제, 제10장 추심방식에 의한 결제를 배치하였고, 최근 그 빈도가 서서히 증가하는 특수한 결제방식인 국제팩토링결제와 포페이팅결제를 각각 제11장과 제12장에서 소개하고 있다. 마지막으로, 제13장 전자무역결제에서는 인터넷 등 정보통신기술의 발달로 새로운 결제방식으로의 진전을 시험하고 있는 여러 가지 전자결제방식을 다루었다.

오랜 기간을 통하여 논의와 수정 및 보완단계를 거쳤음에도 불구하고 본서가 4인의 공저자로 구성되어 집필되다 보니 여러 가지 측면에서 부족한 점이 적지 않을 것으로 생각된다. 초판발행에서 발견되는 부족한 부분은 향후 독자여러분의 날카로운 비판과 동학 선배제현의 조언과 충고를 통하여 지속적으로 보완하여 나갈 것임을 밝혀 두는 바이다.

마지막으로 본서의 출간을 흔쾌히 허락하여 주신 삼영사의 고덕환 사장님께 깊은 사의를 표하며, 그간 편집을 위해 수고하여 주신 편집부 제위께 감사의 인사를 드리는 바이다.

2014년 8월

공저자 씀

Contents

PART 1 무역결제 일반

Chapter 1 무역거래와 대금결제 / 17

Ⅰ. 무역거래의 개요 / 17

1 무역거래의 의의 ·····17
2 무역거래의 과정 ·····18

Ⅱ. 무역계약과 대금결제 / 24

1 무역계약의 의의 ·····24
2 무역계약과 대금결제의무 ·····26

Ⅲ. 무역결제의 개념 / 27

1 무역결제의 의의 ·····27
2 대금결제시기 ·····28
3 무역결제수단 ·····32
4 무역결제통화 ·····33

Ⅳ. 무역결제방식 / 34

1 송금결제방식 ·····34
2 추심결제방식 ·····35
3 신용장결제방식 ·····36
4 국제 팩토링방식 ·····38
5 포페이팅방식 ·····38
6 전자결제방식 ·····39
7 기타 ·····39

Ⅴ. 우리나라 무역대금결제방식의 동향 / 41

1 수출결제방식 ·····41
2 수입결제방식 ·····43

Chapter 2 외국환과 외국환 업무 / 45

Ⅰ. 외국환 / 45

1 외국환의 개념 45

2 외국환의 분류 46

3 외국환의 종류 48

4 외국환 관리 49

Ⅱ. 외국환 업무와 외국환 업무 취급기관 / 50

1 외국환 업무 50

2 외국환 취급기관 51

Ⅲ. 외국환거래법 / 53

1 적용대상 53

2 외국환거래의 정지와 지급수단 등의 집중의무 부과 54

3 건정성 규제 55

4 외국환 업무의 제재 56

5 체신관서의 외국환업무 57

6 외국환평형기금 58

7 지급 등의 절차 59

Chapter 3 환위험 / 61

Ⅰ. 환위험의 개념과 유형 / 61

1 환위험의 개념 61

2 헤지 62

3 환위험의 유형 64

Ⅱ. 환위험의 관리 / 68

1 필요성과 목표 68

2 환위험 관리기법 69

Contents

PART 2 신용장방식에 의한 결제방식

Chapter 4 신용장의 기본원리 / 77

Ⅰ. 신용장의 의의 / 77
1 신용장의 개념 ·····77
2 신용장의 필요성 ·····78
3 신용장거래의 특성 ·····79
4 신용장의 독립・추상성 원칙 예외 적용 ·····86
5 신용장거래의 효용성 ·····87
6 신용장의 한계 ·····89

Ⅱ. 신용장의 거래과정과 당사자 / 91
1 신용장 거래과정 ·····91
2 신용장 당사자 ·····93
3 신용장 당사자의 권리의무 ·····96

Ⅲ. 신용장의 종류 / 101
1 신용장의 일반적 구분 ·····102
2 특수신용장 ·····113
3 유사신용장 ·····118

Chapter 5 신용장거래의 실무 / 120

Ⅰ. 신용장의 발행과 거래약정 / 120
1 신용장발행의 의의와 절차 ·····120
2 신용장의 발행담보와 수수료 ·····130
3 신용장의 발행방식 ·····132
4 신용장의 내용구성과 기재사항 ·····136

Ⅱ. 신용장의 통지, 수령 및 확인 / 147

1 신용장의 통지와 수령 147
2 신용장 확인 152
3 은행의 확약 154

Ⅲ. 신용장 조건변경 및 취소 / 156
1 신용장 조건변경 156
2 신용장 취소 158
3 신용장 조건변경과 취소의 당사자 159

Ⅳ. 은행간 대금상환 / 159
1 은행간 대금상환방법 159
2 은행간 대금상환통일규칙 163

Ⅴ. 신용장의 양도 / 166
1 신용장 양도의 의의 166
2 신용장양도 요건 167
3 신용장양도 방법 168
4 신용장양도 절차 168
5 신용장 양도인의 권리・의무 168
6 대금의 양도 169

Ⅵ. 신용장의 지급이행과 매입 / 170
1 지급이행의 의의 170
2 일람지급과 연지급 170
3 인수 172
4 매입 174

Ⅶ. 신용장의 서류심사 / 181
1 선적서류의 준비 181
2 선적서류의 매입의뢰 및 심사 181
3 수입대금의 결제 182
4 신용장 클레임 184
5 수입화물선취보증서 186

Contents

6 수입화물 대도 ······ 187

Chapter 6 신용장과 무역결제서류 / 190

Ⅰ. 무역결제서류의 개요 / 190

1 무역결제서류의 의의 ······ 190
2 무역결제서류의 종류 ······ 192

Ⅱ. 운송관계서류 / 192

1 선하증권 ······ 192
2 해상화물운송장 ······ 204
3 항공화물운송장 ······ 207
4 철도화물수탁증과 도로화물수탁증 ······ 210
5 복합운송증권 ······ 212
6 우편수령증 및 특송화물수령증 ······ 221

Ⅲ. 보험관계서류 / 222

1 보험증권 ······ 222
2 보험증명서 ······ 225
3 보험승낙서 ······ 225
4 보험서류의 수리요건 ······ 228

Ⅳ. 송장 / 229

1 상업송장 ······ 230
2 공용송장 ······ 231

Ⅴ. 기타서류 / 233

1 원산지증명서 ······ 233
2 포장명세서 ······ 236
3 검사증명서 ······ 236
4 용적・중량증명서 ······ 236
5 위생증명서 ······ 237

6 검역증명서 ······237
7 차변표와 대변표 ······237

Ⅵ. 환어음의 매입과 결제 / 240

1 환어음의 의의 ······240
2 환어음과 기재사항 ······242
3 환어음의 작성 ······243

Chapter 7 화환신용장통일규칙 / 248

Ⅰ. 신용장통일규칙의 개요 / 248

1 신용장통일규칙의 의의 ······248
2 UCP 600의 주요 개정내용 및 구성 ······249

Ⅱ. UCP 600의 주요 내용 / 252

1 총칙 ······252
2 은행의 의무 및 책임 ······256
3 서류의 심사와 거절 ······259
4 기타조항 ······262
5 면책 ······264

Chapter 8 전자신용장 / 267

Ⅰ. 전자신용장의 개요 / 267

1 전자신용장의 개념 ······267
2 전자신용장의 특성과 거래원칙 ······268
3 전자신용장의 효과 ······270

Ⅱ. e-UCP / 271

1 e-UCP의 제정배경 ······271
2 e-UCP의 적용범위 ······273
3 e-UCP의 주요 내용 ······277

Contents

PART 3 신용장 이외의 결제방식

Chapter 9 송금방식에 의한 결제 / 285

Ⅰ. 송금방식에 의한 결제 / 285
1 송금방식의 의의 ······ 285
2 송금수단 ······ 286

Ⅱ. 송금결제방식의 종류 / 287
1 사전송금방식 ······ 288
2 동시송금방식 ······ 288
3 사후송금방식 ······ 291

Chapter 10 추심방식에 의한 결제 / 293

Ⅰ. 추심결제방식의 개요 / 293
1 추심결제방식의 의의 ······ 293
2 추심결제방식의 특성 ······ 294
3 추심결제방식의 이점 ······ 295
4 추심결제방식의 당사자 ······ 296

Ⅱ. 추심결제방식의 종류 / 298
1 지급인도조건 ······ 299
2 인수인도조건 ······ 301
3 추심결제방식의 유의사항 ······ 304

Ⅲ. 추심에 관한 통일규칙 / 306
1 추심에 관한 통일규칙의 의의 ······ 306
2 추심에 관한 통일규칙의 제정과 개정 ······ 307
3 추심에 관한 통일규칙의 구성 ······ 308
4 추심에 관한 통일규칙의 주요 내용 ······ 309

Chapter 11 국제팩토링결제 / 322

I. 국제팩토링결제의 개념 / 322

1 국제팩토링결제의 의의 ……322
2 국제팩토링의 기능 ……323
3 국제팩토링의 효용성 ……325
4 국제팩토링의 이점 ……326
5 국제팩토링의 종류 ……328

II. 국제팩토링 당사자와 거래과정 / 329

1 국제팩토링의 거래당사자 ……329
2 국제팩토링 거래과정 ……330

Chapter 12 포페이팅결제 / 332

I. 포페이팅결제의 개념 / 332

1 포페이팅결제의 의의 ……332
2 포페이팅결제의 특징 ……333
3 포페이팅결제의 효용성 ……333
4 포페이팅결제의 거래당사자 ……334

II. 포페이팅결제의 거래과정 / 335

1 포페이팅결제 과정 ……335
2 포페이팅과 국제팩토링의 차이점 ……337
3 포페이팅, 추심방식 및 신용장방식과 비교 338

Chapter 13 은행지급확약 / 340

I. 은행지급확약의 개념 / 340

1 은행지급확약의 의의 ……341
2 은행지급확약 당사자 ……342

Contents

3 은행지급확약의 거래 절차 ······ 343

Ⅱ. 은행지급확약의 특성 / 346

1 수출업자 측면 ······ 346
2 수입업자 측면 ······ 348
3 은행 측면 ······ 349
4 은행지급확약 거래에 대한 유의사항 ······ 349

Chapter 14 블록체인 기술과 무역대금결제 / 351

Ⅰ. 블록체인 기술의 개념 / 351

1 블록체인의 의의 ······ 351
2 블록체인 거래방식 ······ 352
3 블록체인 기술의 특징 ······ 353
4 블록체인기술의 유형 ······ 355

Ⅱ. 블록체인 기반 무역결제 / 357

1 무역결제 프로세스상의 문제점 ······ 357
2 블록체인 기반 무역결제 프로세스 ······ 360
3 블록체인 기술 활용에 따른 영향 및 기대효과 ······ 362

참고문헌 / 365

찾아보기 / 372

무역결제론

1편

무역결제 일반

제1장 무역거래와 대금결제
제2장 외국환과 외국환 업무

1장 무역거래와 대금결제

I 무역거래의 개요

1 무역거래의 의의

무역거래(international trade transaction)는 2국간에 행하여지는 국제상거래를 의미한다. 이러한 무역거래는 서로 상이한 국가에 거주하는 경제 주체들 간에 이루어지는 상거래이므로 서로 상이한 법률・제도・관습・통화・언어 및 정책 등에 의하여 규제를 받는다는 점에서 국내거래와 다르다. 무역거래는 2국간에 이루어지기 때문에 국내 상거래와 비교하여 다음과 같은 특성을 가진다.

먼저 무역거래는 언어, 법률, 제도 및 제반환경이 다른 국가와 국가간에 이루어지기 때문에 거래교섭이 매우 복잡하고 어렵다. 따라서 무역거래는 국내 상거래에 비하여 위험의 발생 가능성이 높은데, 이러한 위험발생요인으로는 운송위험, 신용위험, 상업위험, 환위험, 비상위험 등을 들 수 있다.

둘째, 무역거래는 언어가 서로 다른 국가 간의 경제활동이기 때문에 무역거래가 서로 다른 상관습을 기준으로 이루어질 경우에는 분쟁이 발생할 가능성이 높다. 따라서 무역거래 당사자들은 명시적 계약내용을 보완하기 위하여 정형화된 무역거래조건을 이용하고 있다.

셋째, 무역거래는 공간적으로 멀리 떨어져 있는 국가 간의 거래로서,

옛날부터 해상운송을 매개로 하여 발전되어 왔기 때문에 무역거래는 해상 의존도가 매우 높다. 오늘날 대부분의 무역거래는 CIF나 FOB와 같은 해상운송과 관련한 조건을 기초로 이루어지고 있다.

넷째, 무역거래는 단순히 국가 간의 물품이동만을 의미하는 것이 아니라 당사국의 국내 산업을 육성, 발전시켜 국민 경제의 수준을 향상시켜 준다. 즉, 무역거래가 확대됨으로써 국제분업이 촉진되고, 수출입이 증대됨에 따라 외화획득 및 수익이 증대되며, 국민경제가 발전하게 됨으로써 생산과 소비의 촉진 및 고용확대 등의 효과가 나타난다.

다섯째, 무역거래는 주로 물품을 매매 대상으로 하여 계약이 체결된다. 이러한 무역거래는 현물거래가 이루어지는 경우도 있으나, 일반적으로는 선물매매가 대부분을 차지하고 있다. 따라서 일반적인 무역거래에서는 수출입 당사자가 우선 견본이나 표준품, 또는 명세서 등으로 계약물품을 결정하고 이후에 실제로 이에 부합되는 물품을 제조, 생산, 가공 또는 조립하여 제공하고 있다.

여섯째, 무역거래의 이행과정에는 수입업자, 수출업자뿐만 아니라 제조업자, 운송업자, 금융업자, 보험업자 등 여러 관련 당사자들이 반드시 관계하게 된다. 따라서 무역거래는 매매계약을 주 계약으로 하고, 운송계약, 보험계약, 환거래계약 등의 종속적인 거래가 다수 복합적으로 체결되며 이행과정 또한 매우 복잡하다.

2 무역거래의 과정

1) 수출거래절차

(1) 수출거래절차의 개요

수출거래절차란 거래선 발굴을 위한 해외시장조사 단계부터 수출계약의 체결과 수출대금을 회수하여 한건의 수출거래가 종료되는 시점까지 요구되는 일련의 행정적·법규적 흐름을 의미한다. 수출절차에서는 일반적인 단계로서 수출계약의 체결, 수출물품의 제조·생산 등 물품 확보, 수출통관 및 선적, 대금결제 등의 거래절차를 거친다. 또한 거래 형태나 수출품목의 특성에 따라 신용장의 수령, 수출승인, 수출용 원자재의 수입 및 국내구매, 수출검사, 관세 환급 및 사후관리 등의 절차를 거친다.

(2) 수출거래과정

① 수출계약의 체결

수출계약이란 수출업자가 선정된 외국의 수입업자에게 물품의 소유권을 양도하여 물품을 인도할 것을 약정하고, 수입업자는 이를 받아들이고, 그에 상응하는 대금을 지급할 것을 약정하는 계약을 말한다. 이러한 수출계약은 수출업자가 상품의 종류, 품질, 수량, 가격, 인도, 대금결제, 보험, 포장 등의 계약조건을 외국의 수입업자에게 서면이나 기타의 방법으로 청약하고 수입업자가 이를 승낙하면 성립한다.

수출계약이 성립되면, 대금결제에 관한 조건이 신용장방식인 경우에는 수입업자는 자신의 거래은행을 통하여 신용장을 수출업자 앞으로 발행하여 송부하면, 신용장을 수령한 수출업자는 그 신용장이 계약내용과 일치하는지 여부를 검토한 후 계약조건 및 신용장 조건에 따라 수입업자에게 수출물품을 인도하기 위해 수출승인 등 수출계약을 이행하기 위하여 다음과 같은 단계를 거치게 된다.

② 수출승인

수출승인이란 수출입공고나 수출입통합공고 등에 의해 수출이 제한되는 물품을 수출이 가능하도록 승인해 주는 절차를 말한다. 대외무역법에서는 수출입의 일반원칙으로 물품 등의 수출입 및 이에 따른 대금의 영수 또는 지급은 대외무역법의 목적의 범위 내에서 자유롭게 이루어져야 함을 규정하고 있다. 따라서 물품의 수출입행위는 자유롭게 할 수 있지만 특정 물품에 대해서는 개개의 수출입거래별로 산업통상자원부장관의 승인을 얻어야 한다.

그리고 수출하고자 하는 물품이 수출입공고 등에서 수출입제한승인품목일 경우에는 관련 수출조합 등에서 수출추천을 받아야 하며, 특별법상의 수출제한승인품목일 경우에는 대외무역법상의 수출입공고와는 별도로 당해 물품을 관장하는 기관의 사전 수출허가 또는 추천을 받은 다음 수출승인을 받을 수 있다.

③ 수출화물의 확보

외국으로부터 수출신용장을 수령하고 난 후, 각 품목별 승인기관장의 수출승인을 받았으면(해당되는 경우), 수출업자가 취해야 할 다음 절차는 수출물품의 확보이다.

완제품의 수출물품확보방법에는 수출업자가 자가 공장에서 직접 제조・생산하는 방법과 수출물품을 국내에서 구매하는 방법이 있으며, 원료확보방법에는 외국에서 수입하는 방법과 국내에서 구매하는 방법이 있다.

④ 수출화물의 정비

수출화물에 대한 정비과정은 '수출화물의 포장'과 '수출화물의 하인'으로 나누어진다.

수출화물의 포장은 수출품의 보관, 하역, 수송에 있어서 수출품의 가치 및 상태를 안전하게 보호하기 위하여 적당한 재료나 용기 등으로 포장하는 것을 말한다.

수출화물의 하인은 수출화물을 기타 화물과 쉽게 구별하기 위해 각 화물의 포장용기의 외부에 특정기호와 포장의 번호, 목적지, 목적항구 등을 표시하는데 이를 총칭하여 하인(shipping mark)라 한다. 이는 운송 도중 화물취급자들로 하여금 화물을 확인하여 서류와 대조, 점검하여 신속하고 원활하게 운송할 수 있도록 도움을 주는데 목적이 있다.

⑤ 수출화물 운송계약의 체결

수출물품의 제조나 확보가 완료되면 수출업자는 수출물품을 수출계약조건이나 신용장 등에서 정한 소정의 선적 기한 내에 물품을 선적해야 한다. 이때 거래조건이 CFR조건, CIF조건, CPT조건 및 CIP조건인 경우에는 수출업자는 적당한 운송회사를 선정, 운송계약을 체결하여 수출화물을 선적한다. 여기서 수출화물의 운송이란 운송계약체결로부터 생산 완료된 수출화물을 수출 통관하여 해당 선적지에서 선적(또는 기적)한 후 운송업자로부터 B/L(또는 Airway Bill)을 발급받음으로써 선적이 완료되고 해당목적지에 수출물품이 무사히 도착하기까지의 과정을 수출화물의 운송이라 한다.

⑥ 해상보험계약의 체결

해상보험계약은 해상운송 도중에 일어나는 사고에 대하여 보험자가 손해를 보상해 줄 것을 약속하고, 보험계약자(또는 피보험자)는 그 대가로서 보험료를 지불할 것을 약속하는 손해보험계약의 일종이다. 무역계약에서 CIF조건이나 CIP조건으로 계약을 체결한 경우에는 수출업자는 해상보험계약을 체결하여야 한다.

해상보험계약은 보험체결당사자가 보험가입조건, 보험요율을 검토한 후에 보험청약서를 작성하여 보험회사에 해당 적하보험의 가입을 요청하면 보험회사가 보험증권을 발행함으로써 보험계약이 성립된다.

⑦ 수출화물의 통관

수출물품의 생산이 완료되거나 수출물품의 구매 등을 통하여 수출물품을 확보한 수출업자는 수출물품을 지정된 선박이나 항공기에 선적 또는 기적하기 전에 관세법에 의한 수출통관절차를 밟아야 한다.

수출통관절차란 수출의 경우 반드시 이행하여야 할 법적 절차로, 제조 구매 등을 통해 수출물품이 확보되면 세관에 EDI로 수출신고를 한 후 필요한 세관검사를 거쳐 수출신고필증을 받아 수출물품을 선박이나 항공기에 선적 또는 기적하게 되는 과정까지의 절차를 말한다.

⑧ 화환어음발행과 수출대금회수

수출물품의 선적이 완료되면 수출업자는 환어음을 발행하고 여기에 신용장이나 계약서에서 요구되는 제반 선적서류를 첨부하여 수출대금을 회수하게 된다. 수출대금을 회수하기 위해서는 먼저 최초 거래 시에 거래 외국환은행과 화환어음거래약정을 체결하고 물품을 선적한 후, 수출신용장 또는 수출계약서의 조건에 따라 환어음과 선적서류를 구비하여 은행에 환어음 매입을 의뢰하거나 추심을 의뢰한다. 이때 거래은행은 매입대금을 지급하거나 추심을 통하여 환어음 지급인 앞으로 송부하여 대금을 회수하게 된다.

(3) 수입거래과정

수입절차라 함은 수입대상물품과 거래선을 선정하여 수입계약을 체결하고, 수입승인을 받아 수입신용장 등을 발행한 후에 수입화물과 운송서류가 내도하면 수입대금을 결제하고, 당해 수입물품을 통관하는 일련의 절차를 의미한다.

① 수입계약의 체결

수입계약은 수입업자가 수출업자로부터 오퍼(offer)를 받고 수입업자가 이에 대한 승낙을 하면 성립하게 된다. 또한 수입업자가 구매하고자 하는 물품의 가격・품질・수량・결제・선적조건 등을 제시하는 주문(order)에 대해 수출업자가 그 주문을 승낙(acknowledgement)하여도 성립하게 된다.

② 수입승인

수입승인이란 수출입공고 및 수출입통합공고에 의해 수입이 제한되는 물품을 수입이 가능하도록 허가하여 주는 절차를 말한다.

수입승인제도는 수입승인 대상의 관리체계를 Negative System(원칙 허용, 예외규제)으로 운영함으로써 수출입공고와 수출입통합공고 및 이들 대상을 외화 획득용 원료나 기재로 수입하는 경우에만 승인대상으로 하고 있다. 물품의 수입승인을 얻으려면 수입승인기관의 장에게 신청해야 한다.

③ 신용장의 발행

수입업자는 수입물품에 대한 수입승인을 받은 다음(해당되는 경우), 계약조건에 따라 그 유효기간 내에 외국환은행에 신용장 발행을 신청하게 된다.

수입신용장을 받기 위해서는 먼저, 수입업자가 거래은행에 신용장 발행을 신청하면, 발행은행은 신용장을 발행한 후 통지은행에게 신용장의 통지를 요청하고, 통지은행은 수익자(수출업자)에게 신용장발행을 통지하고 이를 전달하게 된다.

④ 운송서류의 수령과 수입대금의 결제

수입업자가 거래외국환은행을 통하여 수입신용장을 발행하면 수출업자는 당해 신용장 조건에 따라 물품을 선적한 후, 발행은행을 지급인으로 하는 환어음을 발행하여 관련 운송서류를 지급 또는 매입은행에 제시하고 물품대금을 회수한다.

운송서류와 환어음을 매입한 수출국의 은행은 신용장에 제시된 바에 따라 동 운송서류 등을 발행은행 앞으로 송부하며 수입국의 발행은행은 이를 접수한 후 수입업자에게 운송서류의 도착을 통지한다. 운송서류의 도착을 통보받은 수입업자는 수입대금을 결제한다.

⑤ 수입통관

수입통관이란 외국에서 우리나라에 도착한 물품을 수입업자가 반출하기 위해 거치는 일련의 수입절차를 말한다. 여기서 수입신고란 외국으로부터 반입되는 물품을 수입하겠다는 의사표시를 세관장에게 하는 것을 의미한다.

수입통관을 위하여 먼저 수입업자는 물품을 보세구역에 반입한 후 세관에 수입신고를 하고, 세관에서는 수입신고한 물품과 수입승인사항의 일치여부를 확인하는 등 수입신고사항을 심사한 후, 수입업자가 관세 등 제세를 신고납부하고 수입신고필증을 교부받게 된다.

Ⅱ 무역계약과 대금결제

1 무역계약의 의의

계약(contract)이란 일정한 채권·채무관계의 발생을 목적으로 하는 복수 당사자 사이에 서로 대립하는 의사표시의 합치에 의하여 성립되는 법률행위를 말한다. 따라서 무역계약은 매도인이 매수인에게 물품의 소유권을 이전하고 물품을 인도할 것을 약속하며, 매수인은 매도인으로부터 물품을 수령하고 매도인에게 대금을 지급할 것을 약속하는 것을 말한다.

계약과 관련하여 영미법에서는 계약의 본질을 약속(Promise)으로 표현하고 있으며, 그 행위를 한 자에 대하여 법적인 구속력을 부담하는 것으로 보고 있다.

영국의 물품매매법(Sale of Goods Act 1979; SGA)에 의하면, 물품매매계약이라 함은 매도인이 대금이라는 금전의 대가를 받고 매수인에게 물품의 소유권을 이전하거나 이전하기로 합의하는 계약을 말한다[1]고 정의하고 있다.

또한 미국의 통일상법전(Uniform Commercial Code, 1995 ; UCC)에서는 매매는 대가를 받고 매도인으로부터 매수인에게 권리를 이전하는 것이라고 규정[2]하고 있으며, 한국의 민법에서도 매매는 당사자의 일방이 재산권을 상대방에게 이전할 것을 약정하고 상대방이 그 대금을 지급할 것을 약정함으로써 그 효력이 발생된다[3]고 규정하고 있어 계약과

1) The Sale of Goods Act, 1979, Part Ⅱ, Section 2 (1). A contract of sale of goods is a contract by which the seller transfers or agrees to transfer the property in goods to the buyer for a money consideration, called the price.
2) Uniform Commercial Code § 2-106. (1) A "sale" consists in the passing of title from the seller to the buyer for a price (Section 2-401).
3) 한국 민법 제563조.

관련하여 영미법과 한국법 모두 동일한 취지를 나타내고 있다.

그리고 국제물품매매계약에 관한 유엔협약(United Nations Convention on Contracts for the International Sale of Goods, 1980; Vienna Convention; 이하 비엔나협약이라 한다) 즉, 비엔나협약에 의하면 무역계약이란 무역물품의 매매계약으로, 상이한 국가에 소재하는 영업소를 가지고 있는 계약당사자간에 물품매매를 위하여 체결되는 법률적 구속력을 가지는 합의로 정의하고 있다.

따라서 무역계약은 국제적으로 이루어지는 매매계약(contract of sale of goods)으로서 매도인이 매수인에게 계약물품을 인도하여 소유권을 이전할 것을 약속하고, 매수인은 이를 수령하고 그 대금을 지급할 것을 약정하는 계약이라 할 수 있다.

이러한 무역계약의 법적 성질로는 합의계약, 유상계약, 쌍무계약 및 불요식계약 등을 들 수 있다.

첫째, 합의계약(consensual contract)이다. 이는 일정한 조건으로 물품을 매매하고자 하는 일방 당사자의 의사표시인 청약(offer)에 대하여 상대방인 피청약자(offeree)가 승낙(acceptance)함으로써 의사의 합치가 이루어져 성립되는 계약을 말한다. 매매계약은 매도인의 청약에 대하여 매수인이 이를 승낙함으로써 성립되는 것이기 때문에 이를 낙성계약이라고도 한다. 무역계약은 매매당사자의 합의만으로 계약이 성립되는 것이므로 문서의 작성과 문서의 교부와 같은 사실이 계약 성립의 요건이 되는 것은 아니다.

둘째, 유상계약(remunerative contract)이다. 이는 계약당사자가 서로 대가적 관계에 있는 급부를 목적으로 하는 계약을 말한다. 무역계약은 매도인의 물품인도에 대하여 매수인의 대금지급이라는 상호대가관계를 원칙으로 한다. 즉, 무역계약에서는 우선 쌍방의 채무를 발생하게 하고 급부도 서로 대가관계를 형성하며, 그 대가에 대한 보상은 금전지급을 원칙으로 한다.

셋째, 쌍무계약(bilateral contract)이다. 이는 계약의 성립에 의하여 즉시 계약당사자가 상호 채무를 부담하는 계약을 말한다. 즉, 계약이 성립되면 매도인은 물품인도의무를 부담하고 매수인은 대금지급의무를 부담하게 된다. 다시 말해서, 무역계약에 의하여 매도인은 매수인에 대하여 대금청구권을 가지며, 매수인은 매도인에 대하여 물품인도청구권을 가지게 된다.

넷째, 불요식계약(informal contract)이다. 이는 일정한 요식에 의하지 아니하고 문서(writing)나 구두(oral)에 의한 명시적(expressed) 또는 묵시적(implied) 의사표시에 의하여 계약이 성립됨을 말한다. 따라서 무역계약에 있어서 청약과 승낙 자체는 반드시 서면으로 입증할 필요는 없으며 증인에 의하여 입증하여도 된다. 즉, 무역계약에서 계약서의 작성은 계약 성립의 요건이 되지는 않는다.

2 무역계약과 대금결제의무

무역계약은 매매 당사자 일방의 청약(offer)과 상대방의 승낙(acceptance)에 의하여 이루어지는데, 유효하게 성립된 계약은 당사자를 법적으로 구속한다. 무역계약의 이행에 있어서 매도인의 주요 의무로는 물품 인도의무와 소유권 이전의무를 들 수 있으며, 이에 상응하는 매수인의 의무로는 물품의 수령의무와 대금결제의무를 들 수 있다. 특히 대금결제의무는 매도인의 물품인도에 대한 매수인의 제1의 의무로서 당초 매매계약에서 합의된 내용과 방식대로 이루어져야 한다.

대금결제는 물품의 인도에 따른 대금지급의 과정으로 매매계약의 체결시에 계약당사자간에 약정된 대금의 지급시기, 대금의 지급방법, 대금의 지급장소, 대금의 지급통화(결제통화) 등의 대금지급조건(terms of payment)에 따라 매수인이 자신의 대금지급의무를 이행하는 것이다. 물론 매수인의 대금지급의무가 이행되지 않는 경우에는 상대방인 매도인은 이의를 제기하게 되고 계약위반에 대한 구제를 받게 된다.

Ⅲ 무역결제의 개념

1 무역결제의 의의

무역결제(settlement)란 매매계약상의 대금지급약정에 따라 결제통화와 결제장소 및 결제시기 그리고 결제형태에 따라 매수인(buyer)이 매도인(seller)에게 대금지급의무를 이행하는 것을 말한다.

무역계약이 체결되면 가장 기본적이면서도 중요한 당사자의 의무로써 매도인인 수출업자에게는 물품인도의무가 발생하고, 매수인인 수입업자에게는 대금지급의무가 발생한다. 또한 거래당사자의 권리측면에서는 수출업자에게는 대금청구권이 발생하고, 수입업자에게는 물품인도청구권이 발생한다. 따라서 계약당사자들은 계약내용에 따라 권리와 의무를 이행하게 된다.

무역계약체결시 무역대금결제조건으로는 대금결제방식, 결제시기, 결제장소, 결제통화 등에 대해서 명확하게 약정해 두어야 하며, 세부적인 무역대금결제조건에 대해서는 사적 자치원칙과 계약자유의 원칙에 따라 매매당사자간 상호협의 하에서 거래에 적합한 결제조건을 임의적으로 결정할 수 있다.

무역대금결제방식에 있어서 전통적으로 신용장방식이 선호되어 왔으며, 이외에도 추심방식, 송금방식, 팩토링(factoring), 포페이팅(forfaiting)과 전자대금결제방식 등이 있다.

2 대금결제시기

1) 물품매매계약법에서의 대금결제시기

물품매매계약에서 대금결제시기는 매도인의 물품인도의무를 기준으로 구분된다. 영국의 물품매매법에서 대금결제시기는 "당사자 간에 다른 약정이 없는 한, 물품의 인도와 대금지급은 동시이행조건(concurrent condition)이다. 즉, 매도인은 대금과 상환으로 매수인에게 물품의 점유를 이전하여야 하고, 매수인은 물품의 점유와 상환으로 대금을 지급하여야 한다"[4)]라고 규정하고 있다.

비엔나협약에서는 "매수인이 기타 모든 특정시기에 대금을 지급할 의무가 없는 경우에는, 매수인은 매도인이 계약 또는 이 협약에 일치하여 매수인의 임의처분상태로 물품 또는 그 처분을 지배하는 서류를 놓아 둘 때 대금을 지급하여야 한다. 매도인은 물품 또는 서류의 인도를 위한 조건으로 그러한 지급을 할 수 있다"[5)]고 규정하고 있다. 즉, 비엔나협약은 소유권이전시기에 관하여 구체적으로 명시하지 않고 물품의 소유권이전과 대금지급의 동시이행이라는 구성을 포기하는 대신, 당사자의 이익을 가장 균형적으로 고려할 수 있는 방법으로 물품 또는 서류의 제공과 대금의 지급을 동시에 이루어지도록 한 것이다.

따라서 매도인의 물품인도를 기준으로 매수인의 대금지급이 언제 행

4) The Sale of Goods Act, 1979, Part Ⅳ, Section 28 Unless otherwise agreed, delivery of the goods and payment of the price are concurrent conditions, that is to say, the seller must be ready and willing to give possession of the goods to the buyer in exchange for the price and the buyer must be ready and willing to pay the price in exchange for possession of the goods.

5) CISG, Article 58 (1) If the buyer is not bound to pay the price at any other specific time, he must pay it when the seller places either the goods or documents controlling their disposition at the buyer's disposal in accordance with the contract and this Convention. The seller may make such payment a condition for handing over the goods or documents.

해져야 하는지는 매매계약체결 시에 당사자 간의 합의에 의하여 구체적으로 명시할 필요가 있다.

2) 실무관습에 따른 결제

무역대금결제시기는 물품의 선적 혹은 인도와 대금지급과의 시차에 따라 선지급조건, 동시지급조건, 후지급조건, 혼합지급조건 등으로 구분할 수 있다.

(1) 선지급조건

선지급조건(advanced payment)이란 물품이 선적이나 인도되기 전에 미리 대금을 지급하는 방식을 말한다. 이 방식은 매도인에게는 유리한 조건이지만 매수인에게는 불리한 지급조건이기 때문에 소량의 매매, 견본의 매매, 매수인의 신용이 빈약한 경우, 특별 주문시 등에 이용될 수 있다.

이러한 선지급조건에는 주문시 현금지급방식(cash with order : CWO), 단순송금방식(사전송금방식 ; remittance basis), 선대신용장방식(advanced payment credit ; red clause credit) 등이 있다.

주문시 현금지급방식은 물품의 구매를 위한 주문과 동시에 현금결제가 이루어지는 방식을 말하며, 단순송금방식은 수입자가 주문과 함께 물품이 인도되기 전에 송금수표(demand draft : D/D), 우편송금환(mail transfer : M/T) 또는 전신송금환(telegraphic transfer : T/T) 등에 의해 은행을 통하여 송금함으로써 지급이 행해지는 방식을 말한다.

그리고 선대신용장 방식은 선대신용장(packing L/C)에 의해 발행은행이 수익자인 수출업자에게 수출대금의 선지급을 허용한다는 취지의 문언[6]이 있는 신용장으로서 계약물품을 생산하거나 확보하는데 소요되

6) 선지급수권조항이 적색으로 인쇄되어 있다는 기원에서 적색신용장(red clause credit)이라고도 하며, 선대자금으로 수출물품을 집화·포장한다는 의미에서 포장신용장(packing credit)이라고 한다.

는 수출자금을 수익자가 선적 전에 사용하는 것을 가능하게 하는 신용장을 말한다.

(2) 동시지급조건

동시지급조건(concurrent payment)이란 물품의 선적 또는 인도나 물품을 대표하는 운송서류의 인도와 동시에 대금결제가 이루어지는 방식을 말한다. 동시지급조건에는 현품인도지급(cash on delivery : COD)방식과 서류상환지급(cash against document : CAD)방식이 있다.

현품인도지급방식은 수출업자가 물품을 선적하고 선적서류를 수입국에 있는 수출업자의 해외지점이나 대리인에 송부하고, 물품이 목적지에 도착하면 수입업자가 직접 물품을 검사한 후에 물품을 인수함과 동시에 대금을 현금으로 지급하는 방식을 말한다. 이 방식은 주로 무역거래에서 귀금속류의 거래에 한정되어 이용되고 있다.

서류상환지급방식은 매도인이 선적과 동시에 선적지에 있는 매수인의 대리인 또는 거래은행으로부터 선하증권을 비롯한 보험증권, 상업송장 등 운송서류 인도와 동시에 현금결제가 이루어지는 운송서류상환지급방식을 말한다. 이 방식은 매도인이 선적 후 즉시 대금을 수취할 수 있기 때문에 유리하지만, 매수인의 입장에서는 대금지급 후 물품을 나중에 인도받을 수 있기 때문에 불리하게 된다.

(3) 후지급조건

후지급조건(연지급 ; deferred payment)이란 물품의 선적 또는 인도나 운송서류의 인도가 있은 후 일정한 기간이 경과한 후에 대금결제가 이루어지는 방식으로, 단기 연지급조건과 중장기 연지급조건이 있다.

단기 연지급조건이란 통상 물품의 선적이나 인도 후 또는 운송서류의 인도 후 1년 이내에 결제되면 단기 연지급이라 하며, 중장기 연지급이란 통상 물품의 선적이나 인도 후 또는 운송서류의 인도 후 1년 초과 10년 이내의 기간에 결제되면 중장기 연지급이라 한다.

후지급의 대표적인 예는 위탁판매(sales on consignment), 기한부신용장(usance L/C), 서류인수도조건(D/A) 및 청산계정(open account) 등이 있다. 위탁판매는 물품을 무환으로 수출하여 그 물품이 판매된 범위 내에서 대금을 결제하는 계약에 의한 수출을 말한다.

기한부신용장은 수출업자에 의해 발행된 화환어음이 어음지급인인 발행은행에 제시되면 이를 인수(acceptance)함과 동시에 선적서류가 인도되고 어음만기일에 대금이 지급되는 신용장을 말한다.

서류인수도조건은 수출업자에 의해 발행된 화환어음이 추심(collection)되어 수입업자에게 제시되면 이를 인수함과 동시에 선적서류가 인도되고 어음만기일에 대금이 지급되는 방식을 말한다.

청산계정은 물품의 거래가 빈번히 이루어지는 매매당사자 간에 물품을 선적할 때마다 대금을 결제하지 않고 이를 장부에 기입해 두었다가 일정한 기간이 경과한 후에 수시로 상쇄하고 남는 차액만을 청산하여 결제하는 방식을 말한다.

(4) 혼합지급조건

혼합지급조건(mixed payment)이란 선지급, 동시지급 및 후지급방식을 혼합한 결제조건을 말한다. 이러한 혼합지급조건에는 누진지급(progressive payment)을 들 수 있다. 이는 대금을 일시에 결제하지 않고 계약 시, 선적 시, 도착 시 등으로 또는 공정에 따라 분할해서 지급하는 방식으로 분할지급의 형태를 말한다.

〈표 1-1〉 결제방식에 따른 당사자 위험도

	위험도	결제방식	위험도	
매도인 (Seller)	높음 ↕ 낮음	• 사후송금방식(later remittance) – COD(cash on delivery) – CAD(cash against document) – Open Account • 추심결제방식(collection) – D/A(document against acceptance) – D/P(document against payment) • 신용장방식(L/C) – usance L/C – sight L/C • 사전송금방식(advance remittance) – CWO(cash with order) – Payment in advance by T/T	낮음 ↕ 높음	매수인 (Buyer)

3 무역결제수단

무역결제방법에는 무역결제수단에 따라 환어음결제, 현금결제, 송금환결제 및 물품결제 등을 들 수 있다.

1) 환어음결제

무역거래에 있어서 어음은 매도인이 매수인을 지급인으로 하는 어음을 발행하여 이를 매각 또는 추심을 하여 수출대금을 회수하는 이른바 역환방식(collection)을 활용하며, 신용장거래에서는 신용장 발행은행을 지급인으로 하는 어음을 발행한다.

화환어음(documentary bill)이란 환어음에 선하증권이나 보험증권 등의 운송서류가 담보물로 첨부되어 당해 어음의 지급불능이나 지급거절과 같은 어음사고 발생 시에도 안전한 어음을 말한다. 그리고 무담보 어음(clean bill)이란 환어음에 운송서류를 첨부하지 않고 어음만 발행함으로써 담보물이 첨부되지 않은 불안한 어음을 말한다.

2) 현금결제

현금으로 수출입대금을 직접 결제하는 방식으로 주문 시에 대금을 지급하는 CWO방식(cash with order)과 물품 인도시에 대금을 지급하는 COD방식(cash on delivery) 및 선적서류 인도시에 대금을 지급하는 CAD방식(cash against document) 등이 있다.

3) 송금환결제

송금환결제는 전신환(telegraphic transfer : T/T)이나 우편환(mail transfer : M/T) 등을 송부하여 결제하는 방식이다.

누진지급 또는 분할지급방식의 경우에도 이러한 T/T나 M/T가 활용되며 중장기 연불수출입에서도 순수한 연불부분을 제외한 선수금 부분과 공정별 지급부분은 일반적으로 송금환에 의해 결제된다.

4) 물품결제

수출입 대가로 다른 물품을 수입 또는 수출하는 물물교환방식(barter trade)이다. 순수한 물물교환, 즉 물품결제방식은 자원과 물품의 교역이라는 측면에서 이용되고 있다.

4 무역결제통화

무역계약에서 매수인은 계약에서 정하는 바에 따라 물품을 수령하고 대금을 지급하게 되는데, 대금을 지급하기 위한 통화를 결정하여야 한다. 이때 무역결제 통화를 자국통화로 할 것인지, 상대국의 통화로 할 것인지, 그렇지 않으면 제3국의 통화로 할 것인지를 당사자 간에 협의하여 계약서에 명시하여야 한다.

무역계약에서 수출국의 통화를 사용하면 환율 변동에 따른 위험을 수입업자가 부담하며, 반대로 수입국의 통화를 사용하면 환위험(exchange risk)은 수출업자가 부담한다. 제3국의 통화는 수출입 양국의 통화가치의 변동이 격심하여 거래의 안정성이 결여된 경우에 사용된다.

일반적으로 무역거래에서 결제통화는 환위험, 즉 환시세의 변동이 심하지 않은 안정된 통화로서 안정성(stability), 교환성(convertability), 유통성(circulativeness) 등 국제 통용성 및 공신력이 높은 통화를 채택하여 사용하는 것이 바람직하다. 그리고 유의할 점은 여러 국가가 동일한 통화를 사용하고 있는 경우에는 결제통화를 명확하게 하기 위해서 U. S. Dollar, Canadian Dollar 등 반드시 통화명 앞에 국명을 붙여 명확하게 표시하여야 한다.

Ⅳ 무역결제방식

주요 무역결제방식에는 크게 송금방식, 추심방식, 신용장방식, 국제팩토링방식, 포페이팅방식, 전자결제방식 등 다양한 결제방식이 있다.

1 송금결제방식

송금결제(remittance payment)방식이란 수입업자가 물품을 받기 전 또는 받은 후에 대금의 전액을 송금하거나 수출업자가 물품 또는 서류를 인도할 때 수입업자가 대금을 송금하여 결제하는 방식을 말한다. 송금결제방식에는 사전송금방식, 동시송금방식 및 사후송금방식이 있다.

사전송금방식(advanced payment)이란 물품을 선적하기 전에 수출대금을 외화, 수표 등의 대외지급수단으로 미리 영수하고 일정기일 내에 상응하는 물품을 수출하는 거래를 말하며, 송금수단은 송금수표(D/D), 우편송금환(M/T), 전신송금환(T/T) 등이 있다.

동시결제방식(concurrent payment)이란 수출업자가 물품을 선적하고, 운송서류를 해외지사나 대리인에 송부하여 물품이 목적지에 도착하면, 수입업자가 물품의 품질 등을 검사한 후 물품과 현금을 상환하여 물품대금을 영수하는 거래방식으로, 물품인도와 동시에 현금을 지급하는 COD(cash on delivery)와 매도인이 선적과 동시에 선적지에 있는 매수인의 대리인 또는 거래은행으로부터 선하증권을 비롯한 보험증권, 상업송장 등 운송서류 인도와 동시에 현금결제가 이루어지는 CAD (cash against document)가 여기에 해당한다.

사후송금방식(remittance payment)은 수출업자가 대금을 받기 전에 수입업자에게 물품과 선적서류를 발송하고, 수입업자가 물품을 인수한 후에 대금을 수출업자에게 송금하는 방식을 말한다. 사후송금방식에는 전신환(T/T)이나 우편환(M/T) 등을 통하여 거래가 마무리된 후에 지급하는 사후송금방식과 일정기간 대차거래가 있은 후에 잔액만 결제하는 청산계정방식(open account : O/A)을 들 수 있다.

2 추심결제방식

추심결제(collection)방식이란 신용장을 통한 은행의 수출업자에 대한 대금지급확약이 없이 수출업자가 계약조건에 따라 약정한 물품을 선적한 후, 자신의 거래은행에서 환어음을 발행하여 B/L 등 운송서류를 첨부하여 추심을 의뢰하면, 자신의 거래은행(추심의뢰은행: remitting bank)은 수입업자의 거래은행(추심은행 : collecting bank)에 추심을 의뢰하게 된다. 이때 추심은행은 운송서류와 상환으로 수입업자에게 대금결제를 받아 추심의뢰은행을 통하여 수출업자에게 대금을 지급하는 방식을 말한다.

추심결제방식에는 지급인도방식과 인수인도방식이 있다. 지급인도방식(documents against payment : D/P, 이하에서는 D/P라 한다)이란 수출업자가 수입업자와의 매매계약에 따라 자기 책임으로 수출물품을 선적하고 구비된 서류에 일람출급 화환어음(sight bill of exchange)을 발행·첨부하여 자기 거래은행(추심의뢰은행)을 통하여 수입업자가 거래하는 은행 앞으로 그 어음대금을 추심의뢰하면, 추심의뢰를 받은 수입국측 은행(추심은행)이 수입업자에게 어음을 제시하여 그 어음금액을 일람출급으로 지급 받아 추심의뢰은행 앞으로 송금하고, 추심의뢰은행이 수출업자에게 대금을 지급하는 거래방식을 말한다.

인수인도방식(documents against acceptance : D/A, 이하에서는 D/A라 한다)은 앞서 설명한 D/P 거래와 대금을 추심하는 절차는 같으나, D/P와 다른 점은 일람 후 정기 또는 확정일 출급의 화환어음(usance bill of exchange)을 발행하고 수입업자는 그 제시된 어음을 인수하고 서류를 인도 받은 후 어음 만기일에 대금을 지급하는 거래 방식이다.

3 신용장결제방식

신용장(letter of credit : L/C)이란 신용장에서 요구하는 서류를 신용장조건과 일치하게 준비하여 제시하면 수입업자를 대신하여 수입업자의 거래은행인 신용장 발행은행이 지급의 이행 또는 신용장에 의하여 발행된 어음의 지급, 인수 혹은 매입을 수출업자에게 확약하는 증서이다.

국제무역거래는 국내에서 이루어지는 상거래와 달리 물품의 인도와 대금의 결제에 있어 매우 복잡하면서도 많은 위험을 내포하고 있다. 즉, 수입업자의 입장에서 보면, 수출업자가 물품을 선적하기 전에 대금을 먼저 지급하게 되면 수입업자는 수출업자가 선적기일을 경과하거나 약정한 물품을 계약조건과 불일치하게 선적할 경우에 이에 따른 불이익을 감수해야 한다.

그리고 수출업자의 입장에서 보면, 물품을 선적한 후에 대금이 회수된다면 수출업자는 수입업자에 의한 대금의 감액요구, 지급의 지연 또는 지급거절 등에 따른 불이익을 감수해야 한다. 이처럼 국제무역거래에 있어 수출업자와 수입업자와의 이해관계는 언제나 상충되게 마련이다.

이러한 경우 신용도가 높은 은행이 수입업자를 대신하여 수출업자에 대하여 대금결제를 확약한다면, 수출업자는 안심하고 물품을 수출할 수 있을 것이고, 수입업자는 물품의 소유권을 나타내는 서류와 상환으로 은행에 대금을 지급하므로 안심하고 수입을 할 수 있을 것이다.

이처럼 신용장은 발행은행이 신용장조건에 일치하는 소정의 서류와 상환으로 수출업자에게 대금지급을 확약함은 물론 금융적 불편이나 신용위험을 대폭 감소시킬 수 있어 무역대금결제 수단으로 널리 사용되고 있다.

〈표 1-2〉 주요 결제방식의 비교

구분	송금(Remittance)방식 (사전송금)	추심(Collection)방식	신용장(L/C)방식
지급당사자	매수인이 송금수수료(D/D), 우편송금환(M/T), 전신송금환(T/T) 지급	매수인이 추심조건에 의해 D/P, D/A에 의해 지급	신용장발행은행이 지급 확약
은행의 지급확약	없음	없음	있음
서류발송자	당사자	은행	은행
환어음 사용 및 어음지급인	없음	있음(추심) 매수인	있음(매입) 발행은행
환의 흐름	순환	역환	역환
국제규칙	없음	URC	UCP, ISBP
매도인의 장단점	대금회수의 불능위험이 없음	대금회수 불능위험 있음	은행의 지급확약으로 지급불능 위험이 적음
매수인의 장단점	물품인수위험 존재	신용장 발행수수료 등 비용부담 없음	은행의 지급확약에 따른 유리한 계약조건 체결가능성 확보

4 국제 팩토링방식

국제팩토링(international factoring)이란 무신용장방식의 신용조건부 무역거래와 관련하여 팩토링회사가 신용조사 및 신용위험인수, 지급보증, 채권관리, 금융공제, 대금회수 등의 금융서비스를 제공하는 거래방식으로, 대부분 중소기업이 10만 달러 이하의 소규모 거래 시에 이용하고 있다.

팩토링결제방식에 의한 수출입의 장단점을 살펴보면, 기존의 신용장방식에 비해 매우 간편하며, 중소규모의 무역거래에 유리하고, 외상수출증가추세에 따른 문제점을 해결할 수 있다.

이는 추심결제방식과 유사하지만 수출업자의 환어음의 발행이 생략되고, 팩터의 보험적 기능으로 수출보험 절차가 필요 없는 등 추심결제방식보다 더 편리한 제도이다.

5 포페이팅방식

포페이팅(forfaiting)이란 현금을 대가로 채권을 포기 또는 양도한다는 불어의 "áforfait"에서 유래된 용어로, 상환청구권이 없는(without recourse) 조건 수출환어음 매입이라고도 하는데, 수출의 대가로 받은 어음을 고정이자율로 할인하여 거래하는 무역금융기법을 말한다. 이는 주로 국가 위험도가 높은 새로운 시장을 개척하려는 경우에 적절한 방식으로, 이 방식을 사용하는 금융회사를 포페이터(forfaiter)라고 한다.

수출업자는 수출대금을 미리 받아 새로운 투자를 할 수 있으며, 차후 발생하는 수입자의 대금지급 거절이나 연기에서 오는 손해는 일체 부담하지 않아도 되는 장점이 있다. 그러나 지급보증서 발급비용 등이 포함된 수수료를 비교적 높게 부담해야 하며, 금융비용의 증가로 수입물품의 가격을 상승시키는 단점이 있다.

6 전자결제방식

전자결제란 물품이나 서비스의 대가를 전자적 수단을 통하여 지급(payment) 및 결제(settlement)하는 것을 말한다. 지급은 경제주체간 채권 및 채무관계에서 이루어지는 행위를 의미하고, 결제는 지급인과 수취인간의 자금이체와 같은 대금지급의 과정을 의미한다.

무역거래에서의 전자결제는 환어음 또는 신용장 발행없이 단순히 전자적 수단에 의해 대금결제가 이루어지는 결제방식을 말하는데, 신용장과 추심방식, SWIFT L/C, Trade Card System 등과 같은 방식을 이용하여 격지자간에 대금결제가 이루어진다.

대표적인 것으로는 SWIFT의 개방형 모델로서 SWIFT.Net이 구축하여 운영하고 있는 ePaymentplus, 선하증권의 온라인화를 시작으로 구축된 SWIFT의 자회사인 BOLERO의 결제시스템인 SURF 그리고 ABN/AMRO은행을 중심으로 구축된 결제시스템인 BeXcom 등을 들 수 있다. 그리고 국내에서는 외환은행과 KTNET이 제휴하여 개발한 인터넷 무역결제시스템인 cTradeBank를 들 수 있다.

7 기타

연계무역결제방식을 들 수 있는데, 물물교환, 구상무역, 대응구매, 제품 환매 등 수출과 수입이 연계된 결제방식을 말한다.

〈표 1-3〉 무역결제방식별 특징

결제방식	결제방식별 특징
송금방식	수입업자가 자신의 대금지급의무를 현금 또는 우편환, 송금환 등을 이용하여 지급하는 결제방식
추심방식	수출업자가 선적 후 환어음을 발행하여 선적서류를 첨부하여 매입은행에 매입을 의뢰함으로써 간접적으로 대금을 회수하는 결제방식
신용장방식	수출업자가 발행하는 환어음이 신용장조건과 일치할 경우 신용장 개설은행이 대금지급을 확약함으로써 무역에 따른 신용위험이 제거되어 무역거래를 원활히 이행할 수 있도록 하는 결제방법
국제팩토링 방식	거래당사자간에 서로의 신용을 바탕으로 팩토링 금융기관이 대금지급을 보증하는 일종의 외상거래방식
포페이팅방식	물품 또는 용역을 연불조건으로 수출함에 따라 발생되는 수출채권을 포페이팅을 수행하는 금융기관인 포페이터가 수출업자인 채권자에 대하여 소구권을 포기하는 조건으로 채권을 고정할인율로 매입하여 자금을 제공하는 결제방법
전자결제방식	환어음 또는 신용장 발행없이 단순히 전자적 수단에 의해 대금결제가 이루어지는 결제방식
기 타	물물교환, 구상무역, 대응구매, 제품 환매 등 수출과 수입이 연계된 결제방식

한편, 이러한 결제방식들의 공통된 특징은 대외적으로 공신력 있는 은행 등을 활용하여 이루어진다는 것이다. 상기에서 살펴본 주요 무역결제방식의 유형을 개략적으로 나누어 보면, 다음 〈표 1-4〉와 같다.

〈표 1-4〉 결제방식에 따른 구분

구분	분류	유형
신용장 방식	지급시기	일람지급 신용장, 기한부 신용장
	지급형태	매입(negotiation), 지급(payment), 연지급(deferred payment), 인수(acceptance)
비신용장 방식	계약방식	서류지급조건(D/P), 서류인수조건(D/A)
	이전방식	전신환(T/T), 우편환(M/T), 송금수표(D/D)
기타방식	국제팩토링, 포페이팅, 전자결제방식 등	

V 우리나라 무역대금결제방식의 동향

1 수출결제방식

수출대금 결제방식은 크게 은행의 지급확약을 이용하는 신용장 방식과 거래 당사자 간의 신용을 토대로 하는 추심방식 및 송금방식으로 구분된다. 신용장방식은 수출업자가 신용장 발행은행으로부터 신용장조건에 일치하는 서류를 제시하면 대금지급을 확약받기 때문에 안전하게 거래할 수 있는 방식이지만 은행을 활용하는데 따른 많은 비용이 소요된다. 반면 추심방식이나 송금방식은 수출입업자가 서로 믿고 거래를 하기 때문에 간편한 방식이지만 간혹 상대방 신용상태의 변화로 대금을 받지 못하는 경우가 발생할 수 있다.

수출업자의 입장에서는 안전하게 대금을 결제받을 수 있다는 점에서 신용장 방식을 주로 이용해 왔다. 그러나 최근 들어 우리나라의 수출결제방식은 신용장방식을 이용하는 비중이 급속히 감소되고 있는 반면에 송금방식인 전신환을 활용하는 비중은 크게 증가하는 등 수출결제방식이 크게 변화하고 있다.

특히 수출규모가 작은 중소기업을 중심으로 송금거래가 크게 늘고, 주요 수출품목 중에서는 반도체 등 IT제품의 결제방식 변화가 두드러지고 있다. 이러한 변화의 요인은 수출업계의 결제방식 선택 기준이 과거 위험관리에서 현재 비용 및 시간적 효율로 변화한 것에 기인하고 있다.[7]

신용장 방식은 은행의 대금지급확약을 통해 안전하게 대금을 회수할 수 있는 장점이 있으나, 복잡한 결제단계에서 파생되는 갖가지 수수료와 긴 결제시간으로 인해 수출업계가 점점 기피하는 경향이 강하게 나

7) 홍지상, 수출결제방식 변화와 대응방안, 한국무역협회, Trade Focus, Vol. 10. No. 5, 2011, pp. 1-2.

타나고 있다.

2009년 기준으로 살펴보면, 총수출액 약 3,635억 달러 중 단순송금방식은 1,690억달러로 46.5%를, 사후 또는 동시송금방식은 485억 달러로 13.3%를 차지하여 송금방식이 전체 약 60%를 차지하였는데, 2018년 기준으로는 총 수출액 약 6,049억 달러 중 단순송금방식이 약 3,458억 달러로 57.2% 및 사후 또는 동시송금방식인 COD와 CAD가 약 672억 달러로 11.1%, 송금방식이 약 68%를 차지함으로써 송금방식의 비중이 늘어나고 있음을 알 수 있다. 추심방식은 2009년 약 238억달러로 6.5%를 차지하였으나 2018년에는 전체 수출액 약 471억 달러로 7.9%를 차지하였다. 그리고 신용장방식은 2009년 약 595억 달러로 16.4%를 차지하였으나 2018년에는 약 572억 달러로 9.5%를 차지함으로써 전체적으로 약 7% 정도 감소한 것으로 나타났다.

〈표 1-5〉 수출결제방식의 변화 추이

(단위 :천달러, %)

결제형태	2009		2,015		2,018	
	실적	구성비	실적	구성비	실적	구성비
총계	363,533,561	100	526,756,503	100	604,859,657	100
단순송금방식 (T/T, M/T)	169,088,329	46.5	292,224,323	55.5	345,811,767	57.2
사후 또는 동시 송금방식(COD, CAD)	48,489,721	13.3	53,089,504	10.1	67,204,380	11.1
D/A	20,770,451	5.7	44,849,620	8.5	42,260,502	7
D/P	3,079,469	0.8	5,605,854	1.1	4,858,283	0.8
기한부 L/C	13,684,796	3.8	15,809,255	3	22,149,952	3.7
일람출급 L/C	45,819,827	12.6	37,198,298	7.1	35,097,296	5.8
기타방식	62,600,968	17.2	77,979,650	14.7	87,477,477	14.5

자료 : 한국무역협회(http://stat.kita.net/stat/kts/sum/SumImpExpApprList.screen), 수출입통계(결제형태별 수출입실적)을 재정리 함.

2 수입결제방식

수출의 경우와 마찬가지로 수입 시에도 그 동안에는 주로 신용장 방식이 이용되어 왔다. 특히 외국의 수출업자들이 우리나라 수입업자의 신용을 믿지 못하여 은행의 지급을 전제로 하는 신용장 방식을 요구하여 왔다. 그러나 우리나라의 경제적 위상이 높아지고 기업의 신용도도 높아졌을 뿐만 아니라 본지사간의 거래가 증가하면서 간편한 송금방식이 증가하고 있다.

2009년 기준으로 살펴보면, 총수입액 약 3,601억 달러 중 단순송금방식은 1,709억 달러로 52.9%를, 사후 또는 동시송금방식은 360억 달러로 11.1%를 차지하여 송금방식이 약 66.4%를 차지하였는데, 2018년 기준으로 살펴보면, 총 수입액 약 5,352억 달러 중 단순송금방식이 약 3,497억 달러로 65.3%를 차지하고 있으며, 사후 또는 동시송금방식인 COD와 CAD가 약 441억 달러로 8.2%로 송금방식이 약 73.5%를 차지함으로써 송금방식의 비중이 늘어나고 있음을 알 수 있다. 추심방식은 2009년 약 115억 달러로 3.5%를 차지하였으나 2018년에는 전체 수입액 약 141억 달러로 2.6%를 차지하였으며, 신용장방식은 2009년 약 377억 달러로 23.6%를 차지하였으나 2018년에는 약 815억 달러로 15.2%를 차지함으로써 전체적으로 8% 이상 감소한 것으로 나타났다.

이러한 결제방식의 변화는 반복적인 무역거래에 따른 국내수출기업과 해외바이어간 신뢰누적, 국내 대기업과 해외지사간 거래 증가 그리고 수입업자의 송금결제요구 증가 등으로 송금결제방식의 비중이 확대된 것이 큰 역할을 하였으며, 국내 주요 수출상품구조가 정보통신 제품 중심의 경반단소형 제품군으로 재편됨에 따라 소량거래 및 수시거래가 확대된 점도 송금결제방식의 증가에 기여한 것으로 보인다. 또한 신용장 자체의 복잡한 거래절차, 비용부담 그리고 상대적으로 긴 대금회수기간(일람불 기준 약 2주 내외) 등은 신용장 거래를 외면하게 만드는 주요 요인으로 작용한 것으로 보인다.

〈표 1-6〉 수입결제방식의 변화 추이

(단위 :천달러, %)

결제형태	2009		2,015		2,018	
	실적	구성비	실적	구성비	실적	구성비
총계	363,533,561	100.0	436,498,973	100.0	535,202,428	100.0
단순송금방식 (T/T, M/T)	169,088,329	46.5	265,013,462	60.7	349,685,790	65.3
사후 또는 동시 송금방식 (COD, CAD)	169,088,329	46.5	38,204,323	8.8	44,131,407	8.2
D/A	48,489,721	13.3	9,100,924	2.1	11,849,176	2.2
D/P	3,079,469	0.8	2,132,880	0.5	2,250,414	0.4
기한부 L/C	13,684,796	3.8	53,439,688	12.2	50,257,246	9.4
일람출급 L/C	45,819,827	12.6	28,739,112	6.6	31,244,083	5.8
기타방식	62,600,968	17.2	39,868,584	9.1	45,784,312	8.6

자료 : 한국무역협회(http://stat.kita.net/stat/kts/sum/SumImpExpApprList.screen), 수출입통계(결제형태별 수출입실적)을 재정리 함.

2장 외국환과 외국환 업무

I 외국환

1 외국환의 개념

외국환(foreign exchange)이란 국제거래에서 채권・채무관계를 결제하는 수단이나 방법을 말한다. 국제간의 금전대차나 무역대금결제를 할 경우 현금의 이동이나 수수관련 위험을 예방하고 비용부담을 줄이기 위해 현금대신에 외국환을 이용하고 있다.

외국환거래법에서는 외국환 등에 관하여 다음과 같이 정의하고 있다. “외국환”이란 대외지급수단, 외화증권, 외화파생상품 및 외화채권을 말하며, 여기서 “대외지급수단”이란 외국통화나 외국통화로 표시되어 있어 외국에서 사용할 수 있는 지급수단, 그 밖에 표시통화에 관계없이 외국에서 사용할 수 있는 지급수단을 말한다.

또한 “외화증권”이란 외국통화로 표시된 증권 또는 외국에서 지급받을 수 있는 증권을 의미하고, “파생상품”이란 자본시장과 금융투자업에 관한 법률 제5조에 따른 파생상품과 그 밖에 대통령령으로 정하는 것[8)] 을 말하며, “외화파생상품”이란 외국통화로 표시된 파생상품 또는 외국에서 지급받을 수 있는 파생상품을 말한다. 그리고 "채권"이란 모든 종

8) 상품의 구성이 복잡하고 향후 수익을 예측하기 어려워 대규모 외환유출입을 야기할 우려가 있는 금융상품으로서 기획재정부장관이 고시하는 것을 말한다(외국환거래법 시행령 제5조).

류의 예금·신탁·보증·대차(貸借) 등으로 생기는 금전 등의 지급을 청구할 수 있는 권리로서 제1호부터 제10호까지의 규정에 해당되지 아니하는 것을 말하는데,[9] "외화채권"이란 외국통화로 표시된 채권 또는 외국에서 지급받을 수 있는 채권을 말한다(외국환거래법 제3조 제1항 참조).

2 외국환의 분류

외국환은 대외지급수단, 외화증권, 외화파생상품 및 외화채권을 의미하는데 구체적으로 다음과 같이 분류할 수 있다.

1) 대외지급수단

(1) 의의

외국통화, 외국통화로 표시된 지급수단 및 표시통화에 관계없이 외국에서 사용할 수 있는 지급수단을 의미한다.

(2) 지급수단의 범위

① 정부지폐·은행권·주화(액면가격을 초과하여 매매되는 금화 등은 주화에서 제외)·수표·우편환·신용장
② 환어음·약속어음 기타의 지급지시
③ 선불카드, 기타 이와 유사한 것(플라스틱카드 등에 재산적 가치가 입력되어 불특정 다수인간에 지급을 위하여 통화에 갈음하여 사용할 수 있는 것으로서 대금을 미리 받고 발행한 것)

9) 외국환거래법 제3조 제1항의 제1호부터 제10호에 해당하는 것으로는 내국통화, 외국통화, 지급수단, 대외지급수단, 내국지급수단, 귀금속, 증권, 외화증권, 파생상품 및 외화파생상품을 말한다.

2) 외화증권

(1) 의의

외국통화로 표시된 증권 또는 외국에서 지급받을 수 있는 증권을 의미한다.

(2) 증권의 범위

① 대외지급수단에 해당하지 아니하는 것으로서
② 자본시장과 금융투자업에 관한 법률에 따른 증권
③ 무기명양도성예금증서
④ 그 밖에 재산적 가치가 있는 권리가 표시된 증권 또는 증서로서 투자의 대상으로 유통될 수 있는 것

3) 외화파생상품

(1) 의의

외국통화로 표시된 파생상품 또는 외국에서 지급받을 수 있는 파생상품을 의미한다.

(2) 파생상품의 범위

① 자본시장과 금융투자업에 관한 법률에 따른 파생상품
② 상품의 구성이 복잡하고 향후 수익을 예측하기 어려워 대규모 외환유출입을 야기할 우려가 있는 금융상품으로서 기획재정부장관이 고시하는 것

4) 외화채권

(1) 의의

외국통화로 표시된 채권 또는 외국에서 지급받을 수 있는 채권을 의

미한다.

(2) 채권의 범위

모든 종류의 예금・신탁・보증・대차 등으로 생기는 금전 등의 지급을 청구할 수 있는 권리로 내국통화・외국통화・지급수단・대외지급수단・귀금속・증권 등 다른 개념에 해당되지 아니하는 것을 의미한다.

3 외국환의 종류

외국환은 서로 상이한 국가에 거주하는 사람들 사이의 대차 관계를 현금의 이동없이 결제하는 방법으로 외국환이 내국환과 다른 점으로는 환거래 당사자가 서로 다른 나라에 있고, 서로 다른 통화 단위를 사용하며, 거래 상대국의 여건 변화에 따른 환시세 변동으로 매매당사자가 환위험(exchange risk)에 직면할 수 있다는 것을 들 수 있다.

1) 송금환과 추심환

제3자에게 채무자를 대신하여 지급하도록 위탁하는 방법인 송금환(순환)과 자기가 가지고 있는 채권을 제3자에게 양도하거나 위탁하는 방법인 추심환(역환)으로 구분할 수 있다.

송금환은 채무자가 자신의 채무를 거래은행을 통하여 결제를 의뢰하여 채무를 상쇄시키는 방법으로 물품을 받기 전에 사전에 대금을 결제하는 사전송금방식에 많이 사용되고 있다.

추심환은 국제물품대금을 결제시키기 위하여 채권자(수출자)가 화환어음을 발행하여 자신의 거래은행을 이용하여 채무자의 거래은행에 보내고 수출대금의 징수를 의뢰하는 방법으로 통상적인 결제방식과는 반대로 채권자인 수출자가 어음을 발행하기 때문에 역환이라 한다.

2) 당발환과 타발환

당발환은 환어음을 발행하는 은행에서 취급되는 외환을 말하며, 타발환은 상대국 외환은행이 시발은행이 되어 취급되는 외환을 말한다. 송금환을 취결하는 경우, 취결하는 은행이 당발은행이고 이 환은 당발환이 되며, 송금환을 지급하는 경우, 지급은행은 타발은행이 되고, 이 송금환은 타발환이 된다.

3) 매도환과 매입환

매도환은 거래자가 은행으로부터 외환을 매입하여 결제하는 것으로서 당발 송금환, 타발 추심환이 이에 해당되며, 매입환은 거래자가 결제받은 외환을 은행에 매도하게 되는 것으로서 타발 송금환, 당발 추심환이 이에 해당된다.

4 외국환 관리

1) 외국환관리의 의의

경제의 대외균형을 가격기구에 일임하지 않고 정부의 직접적인 통제방식에 의하여 외환시장의 수요·공급을 조정하려는 것으로서, 환율변동에 대하여 대체 또는 보완하는 수단으로 환율의 공정, 외국환의 집중, 지급·영수의 제한 등이 주요 대상이다.

외국환관리는 1930년대 독일·덴마크·아르헨티나에서 자본유출을 막기 위하여 처음으로 실시하였고, 오늘날 개발도상국가에서는 주로 경제성장을 위한 재원확보 및 국내수입수요 억제 등을 위하여, 선진국은 단기자본의 급격한 유출입에 따른 국내 금융시장의 교란방지 등을 위하여 외국환을 관리하고 있다.

2) 외국환관리의 영향

환율변동 때문에 자본거래가 교란적이거나 환율인상으로 극심한 인플레이션의 야기 등으로 외국환의 수요·공급이 환율의 변동에 의하여 조정되지 않는 경우 외국환관리를 통하여 시장실패를 보완할 수 있으며, 자국통화의 평가절하 예상에 따른 자본유출입을 인위적으로 억제함으로써 자본의 유출입을 통제할 수 있다.

그러나 외국환관리는 외국환관리에 따른 행정비용의 증가, 기업·개인들의 시간 및 금전상의 비용 부담 등 국가적 낭비나 통상문제 등을 야기하는 문제점도 있을 수 있다.

Ⅱ 외국환 업무와 외국환 업무 취급기관

1 외국환 업무

① 외국환업무를 업으로 하려는 자는 대통령령으로 정하는 바에 따라 외국환업무를 하는 데에 충분한 자본·시설 및 전문인력을 갖추어 미리 기획재정부장관에게 등록하여야 한다. 다만, 기획재정부장관이 업무의 내용을 고려하여 등록이 필요하지 아니하다고 인정하여 대통령령으로 정하는 금융회사 등은 그러하지 아니하다.

② 외국환업무는 금융회사 등만 할 수 있으며, 외국환업무를 하는 금융회사 등은 대통령령으로 정하는 바에 따라 그 금융회사 등의 업무와 직접 관련되는 범위에서 외국환업무를 할 수 있다.

③ 외국환업무 중 다음 각 호의 어느 하나에 해당하는 업무(환전업무)[10)]만을 업으로 하려는 자는 환전 업무를 하는 데에 필요한 시설

을 갖추어 미리 기획재정부장관에게 등록하여야 한다.

㉠ 외국통화의 매입 또는 매도

㉡ 외국에서 발행한 여행자수표의 매입

④ 외국환업무의 등록을 한 금융회사등과 환전업무의 등록을 한 자(환전영업자)가 그 등록사항 중 등록사항의 변경이나 외국환업무 또는 환전업무의 폐지를 신고하려는 자는 기획재정부장관이 정하여 고시하는 서류를 변경 또는 폐지하려는 날의 7일 전까지 기획재정부장관에게 제출하여야 한다.

⑤ 외국환업무의 등록을 한 금융회사 등은 국민경제의 건전한 발전, 국제 평화와 안전의 유지 등을 위하여 필요하다고 인정하여 대통령령으로 정하는 경우[11]에는 이 법을 적용받는 업무에 관하여 외국금융기관과 계약을 체결할 때 기획재정부장관의 인가를 받아야 한다.

⑥ 외국환업무취급기관 및 환전영업자의 업무 수행에 필요한 사항은 대통령령으로 정한다.

2 외국환 취급기관

① 「은행법」에 따른 은행, 「농업협동조합법」에 따른 농협은행, 「수산업협동조합법」에 따른 수산업협동조합중앙회의 신용사업부문, 「한국산업은행법」에 따른 한국산업은행, 「한국정책금융공사법」에 따른 한국정책금융공사, 「한국수출입은행법」에 따른 한국수출입은행, 「중소기업은행법」에 따른 중소기업은행 : 법 제3조 제1항 제16호 각 목

10) 환전업무를 업으로 하려는 자는 명칭, 영업소의 소재지, 환전업무의 취급 범위를 적은 신청서에 기획재정부장관이 정하여 고시하는 서류를 첨부하여 기획재정부장관에게 등록을 신청하여야 한다. 기획재정부장관은 등록을 한 경우에는 신청인에게 등록증을 발급하여야 한다.

11) 급격한 국제금융시장의 불안정 및 외환시장의 변동성 확대로 인하여 국민경제에 심각한 지장을 초래할 우려가 있어 외환의 유입 및 유출에 대한 자세한 주의가 필요한 경우로서 기획재정부장관이 인정하는 경우를 말한다.

의 업무

② 「자본시장과 금융투자업에 관한 법률」에 따른 종합금융회사 : 법 제3조 제1항 제16호 각 목의 업무 중 다음 각 목의 업무를 제외한 업무

가. 예금(다른 외국환업무취급기관과 외국금융기관의 외국통화로 표시되거나 지급받을 수 있는 예금은 제외한다)

나. 「자본시장과 금융투자업에 관한 법률」에 규정된 업무와 직접 관련되지 아니하는 수입신용장의 발행과 대한민국과 외국 간의 지급

③ 체신관서 : 다음 각 목의 외국환업무

가. 외국통화표시 우편환(우편 또는 전신에 의한 지급지시를 포함한다. 이하 이 호에서 같다)의 매입

나. 외국통화표시 우편환의 발행 및 대외지급수단의 발행 및 매매로서 기획재정부장관이 인정하는 업무

④ 그 밖의 금융회사 등 : 다음 각 목의 업무 중 해당 금융회사 등의 업무와 직접 관련되는 업무로서 기획재정부장관이 정하여 고시하는 업무

가. 외화채권의 매매

나. 외화증권의 발행 및 매매

다. 비거주자와의 내국통화로 표시되거나 지급되는 증권·채권의 매매

라. 거주자와의 외국통화로 표시되거나 지급받을 수 있는 예금·금전의 대차 또는 보증

마. 비거주자와의 예금·금전의 대차 또는 보증

바. 대외지급수단의 발행 및 매매

사. 파생상품거래

아. 거주자와의 외국통화로 표시된 보험거래 또는 비거주자와의 보험거래

자. 외국통화로 표시된 시설대여

차. 투자판단을 일임받아 투자자별로 구분하여 운용하는 업무

카. 신탁업무

Ⅲ 외국환거래법

1994년 4월부터 시행된 외국환관리에 관한 기본 법률로서 기존의 외환관리법을 대체한 것이며, 외환시장에 대한 규제를 대폭 완화하는 것이 그 특성이다.

이 법은 외국환거래와 그 밖의 대외거래의 자유를 보장하고 시장기능을 활성화하여 대외거래의 원활화 및 국제수지의 균형과 통화가치의 안정을 도모함으로써 국민경제의 건전한 발전에 이바지함을 목적으로 한다. 현행 우리나라 외국환거래법에 규정된 외국환 관련 법 규정은 다음과 같다.

1 적용대상

적용대상은 행위대상, 인적대상, 물적대상으로 분류된다.

1) 행위대상

① 대한민국에서의 외국환과 대한민국에서 하는 외국환거래 및 그 밖에 이와 관련되는 행위

② 대한민국과 외국 간의 거래 또는 지급·수령, 그 밖에 이와 관련되는 행위

③ 비거주자가 하는 거래로서 대한민국 통화로 표시되거나 지급받을 수 있는 거래와 그 밖에 이와 관련되는 행위

④ 대한민국에 주소·거소를 둔 개인 또는 그 대리인, 사용인, 그 밖에 종업원이 외국에서 그 개인의 재산 또는 업무에 관하여 한 행위

⑤ 대한민국에 주된 사무소를 둔 법인의 대표자, 대리인, 사용인, 그 밖의 종업원이 외국에서 그 법인의 재산 또는 업무에 관하여 한 행위

2) 인적대상

① 인적대상을 거주자와 비거주자로 구분하여 법을 달리 적용한다.
② 거주자 또는 비거주자에 의해 주로 생계를 유지하는 동거가족은 당해 거주자 또는 비거주자의 구분에 따라 거주자 또는 비거주자로 구분한다.

3) 물적대상

① 외국환 : 대외지급수단, 외화증권, 외화파생상품, 외화채권
② 내국지급수단 : 대외지급수단 외의 지급수단
③ 귀금속
  ㉠ 금이나 금합금의 지금
  ㉡ 유통되지 아니하는 금화
  ㉢ 기타 금을 주재료로 하는 제품 및 가공품

2 외국환거래의 정지와 지급수단 등의 집중의무 부과

1) 요건

① 천재지변, 전시 · 사변
② 국내외 경제사정의 중대하고도 급격한 변동
③ 그 밖에 이에 준하는 사태가 발생하여 부득이하다고 인정되는 경우에 다음의 조치를 할 수 있다.

2) 조치

(1) 외국환거래 등의 일시정지

외국환거래법을 적용받는 지급 또는 수령, 거래의 전부 또는 일부에 대한 일시정지

(2) 지급수단 등의 보관 · 예치 · 매각 의무 부과

지급수단 또는 귀금속을 한국은행 · 정부기관 · 외국환평형기금 · 금융기관에 보관 · 예치 또는 매각하도록 하는 의무의 부과

3) 기간

특별한 사유가 없는 한 6월의 범위 안에서 행하되, 동 조치의 사유가 소멸되는 경우 즉시 조치를 해제하여야 한다.

3 건정성 규제

1) 업무상의 확인 업무

외국환업무취급기관, 환전영업자 및 외국환중개회사는 그 고객과 외환거래법을 적용받는 거래를 할 때에는 고객의 거래나 지급 또는 수령이 외환거래법에 따른 허가를 받았거나 신고를 한 것인지를 확인하여야 한다. 다만, 경미한 거래로서 기획재정부장관이 정하여 고시하는 경우는 그러하지 아니하다.

2) 업무의 감독

기획재정부장관은 외국환업무취급기관 등(외국영업소 포함)의 업무를 감독하고 감독상 필요한 명령을 할 수 있다.

3) 건정성 규제

(1) 개요

기획재정부장관은 외환시장의 안정과 외국환업무취급기관 등의 건정성을 유지하기 위하여 필요하다고 인정되는 경우에는 외국환업무취급기관 등의 외국통화 자산 · 부채배율을 정하는 등 외국통화의 조달 · 운

용에 필요한 제한을 할 수 있다

(2) 건정성 규제

① 특정 외화부채에 대한 지급준비금의 최저한도 기준 설정
② 외국환매입초과액과 매각초과액(포지션)의 한도 기준 설정
③ 외화자금 조달 및 운용방법의 지정기준 설정
④ 외화자산 및 외화부채의 비율의 범위 및 기준 설정
⑤ 역외계정(비거주자로부터 자금을 조달하여 비거주자를 대상으로 운용하는 계정)의 관리기준 설정
⑥ 외국환업무취급기관의 외국환계정의 계리기준 설정
⑦ 외국환업무에 따른 위험관리기준 설정
⑧ 외국환중개업무에 대한 기준 설정
⑨ 환전영업자에 대한 환전업무기준 설정

4 외국환 업무의 제재

1) 제재의 종류

기획재정부장관은 외국환업무취급기관 등의 등록 또는 인가를 취소하거나(청문을 해야 한다) 6개월 이내의 기간을 정하여 업무를 제한하거나 업무의 전부 또는 일부를 정지할 수 있다. 착오 또는 과실로 ④~⑨ 또는 ⑫를 위반한 경우 그 기관에게 경고를 할 수 있다.

2) 제재의 사유

① 거짓이나 그 밖의 부정한 방법으로 등록을 하거나 인가를 받은 경우
② 업무의 제한 또는 정지 기간에 그 업무를 한 경우
③ 등록 또는 인가의 내용이나 조건을 위반한 경우
④ 업무범위를 위반하여 외국환업무를 한 경우

⑤ 인가를 받지 아니한 경우 또는 신고를 하지 아니하거나 거짓으로 신고를 한 경우
⑥ 외국환중개업무 거래상대방을 위반하여 거래한 경우 또는 보증금 예탁 명령을 따르지 아니한 경우
⑦ 확인의무를 위반한 경우
⑧ 감독상의 명령 또는 업무상 제한을 위반한 경우
⑨ 보고 또는 자료·정보 제출을 하지 아니하거나 거짓 보고 또는 거짓 자료·정보를 제출한 경우
⑩ 검사에 응하지 아니하거나 검사를 거부·방해 또는 기피한 경우
⑪ 자료의 제출을 거부하거나 거짓 자료를 제출한 경우
⑫ 시정명령에 따르지 아니한 경우
⑬ 기획재정부장관의 명령을 위반하여 통보 또는 제공을 하지 아니하거나 거짓으로 통보 또는 제공한 경우
⑭ 기획재정부장관의 명령을 위반하여 신고, 신청, 보고, 자료의 통보 및 제출을 전자문서의 방법으로 하지 아니한 경우

3) 청문

등록 또는 인가를 취소하려는 경우 청문을 하여야 한다.

5 체신관서의 외국환업무

1) 업무의 범위

① 외국통화 및 여행자수표의 매매(비거주자 또는 외국인거주자의 경우 내국지급수단을 대가로 매각한 범위 내에서의 매도에 한함)
② 외국통화표시 우편환의 매입
③ 다음의 지급을 하고자 하는 자에 대한 외국통화표시 우편환의 발행·매각

㉠ 도서·정기간행물 등의 구독료나 구입대금
㉡ 주한 외교기관이 징수한 수수료
㉢ 거주자의 국제기구 등에 대한 기부금·가입금 등
㉣ 거주자의 자가 치료를 위한 의약품 구입비
㉤ 거주자의 해외시험 응시료, 졸업 등 제증명서 수수료
㉥ 비자수수료 등 제수수료
㉦ 외국간행물에 연구논문 등을 게재함에 따른 게재료 등
㉧ 취미우표 구입대금
㉨ 정보관련 용역의 대가
㉩ 거주자의 비거주자에 대한 초청경비
㉪ 전시회, 박람회, 세미나의 참가 및 개최비
㉫ 공탁금 등 재판비용
㉬ 거주자의 건당 미화 1천불 이하의 지급

2) 유관기관 통보

산업통상자원부장관은 체신관서의 외국통화표시 외국환업무취급실적을 매 연도별로 한국은행총재에게 통보하여야 한다.

6 외국환평형기금

1) 의의

자국통화의 안정을 유지하고 투기적인 외화의 유출입에 따른 악영향을 피하기 위하여 정부가 직접 혹은 간접으로 외환시장에 개입하여 외환의 매매조작을 실시하기 위하여 보유하여 운용되는 자금으로 외국환거래를 원활하게 하기 위하여 국가재정법에 따라 조성된 기금으로 외국환평형기금의 조성 및 운용은 내국지급수단 또는 대외지급수단으로 할 수 있다.

2) 재원의 조성

외국환평형기금은 다음의 재원으로 조성한다.

① 정부로부터의 출연금 및 예수금
② 외국환평형기금 채권의 발행으로 조성된 자금
③ 외국정부, 외국중앙은행, 그 밖의 거주자 또는 비거주자로부터의 예수금 또는 일시차입금
④ 유사시 규제조치 시행에 따른 예수금
⑤ 외국환평형기금의 운용으로 발생하는 이자 등의 수입

3) 외국환평형기금의 운용 · 관리

기획재정부장관은 외국환평형기금의 수입과 지출을 명확하게 하기 위하여 한국은행에 외국환평형기금계정을 설치하여야 하며 원화기금계정 및 외화기금계정으로 구분한다.

4) 외국환평형기금채권

기획재정부장관은 외국환평형기금채권을 발행할 수 있으며, 발행은 모집, 매출 또는 입찰의 방법으로 한다.

외국환평형기금채권의 발행으로 인한 원리금은 국가재정법에 따른 절차에 따라 일반회계 세계잉여금으로 상환할 수 있다. 일반회계 세계잉여금으로 상환할 수 있는 금액은 외국환평형기금채권의 이자에 그 이자 외의 외국환평형기금 운용 손익을 더하거나 뺀 금액으로 한다.

7 지급 등의 절차

1) 개요

기획재정부장관은 지급·수령과 관련하여 환전절차, 송금절차, 재산

반출절차 등 필요한 사항을 정할 수 있다.

2) 지급 등의 절차

(1) 지급 증빙서류의 제출

건당 미화 1천불을 초과하는 지급 등을 하고자 하는 자는 외국환은행의 장에게 지급 등의 증빙서류를 제출하여야 한다.

다만, 신고를 요하지 않는 거래로서 비거주자 또는 외국인거주자가 외국에 있는 자금을 국내로 반입하기 위하여 수령하는 경우에는 그러하지 아니하다.

(2) 사전신고의 이행

지급 등을 하고자 하는 자는 당해 지급 등을 하기에 앞서 당해 지급 등 또는 그 원인이 되는 거래, 행위가 신고 등을 하여야 하는 경우에는 신고 등을 먼저 하여야 한다.

(3) 신고의 사후 이행

지급 등을 하고자 하는 자가 당해 지급 등과 관련하여 필요한 신고 등을 이행하지 않는 등 규정을 위반한 경우에는 당해 위반사실을 제재기관의 장에게 보고하고 필요한 신고절차를 사후적으로 완료한 후 지급 등을 할 수 있다.

(4) 거래외국환은행의 이용

거래외국환은행을 지정한 경우에는 당해 외국환은행을 통하여 지급 등(휴대수출입을 위한 환전 포함)을 하여야 한다.

3장 환위험

I 환위험의 개념과 유형

1 환위험의 개념

환위험이란 각국 통화간의 교환비율인 환율의 변동이 외화자산 및 부채의 가치변화를 초래함으로써 기업 또는 경제적 주체가 입게 되는 가치변동의 가능성을 의미한다. 변동환율제도하에서 대외거래의 계약시점과 결제시점간의 시간적 차이 또는 재무제표 작성시 환평가에 의하여 발생하는 환위험의 노출이라고 하며, 환율변동의 노출에 의한 외화의 순자산 또는 순부채와 현금흐름의 순가치가 변동될 수 있는 불확실성을 말하며 환차손과 환차익의 발생 가능성까지 포함하는 중립적 개념이기도 하다.[12)]

한편, 환위험관리(foreign exchange risk management)란 예상하지 못한 환율 변동에 따라 기업의 경제적 가치를 변화시키는 환위험이 존재하는 경우에 이러한 환위험을 체계적·계획적·조직적으로 관리하여 위험을 없애거나 최소화하고, 이익을 극대화하는 일련의 활동을 말한다. 환위험 관리의 필요성은 1970년대 초 브레튼우즈(Bretton Woods)

12) 경우에 따라 환노출과 환위험을 다음과 같이 구분하기도 한다.
환노출(Exposure) : 위험에 노출되어 있는 상태(환차손, 환차익을 포괄하는 중립적인 개념).
환위험(Risk) : 불확실한 금액의 손실을 입을 수 있는 가능성(환차손의 발생 가능성만을 의미).

체제의 붕괴로 환율제도가 변동환율제도로 이행됨에 따라 주요국 통화 환율의 변동폭이 확대되면서 나타났다고 볼 수 있다.

2 헤지

1) 헤지의 의의

헤지(Hedge)의 원래 의미는 '드러난 것을 덮는다'는 뜻이다. 즉, 위험에 노출된 것을 덮는다는 의미가 내포되어 있다. 결국 헤지란 환위험에의 노출 또는 그에 따른 제반 효과를 없애 주는 것이다.

헤지를 하는 방법으로는 ① 환위험에의 노출을 아예 없애는 방법, ② 환위험에의 노출을 발생시킨 위험을 없애는 방법, ③ 환위험의 결과로 생길 수 있는 손실을 없애는 방법이 있다. 이러한 의미에서 볼 때, 헤지란 환위험에의 노출이나 환위험 또는 손실을 없애주는 것으로 해석된다.

먼저 첫 번째의 경우 헤지의 주된 목적은 환위험에의 노출을 없애는 것이다. 손실을 발생하지 않도록 하면 위험이 없어지고 마찬가지로 위험을 없애면 그에 따라 환노출도 없어지기 때문이다. 그러나 실제로는 환위험에의 노출 자체를 없앤다는 것이 현실적이지 못한 경우가 대부분이다.

예를 들어 A회사가 미화 10만 달러를 빌려서 상품을 미국으로부터 수입하여 한국에서 판매한다고 가정하자. A회사는 상품의 판매 대금을 한국 원화로 받게 될 것이고, 부채 10만 달러는 미 달러화로 상환하여야 하므로, 미 달러화 부채에 의한 환노출이 있다. 이때 이 환위험의 노출을 없앤다는 것은 애당초 10만 달러를 빌리지 않아야 한다는 이야기가 된다. 그렇게 하면, 이 회사는 달러를 빌리지도 않고, 위에서 이야기한 모든 상행위도 하지 않게 된다. 이와 같이 환위험에의 노출을 없앤다는 것은 아무런 거래도 하지 않는 것이 되므로 현실적으로 문제 해결의 방법이 될 수 없다.

한편, 손실을 없애려는 방법도 현실적으로 불가능한 방법이 된다. 예를 들어 위의 A회사가 환율의 변동 때문에 10만 달러의 부채를 상환할 때에 외환 차손이 발생한다고 하자. 손실을 없애려면 그 손실 금액만큼을 수입물품의 최종 소비자에게 부담시켜야 하는데, 그것은 불가능한 일이다. 최종 소비자가 이미 매매거래가 끝난 상품의 대금을 수입업자의 손실을 보전하기 위하여 추가로 지급하려하지 않을 것은 당연한 일이다. 이처럼 손실을 없애는 방법도 현실적으로 실현 불가능하다.

따라서 대부분의 경우, 헤지는 '위험을 없애는 방법'이 될 수밖에 없다. 가장 많이 알려진 위험을 없애는 방법이라면 기존에 발생한 위험의 반대의 효과를 가진 대응 환노출(Counter Exposure)을 창출하는 방법이다. 위의 예와 같은 경우에는 미 달러화를 선물환이나 통화선물 등을 이용하여 미리 매입하는 것이 헤지의 좋은 방법이 된다.

2) 헤지의 효과

헤지의 기본 개념은 앞으로의 시장변화로 인하여 환위험에의 노출이나 그에 따른 위험으로부터 유발되는 손실이 발생하지 않게 한다는 것이다. 그러나 헤지를 하는 경우, 앞으로 발생할지도 모르는 손실을 미리 방지할 수는 있다 하여도, 헤지를 함으로 해서 오히려 이익이 발생할 가능성마저도 없애 버리게 된다. 따라서 결과적으로는 헤지를 하지 않았더라면 이익이 발생하였을 수도 있는 상황에서 헤지를 하여 헤지 비용만 들이고 기회 이익을 포기하는 경우도 있을 수 있다. 바로 이런 경우에 대한 공포 때문에 헤지를 하지 않는 경우가 많이 있으나, 이는 불확실한 미래의 손실 발생 가능성을 그대로 방치하는 결과가 된다.

헤지를 하였을 경우, 도리어 이익이 날 가능성을 없앤다는 측면만 강조하여 헤지를 하지 않으려는 사례를 종종 발견하지만 이는 잘못된 생각이다.

왜냐하면, 첫째로, 기업에서 장래 불확실한 위험에 대하여 헤지를 하는 경우에는 미리 예측 가능한 경영을 할 수 있기 때문이다. 그러나 헤지를 하지 않은 상태에서는 앞으로 손실이 발생할 것인지 혹은 이익이 발생할 것인지를 알 수가 없게 된다. 그리고 만일 헤지를 하지 않았다가 손실이 발생한다면 이는 실제적인 손실이 되므로 회사 경영에 막대한 지장을 줄 우려가 있다.

둘째로, 헤지를 함으로써 기회 이익(즉 헤지를 안하였더라면 발생하였을 이익)을 잃게 된다 하더라도, 실제 손실은 발생하지 않는다. 다시 말해서, 헤지를 한 순간 이후에는 해당 환위험에의 노출로 인하여서는 어떠한 실제 이익이나 실제 손실이 발생하지 않는다. 이미 헤지를 하는 순간, 해당 환위험에 노출될 가능성은 사라졌고, 그와 동시에 실제 이익(혹은 손실)의 규모가 확정되기 때문이다.

한편, 헤지를 할 때에 소요되는 비용인 헤지 코스트는 헤지와 관련된 실제 손익 금액의 전부이다. 헤지 비용, 즉 헤지 코스트는 위험 방지의 기능이라는 관점에서 보면 보험금과 같은 성격이다.

그리고 한 가지 주의하여야 할 점은 헤지를 한 후에는 과연 헤지가 되었는지를 검증하는 일이 중요하다는 것이다. 아주 간단한 방법으로는 해당 환위험에의 노출과 헤지 거래를 함께 놓고 시장에서의 가격 변화를 대입하여 보아서 환위험에의 노출과 헤지 거래의 손익 합계가 변동이 없으면 헤지가 된 것이다.

3 환위험의 유형

환율 변동에 따라 기업의 수익이 변동되거나 손실을 입을 가능성을 우리는 위험(Risk)이라고 정의하였다. 그리고 이러한 위험에 노출된 상태가 바로 환위험에의 노출이라는 것도 역시 앞에서 살펴보았다. 그런데 환율 변동으로 인한 손실을 입을 가능성, 즉 환위험은 1차적으로 회계적 환위험(Accounting Exchange Risk)과 거래 환위험(Transaction

Exchange Risk)으로 구분된다. 그리고 경제적 환위험은 거래 환위험의 일부와 영업 환위험으로 구분될 수 있다. 결국 요약하자면, 환율 변동에 따른 환위험은 크게 환산 환위험, 거래 환위험, 영업 환위험 세 가지로 구별된다.

1) 거래 환위험

거래 환위험(Transaction Exchange Risk)이란 상품의 수출이나 수입 또는 외국 통화표시 자금의 차입이나 대출시 계약시점과 결제시점과의 환율변동으로 인하여 자국통화로 환산한 결제금액이 변동할 수 있는 불확실성을 말한다. 거래시점에서 예상된 환율이 결제시점이 되기 전에 변동할 경우, 결제시점에서의 거래의 가치는 예상외로 다른 값이 된다.

수출입거래의 거래 환위험은 최초 거래계약일로부터 수출신고필증 획득일까지의 거래 환위험과 회계장부에 나타나는 수출신고필증 획득일로부터 최종 수출대금 회수일까지의 거래 환위험의 합계로 측정할 수 있다. 또 외화자금거래에 의한 거래 환위험은 외화자금을 차입한 기업의 경우, 차입 시점의 환율과 상환시점의 환율의 차이에 의해서 발생하는 환위험이다.

거래 환위험의 예를 사례로 들어보면 다음과 같다.

사례 1

환율이 미화 1달러당 1,000원일 때 한국의 스마트폰 수출기업이 미국에 스마트폰 1백만 달러를 수출하고 대금은 6개월 후에 받기로 했다고 하자. 이 회사는 6개월 후 10억원의 현금흐름을 기대하고 있을 것이다. 그러나 이후 원화의 평가절상으로 인하여 결제시의 환율이 미화 1달러당 950원이 되었다면 이 기업이 받게 되는 원화 표시 수출대금은 9억 5천만원이 된다. 따라서 환율의 변화에 따라 이 기업은 기대현금흐름 10억원과 실제 현금흐름 9억5천만원의 차이인 5천만원의 손실을 보게 된다.

2) 환산 환위험

환산 환위험(Translation Exchange Risk)이란 환율변동 시점 이전에 외국통화로 표시된 자산 또는 부채를 자국의 통화로 환산하는 과정에서 손실을 입을 위험이며, 외화표시거래의 계약완료 후 결제시점 직전까지 단지 회계장부상 노출된 환위험(회계적 환위험)을 말한다. 예를 들어 기업이 국제상거래를 수행하는 경우, 국내의 모회사와 해외의 자회사 간에 연결 재무제표를 작성해야 하는 경우가 있는데 이때 환율의 변동에 따라 환산 환위험이 발생한다. 다시 말해서 외국통화 표시의 자산과 부채, 수입과 지출, 이익과 손실을 모회사의 재무제표의 통화로 환산하면 전기의 결산시점과 이번의 결산시점에 적용되는 환율이 변동하므로 환산차익이나 환산차손이 발생할 수 있다. 일반적으로 환산 환위험은 본·지점을 통합한 연결재무제표를 작성하기 위해서 해외에서 활동하는 영업소, 지점 또는 종속회사의 외화로 표시되어 있는 재무제표를 보고통화로 환산하는 경우에 주로 발생한다. 그러나 본·지점과의 연결재무제표의 작성이 아니더라도 외화표시 거래를 하면서 이의 회계처리를 위해 외화를 보고통화로 환산하는 과정에서 환산 환위험이 발생할 수도 있다.

우리나라는 증권거래법에 따라 모든 상장회사는 개시회계연도부터 연결재무제표에 대한 외부감사를 의무화하고 있다. 또 비상장회사에 대해서도 연결재무제표에 대한 외부감사가 의무화되었다. 따라서 외화환산의 문제는 우리나라 기업들에게 중요한 문제가 되었다.

환산 환위험의 예를 사례로 들어보면 다음과 같다.

사례 2

한국의 무역회사 X기업이 2018년 5월, 5년 만기의 외화 대출로 1백만 달러를 차입하였다고 하자. 만약 2018년 말 환율이 미화 1달러당 1220원이면 재무제표에는 외화부채가 12억 2천만원으로 기재되어야 한다. 그런데 2019년 말 환율이 1,300원으로 변동된다면 재무제표에는 외화부채가 13억으로 작성된다. 이러한 경우에는 원화로 표시된 환율이 2018년 말에 비해 상승하였으므로 X기업은 8천만원의 외환 환산 손실을 입게 된다.

3) 경제적 환위험

경제적 환위험(Economic Exchange Risk)이란 예상하지 못한 급격한 환율변동이 기업의 현금흐름, 판매량, 판매가격, 원가 등 영업에 실질적으로 영향을 미치는 것으로 장래 현금흐름의 변동을 가져와 기업의 장래 수익에 영향을 미칠 가능성을 말한다. 경제적 환위험은 환율이 변동함으로써 미래에 기업의 해외 영업활동이 불리해 질 수 있는 가능성 측면에서 영업 환위험이라고도 한다.

예를 들어 환율이 하락하면서 수출기업이 기존의 수출계약을 이행하는 과정에서 이익이 감소하였다면 이는 거래 환위험이다. 그러나 환율 하락으로 이 기업 제품의 가격 경쟁력이 저하되어 수출계약 자체가 줄어든다면 이는 경제적 환위험에 속한다. 또 경쟁국 통화와 우리나라 통화의 환율변화 정도의 차이에서 각국의 가격경쟁력이 달라질 수 있으며, 이 과정에서 수주량이나 외화표시 거래가격 자체가 변하면 이것 역시 경제적 환위험에 해당된다.

그런데 경제적 환위험은 앞선 환산 환위험이나 거래 환위험과는 차이점이 있다. 앞의 두 환위험은 환율변동으로 인한 손실을 직접 측정할 수 있는데 비하여 경제적 환위험은 미래 현금 흐름의 측정에 초점을 맞춘다는 점에서 다소 주관적이다. 즉, 경제적 환위험은 사전에 노출 정도를 추정하기가 어려운 것이 특징이다.

대부분의 기업들이 환위험을 관리할 때 경제적 환위험을 제대로 관리하지 못하는 것이 현실이며 세 가지 환위험 중에서 가장 큰 환위험은 바로 경제적 환위험이라고 할 수 있다. 왜냐하면 경제적 환위험은 기업의 장기적인 건전성에 영향을 미치기 때문이다. 그리고 이미 예상된 환율 변동은 경영자가 이미 경영 의사결정 과정에 반영하였기 때문에 경제적 환위험의 측정에는 제외된다.

경제적 환위험의 예를 사례로 들어보면 다음과 같다.

사례 3

환율이 미화 1달러당 1,000원일 때, 원가가 950원인 제품을 1달러에 수출하는 기업은 50원의 이익을 기대할 수 있다. 그런데 환율이 단기간에 미화 1달러당 900원으로 급락하면 채산성을 맞추지 못하게 되어 수출 단가를 인상할 수밖에 없게 된다. 그로 인하여 해당 수출기업은 가격경쟁력이 저하되고, 결국 매출이 감소하여 적정한 영업이익을 확보하기 어려워질 수 있다.

II 환위험의 관리

1 필요성과 목표

1) 필요성

환위험 관리의 필요성은 1970년대 초 브레튼우즈(Breton Woods) 체제의 붕괴로 환율제도가 변동환율제도로 이행됨에 따라 주요국의 통화 환율의 변동폭이 확대되고, 기업의 대외거래 규모의 확대로 환차손익이 경상이익에 미치는 영향이 증대되면서 대두되었다. 특히 외환위기 발생 이후 환율 변동성의 확대로 인하여 기업의 환리스크에 대한 인식은 상당하게 높아졌다.

2) 목표

기업의 환위험 관리의 주된 목표는 국내통화표시 재무결과에 대한 환율변동의 총체적 영향을 최소화 하는데 있으며, 기업은 자신이 직면하는 환위험의 종류에 따라 그 위험의 최소화에 적합한 또 다른 목표를 설정하여야 할 것이다. 예를 들어, 거래 환위험에 대하여는 외환을 매개로 하는 거래로부터 발생하는 총체적 비용과 손실을 최소화하는데 관리목표를 둘 수 있을 것이고, 환산 환위험에 대하여는 기업이 수용할 수 있는 범위에서 환산으로부터 발생하는 미실현 손익을 고려하는 것으로 관리목표를 설정할 수 있을 것이다.

그리고 장기적인 미래 환위험에 대해서도 관리할 필요성이 있는 경우에는 경제적 환위험에 대한 분석과 그에 대한 대응전략을 강구하는데 목표를 두는 것이 옳을 것이다.

물론 기업의 환위험 관리목표는 기업의 현실적 외부환경, 현재의 관리기법, 그리고 기업의 가용자원과 관리능력을 감안한 것이어야 하며 또한 이는 총괄적인 기업경영의 목표와 기업의 특정 국제경영전략 및 목표와도 일관성이 있어야 할 것이며 특히 최고경영자의 태도와 위험회피성향을 고려하는 것이어야 한다.

2 환위험 관리기법

환위험 관리기법이란 예상하지 못한 환율 변동에서 초래되는 환위험을 극소화하거나 환차익을 극대화하기 위한 관리기법을 말한다. 다시 말해서 기업이 대외거래를 하면서 발생할 수 있는 환위험의 가능성으로부터 손해를 보지 않기 위해 수립하는 재무기법이라 할 수 있다. 환위험 관리기법은 전통적으로 기업 자체적으로 내부에서 실시할 수 있는 대내적 환위험 관리기법과 금융기관에서 제공하는 헤지(hedge) 기법을 이용하는 대외적 환위험 관리기법으로 구분하고 있다. 대내적 환위험 관리기법이란 기업 내부에 의한 환위험을 최소화하려는 모든 기법을 말하며, 대외적 환위험 관리기법이란 이와 같은 대내적 환위험 관리기법에 의해 커버되지 못한 환노출로 발생할 수도 있는 환손실을 최소화하려는 조치를 말한다.

1) 대내적 환위험 관리기법

내부적 관리기법은 해당기업 또는 금융기관이 별도의 환위험 관리를 위한 추가적인 거래 없이 내부적으로 해결하는 것으로, 이는 재무제표의 조정이나 가격정책의 변화, 현지 생산의 비중조정 등 일상적인 영업활동을 통하여 환위험을 예방 또는 감소시키거나 경우에 따라서는 환차익까지 획득하는 수단을 말한다.

단기적으로 상계(netting), 매칭(matching), 리딩 · 래깅(leading & lagging), 자산부채 종합관리(asset liability management), 결제통화 조정, 재송장 등의 기법을, 장기적으로 영업 환위험에 초점을 두고 가격조정, 시장선택, 판매촉진 등과 같은 마케팅 관리기법과 원자재 및 부품투입 구조를 조정하거나 공장입지를 전략적으로 선택하는 생산관리기법, 인사 및 조직부문의 조정을 통한 인사조직기법 등을 사용한다.

〈표 3-1〉 대내적 환위험 관리기법

관리기법	내 용
상계 (Netting)	• 본지사간에 일정기간 동안 발생하는 채권 채무를 개별적으로 결제하지 않고 서로 상계한 후 차액만을 결제함으로써 외환거래 비용을 절감하고 환위험을 최소화하는 방법
매칭 (Matching)	• 외화자금의 흐름시기, 즉 자금의 수취시기와 지출시기를 결제 통화별로 일치시킴으로써 외화자금 흐름시기의 불일치에서 발생할 수 있는 환위험을 원천적으로 제거하는 방법
리딩 · 래깅 (Leading & Lagging)	• 환율변동에 대비하여 외화자금의 수입 또는 지출시기를 의도적으로 앞당기거나(Leading) 지연(Lagging)시킴으로써, 환율변동에 따른 환차손을 극소화하거나 환차익을 극대화하기 위한 환노출 관리기법 • 거래상대방과 이해관계가 상충될 수도 있으며 또한 자금조달 비용에 대한 고려가 필요함 • 실제 환율이 예상과 반대방향으로 움직일 경우 환차손이 발생하는 등 투기적 요소를 내포하고 있어서 위험이 존재

가격정책 (Pricing policy)	• 수출입 상품의 가격을 수시로 조정하거나 거래통화를 조정하여 환리스크에 대응하는 기법 • 환위험을 없애기 위하여 수출입거래를 자국통화로 하거나 수출은 강세통화, 수입은 약세통화로 하는 방법
자산 · 부채관리 (Asset-Liability Management)	• 환율(금리) 전망에 따라 기업이 보유하고 있는 자산, 부채의 포지션을 조정함으로써 환(금리)위험을 효율적으로 관리하는 기법 • 주로 환산위험이나 거래적 위험을 관리하는 목적
포트폴리오 (Portfolio)	• 여러 종류의 통화로 자산과 부채를 구성하여 통화간의 환율변동이 서로 상쇄되는 효과를 통하여 자연스럽게 환율변동에 따른 위험을 줄이는 전략

2) 대외적 환위험 관리기법

외부적 관리기법은 외환 및 금융시장을 통한 별개의 외환매매거래나 단기금융거래를 함으로써, 내부적 관리기법으로 제거하지 못한 환위험을 제거 또는 감소시키려는 기법을 말한다.[13)]

외부적 관리기법은 주로 거래환위험의 관리에 초점을 두고 외환, 금융시장 등을 이용하여, 환위험을 최소화 내지 제거하는 기법으로 외환매매상품으로서 현물환거래와 선물환 등 파생외환거래로 구분할 수 있다. 파생외환거래에는 선물환(forward exchange), 통화선물(currency futures), 통화옵션(currency options), 통화스왑(currency swap) 등의 기법과 함께 단기금융 시장을 이용하거나 환율변동보험,[14)] 국제팩토링 및 할인 등이 있다.

현물환거래(spot exchange transaction)는 현물환율로서 외환의 즉각적인 매매, 즉 결제일이 거래일로부터 2영업일 이내인 거래를 말한다.

13) Shani Shamah, A Foreign Exchange, John Wiley & Sons Ltd., 2003, p. 39.
14) 환변동보험은 수출거래와 관련하여 발생하는 환율변동에 대한 환위험 관리를 위해 한국무역보험공사(구 한국수출보험공사)에서 도입한 보험상품이다.

선물환거래(forward exchange transaction)는 거래당사자인 은행 또는 고객이 미래의 일정시점에 사전에 정한 환율과 금액으로 외환을 매입 또는 매도하는 환거래이다. 선물환시장은 통화선물거래소라는 조직적인 시장이 없고 당사자 사이에 자유롭게 거래가 이루어지며, 거래량도 표준화되어 있지 않고, 만기일 이전에 청산이 불가능하다.

통화선물거래(currency futures transaction)는 통화선물거래소에 상장된 통화에 한하여, 통화선물시장에서 형성된 시세로 미래의 일정 시점에 일정한 통화량을 매입 또는 매도하는 거래이다. 대부분의 경우 선물환거래와는 다르게 만기일 이전에 매매를 통하여 청산이 이루어지고 있기 때문에, 현물 시세의 변동 상황에 따라 적절하게 대응할 수 있다.

통화스왑거래(currency swap transaction)는 외환리스크의 헤지, 결제일의 조정, 기타 통화자금의 조달 등을 위해 거래방향이 반대되는 현물환거래와 선물환거래 또는 선물환거래와 다른 선물환거래를 동시에 행하는 거래이다. 일반적으로 외환을 현물환시장에서 매입/매도하는 동시에 선물환 시장에서 매도/매입하는 형태로 이루어진다.

통화옵션거래(currency options transaction)는 일정한 옵션 프리미엄을 대가로, 계약시 약정한 실행환율(strike price)로 외환을 일정기간 내에 언제든지 매매할 수 있는 권리인 옵션을 가지는 거래이다. 이때 Call option을 가지는 사람은 약정한 실행환율로 외환을 매입 또는 포기할 수 있는 권리를 가지며, Put option을 가지는 사람은 매도 또는 포기할 수 있는 권리를 가진다.

〈표 3-2〉 대외적 환위험 관리기법

관리기법	내 용
선물환 (Forward)	• 외화자산 또는 외화부채의 환율변동위험을 방지하기 위하여 거래 당사자 간에 외화를 장래의 일정시기(기간)에 미리 약정한 환율에 의하여 매매하기로 약정하고 만기일에 가서 약정된 환율로 외화를 매매하는 거래 • 계약시점과 결제시점 간의 차이에서 발생하는 환율변동위험을 회피하는 방법
통화선물 (Futures)	• 선물환거래와 같이 장래의 환율변동위험을 회피하기 위하여 특정통화를 미래의 일정시점에 매입(call option) 또는 매도(put option)하기로 약정하는 방법 • 선물거래소를 통해 거래가 이루어지기 때문에 반드시 증거금이 필요한 선물환거래와는 달리 통화, 거래금액, 가격, 만기일 등이 정형화되어 있어 실수요거래와 일치시키기 어려움
통화스왑 (Currency Swap)	• 장래 특정시점 또는 일정기간 동안의 현금흐름에 대한 환위험을 회피하기 위하여 보유한 금융자산 또는 부채의 통화를 다른 통화로 변경하는 방법 • 가장 단순한 스왑은 외환스왑(FX Swap)으로 특정통화를 현물환거래로 매도(or 매입)함과 동시에 선물환으로 동일금액을 매입(or 매도)하여, 환위험을 회피하는 방법으로 양 통화의 금리차이에 의한 이자를 만기일의 선물환율에 반영시킴
통화옵션 (Currency Option)	• 기초자산(underlying asset)인 통화를 장래의 특정일자 또는 일정기간 이내에 정해진 행사가격(strike price)으로 매입(call option) 또는 매도(put option)할 수 있는 권리 • 옵션매입자는 자신에게 유리한 경우에 권리를 행사할 수 있으므로 권리취득의 대가로 보험료 성격을 지닌 프리미엄(premium)을 옵션매도자에게 지급 • 옵션매도자는 프리미엄을 수취하는 대신 옵션매입자가 옵션을 행사할 경우는 언제든지 매매에 응할 의무가 있음.

일반적으로 무역업체는 대외거래가 수출 또는 수입으로 비교적 단순하기 때문에 내부적 관리기법을 사용하고 있지만 해외에 자회사를 보유하고 있는 다국적 기업들은 매우 복잡한 환리스크에 노출될 가능성이 높기 때문에 내부적 관리기법과 외부적 관리기법을 포함한 모든 대응책

이 필요하다.

〈표 3-3〉 선물환과 통화선물의 비교

	선물환(Forward)	통화선물(Futures)
성격	• 상대방 사이 1:1거래 • 거래보증은 상대방 신용도	• 불특정 다수간 거래(선물거래소) • 거래이행 보증은 확실
가격결정	• 은행별(쌍방 간 협상)	• 다수 간 경쟁 호가방식
거래장소	• 당사자 간 직접거래계약 가능	• 선물거래소
거래조건	• 자유(계약단위, 만기일 등)	• 표준화(계약단위는 5만$의 배수, 만기일은 매주 수요일)
신용한도	• 필요	• 불필요
증거금	• 불필요(신용에 따라 차등)	• 증거금 필요
거래시간	• 24시간	• 선물거래소 거래시간 이내
중간청산	• 제한적(상대방과 합의 필요)	• 자유(항상 청산가능)
중간자금 수급	• 없음(만기결제만 있음)	• 증거금 일일정산(정산소)
수수료	• 거래환율에 수수료 포함	• 별도 수수료 납부

무역결제론

2편

신용장방식에 의한 결제방식

제4장 신용장의 기본원리

제5장 신용장거래의 실무

제6장 신용장과 무역결제서류

제7장 화환신용장통일규칙

제8장 전자신용장

4장 신용장의 기본원리

I 신용장의 의의

1 신용장의 개념

신용장(letter of credit : L/C)이란 무역거래에 있어서 물품거래와 대금결제를 원활하게 하기 위하여 수입업자의 거래은행인 신용장 발행은행(issuing bank)이 수입업자의 요청과 지시에 따라 수출업자나 그의 지시인으로 하여금 일정조건 하에서 운송서류를 담보로 하여 발행은행이나 발행은행이 지정하는 환거래은행을 지급인으로 하는 화환어음을 발행하여 그 어음이 제시될 때 지급·인수 또는 매입할 것을 약정하는 증서를 말한다.

즉, 신용장이란 신용장상에서 요구하는 조건에 일치하는 제반 서류를 구비하여 은행에 제시하면 수입업자를 대신하여 수입업자의 거래은행인 발행은행이 수출업자에게 지급 또는 신용장에 의하여 발행된 어음의 지급·인수 혹은 매입을 확약하는 증서이다. 이러한 신용장은 신용장 발행은행의 조건부 대금지급 확약이기 때문에 수출업자로서는 수입업자의 지급능력이나 의사와 관계없이 은행의 신용을 이용할 수 있어 대금회수에 대한 불안감을 해소할 수 있다.

화환신용장통일규칙에서는 신용장의 정의 및 발행은행의 지급확약에 대하여는 다음과 같이 규정하고 있다.

"신용장이란 그 명칭이나 기술에 관계없이 취소불능이며 일치하는 제시를 지급이행할 발행은행의 확약을 구성하는 모든 약정을 말한다"[1] 고 규정하고 있으며, "명시된 서류가 지정은행 또는 발행은행에 제시되고 그 서류가 일치하는 제시를 구성하는 한 신용장이 연지급 또는 인수, 일람지급, 매입 등 어느 것에 의하여 사용될 수 있는 경우에는 발행은행은 지급을 행해야 한다"고 규정함으로써 발행은행의 대금지급확약에 대해 규정하고 있다.[2] 따라서 신용장은 "발행은행의 취소불능의 조건부 지급확약"(bank's irrevocable conditional undertaking of payment)이라 정의할 수 있다.

2 신용장의 필요성

무역거래는 국가간에 거래가 이루어지기 때문에 국내 상거래와 달리 물품인도와 대금결제 등 거래과정이 매우 복잡하고 다양한 위험을 내포하고 있어 위험발생 가능성 또한 높다.

일반적으로 무역거래에서 가장 큰 문제 중의 하나는 수입업자의 입장에서 보면, 수출업자가 계약물품을 선적하기 전에 수입업자가 대금을 먼저 지급하게 되면 수입업자는 수출업자가 선적기일을 경과하거나 계약물품을 계약조건과 불일치하게 선적할 경우에 이에 따른 불이익을 감수해야 한다.

---

1) UCP 600 제2조 Credit means any arrangement, however named or described, that is irrevocable and thereby constitutes a definite undertaking of the issuing bank to honor a complying presentation.

2) UCP 600 제7조 참조. UCP 600 제7조에서는 은행의 지급확약을 직접약정과 간접약정으로 구분하여 규정하고 있다. 직접약정은 발행은행이 (i) 환어음의 발행 없이 수익자 또는 그 지시인에게 직접 지급하거나 또는 (ii) 수익자의 환어음을 인수 및 지급하겠다는 약정을 말한다. 간접약정은 발행은행이 다른 은행으로 하여금 (i) 지급을 이행하도록 하거나 또는 (ii) 수익자가 발행한 환어음을 지급 및 인수하도록 하거나 또는 (iii) 수익자가 발행한 환어음을 매입하도록 수권하는 약정을 말한다.

그리고 수출업자의 입장에서 보면, 수출업자가 계약물품을 선적한 후에 대금을 회수할 경우 수출업자는 수입업자의 대금감액 요구, 지급의 지연 또는 지급거절 등에 따른 불이익을 감수해야 한다. 이처럼 무역거래에 있어 수출업자와 수입업자와의 이해관계는 언제나 상충되게 마련이다.

그러나 이러한 경우 신용도가 높은 은행이 수입업자를 대신하여 수출업자에게 대금결제를 확약한다면, 수출업자는 안심하고 물품을 수출할 수 있을 것이고, 수입업자는 계약물품의 소유권을 나타내는 서류와 상환으로 은행에 대금을 지급하므로 안심하고 수입을 할 수 있을 것이다. 따라서 이러한 수입업자와 수출업자의 상충되는 이해관계를 적절하게 조정하여 활용하고 있는 것이 바로 신용장방식이다.

즉, 신용장방식은 은행의 조건부 대금지급 확약이기 때문에 수출업자는 신용장의 조건에 일치하는 서류를 제시하면 대금회수가 가능하고, 수출업자가 신용장에서 요구하는 조건과 일치하는 서류를 제시하기 위해서는 계약내용을 그대로 이행하지 않을 수 없어 수입업자의 입장에서도 안심하고 거래할 수 있다. 이처럼 신용장을 활용할 경우 수출업자나 수입업자 모두에게 거래와 관련하여 많은 이점이 있다.

3 신용장거래의 특성

1) 신용장의 독립성 원칙

신용장의 독립성(independence)이란 신용장거래는 매매당사자 간의 매매계약에 근거하여 발행되지만, 이러한 신용장거래의 원인계약(underlying contract)인 매매거래나 기타 거래와는 별개의 독립된 거래로 간주한다는 것을 의미한다.

동 원칙과 관련하여, 화환신용장통일규칙(UCP 600) 제4조는 "신용장은 그 성질상 비록 그것이 매매계약이나 다른 계약에 근거를 두고 있다

하더라도 이러한 계약과는 독립된 별개의 거래이다. 은행은 설령 이러한 계약에 대한 참조사항이 신용장에 포함되어 있다고 하더라도 그러한 계약과는 아무 관련이 없으며 구속되지 아니한다. 결과적으로 신용장에 의하여 지급이행하거나 매입하거나 또는 기타 모든 의무를 이행한다는 은행의 확약은 발행은행 또는 수익자와 발행의뢰인과의 관계로부터 생긴 발행의뢰인에 의한 클레임 또는 항변에 지배받지 아니한다."[3]고 규정하고 있다.

위의 규정에 따르면 신용장은 명백히 매매계약 등에 의거하여 발행되는 것이지만, 신용장거래 그 자체는 이들 계약과는 별개의 독립된 거래로서, 신용장의 당사자인 은행과 수출업자와 수입업자는 신용장거래에서 야기된 문제를 매매계약의 내용을 들어 항변할 수 없다는 것으로 해석된다. 즉, 신용장의 독립성원칙은 매매계약으로부터 은행과 고객간의 신용장약정의 독립은 근거계약의 문제와 관계없이 서류가 신용장과 일치되는 제시라면 은행은 고객에 대하여 상환을 요구할 수 있으므로 결국 은행을 보호하는 역할을 한다.

2) 신용장의 추상성 원칙

신용장의 추상성(abstraction)이란 매매계약서에 언급된 물품이나 실제로 매수인에게 도착된 물품의 상태에 관계없이 은행은 신용장에서 요구하는 조건에 일치하는 서류만으로 대금지급 여부를 판단하는 것을 말한다. 즉, 신용장거래에 있어서의 모든 당사자는 서류에 의한 거래를 하는 것이지 그 서류와 관계되는 물품·서비스 또는 기타의 계약에 의

3) Article 4 Credits v. Contracts

a. a. A credit by its nature is a separate transaction from the sale or other contract on which it may be based. Banks are in no way concerned with or bound by such contract, even if any reference whatsoever to it is included in the credit. Consequently, the undertaking of a bank to honour, to negotiate or to fulfil any other obligation under the credit is not subject to claims or defences by the applicant resulting from its relationships with the issuing bank or the beneficiary.

해 거래하는 것은 아니라는 것이다.

신용장의 추상성에 대한 UCP 600의 제5조에 따르면, 서류와 물품, 용역 및 이행(Documents v. Goods, Services and Performance)이라는 표제로 되어 있으며, 그 규정은 근거계약인 매매계약 등의 대상은 물품, 용역, 기타 이행이지만, 신용장계약의 대상은 서류라고 하는 것이다.[4)]

은행은 매매계약물품에 대해 요구되는 전문적인 지식이 사실상 부족하기 때문에 신용장내용과 서류상의 문면만을 기준으로 그 일치성 또는 정당성 여부를 판단하여 지급이행을 행한다는 것은 당연하고 합리적인 관행이라고 할 수 있다. 따라서 신용장거래의 대상은 물품, 용역, 기타 이행 등이 아니라 서류에만 국한되는 것이다. 그리하여 물품, 용역, 기타 이행과 관련하여 분쟁이 발생한다면 피해당사자는 신용장의 추상성의 원칙에 근거하여 신용장이 아니라 매매계약위반을 이유로 항변하여야 할 것이다.

3) 신용장의 엄밀일치 원칙과 국제표준은행관행

(1) 신용장의 엄밀일치 원칙

수익자가 제시한 서류에 대하여 은행이 서류심사를 하고 수리여부를 결정할 때 제시된 서류에 대하여 은행이 어떤 기준과 어느 정도의 주의를 기울여야 하는지가 논란이 있을 수 있다. 은행의 서류심사 관행은 전통적으로 법원의 판례에 의한 법률원칙으로 적용되어 온 것은 엄밀일치의 원칙(doctrine of strict compliance)과 상당일치의 원칙(doctrine of substantial compliance)이다.

엄밀일치의 원칙이란 신용장거래에서 은행은 제시된 서류가 신용장의 조건에 엄밀하게 일치하지 않는 서류를 거절할 수 있다는 원칙을 말

4) UCP 600 Article 5. Banks deal with documents and not with goods, services or performance to which the documents may relate.

한다. 즉, 은행은 제시된 서류가 신용장조건의 문언에 합치된 것으로 판명된 서류에 한하여 대금을 지급한다는 원칙을 말한다.

신용장거래에서 엄밀일치의 원칙이 준수되어야 하는 이유는 신용장거래는 매매계약 등의 근거계약과는 별개의 거래라고 하는 독립성의 원칙과 서류거래라는 추상성의 원칙에 있다.

썸너(Load Sumner)경에 의하면, 다음과 같은 전통적인 구절(passage)로 엄밀일치의 원칙을 언급하였다. 즉 "서류에 관한 한 거의 같다거나, 괜찮을 것이다 라는 여지는 없다"(There is no room for documents which are almost the same, or which will do just as well)라고 판시하였다.[5] 이 원칙을 적용한 판례는 다수 찾아볼 수 있다.[6]

화환신용장통일규칙(UCP 600) 제14조 a항에서는 "발행은행의 지정에 따라 행동하는 지정은행, 확인은행(있는 경우) 및 발행은행은 서류가 문면상 일치하는 제시를 구성하는지 여부를 결정하기 위하여 서류만을 기초로 하여 그 제시를 심사하여야 한다"[7]고 규정하고 있다. 또한 제18조 c항에서는 "상업송장상의 물품, 용역 또는 이행의 명세는 신용장에 보이는 것과 일치하여야 한다"[8]고 규정하고 있어 엄밀일치 원칙이 적용되고 있음을 확인할 수 있다.

---

5) Equitable Trust Co of New York v. Dawson Partners Ltd [1927] 27 L.I.R 49.

6) Devlin J. Midland Bank v. Seymour [1955] 2 Lloyd's Rep. 147; Paker J. Kydon Compañiá Naviera SA v. National Westminster Bank Ltd; The Lena [1981] 1 Lloyd's Rep. 68; Hing Yip Hing Fat Co Ltd [1991] 2 H.K.L.R. 35, Murphy "Documentary Credits and Rejected Documents" (1992) L.M.C.L.Q. 26; Seaconsar Far East Ltd v. Bank Markazi Iran [1993] 1 Lloy's Rep. 236; Glencore International AG v. Bank of China [1996] 1 Lloyd's Rep. 135; Bayerische Verinsbank Aktiengesellschaft v. National Bank of Pakistan [1997] 1 Lloyd's Rep. 591; Kredietbank Antwerp v. Midland Bank Plc [1998] 2 Lloyd's Rep. 173.

7) UCP 600 Article 14 a. A nominated bank acting on its nomination, a confirming bank, if any, and the issuing banks must examine a presentation to determine, on the basis of the documents alone, whether or not the documents appear on their face to constitute a complying presentation.

8) UCP 600 Article 18 c. The description of the goods, services or performance in a commercial invoice must correspong with that appearing in the credit.

한편, 엄밀일치의 원칙을 다소 완화하는 것으로서 은행에 제시된 서류가 신용장조건과 문면상 엄밀히 일치하지 않더라도 그것이 실질적으로 신용장거래의 본질을 해치는 중대한 사항이 아닌 사소한 경우에는 서류를 수리해야 한다는 상당일치의 원칙이 있다. 즉, 상당일치의 원칙은 제시된 서류와 신용장조건 간에 형식적인 불일치가 존재하더라도 실질적인 의미에서 제시된 서류에 의해 신용장조건의 목적을 달성할 수 있을 경우에는 그러한 불일치를 이유로 은행이 지급거절을 할 수 없다는 원칙이다.

화환신용장통일규칙(UCP 600) 제14조 e항에서는 "상업송장 이외의 서류에 있어서 물품, 용역 또는 이행의 명세는 명기된 경우 신용장상의 이들 명세와 상충되지 않는 일반용어로 기재될 수 있다"[9]고 규정하여 상당일치의 원칙이 적용되고 있음을 알 수 있다.

한국법원의 판례에서도 "문구에 약간의 차이가 있더라도 은행이 상당한 주의를 기울인다면 그 차이가 경미한 것으로서 문언의 의미에 차이를 가져오는 것이 아니고, 또 신용장조건을 전혀 해하는 것이 아님을 문언상 알아차릴 수 있는 경우에는 신용장조건과 합치하는 것으로 보아야 할 것"이라고 판시하고 있다.[10]

9) UCP 600 Article 14 e. In documents other than the commercial invoice, the description of the goods, services or performance, if stated, may be in general terms not conflicting with their description in the credit.

10) 대법원 2003. 11. 14. 선고 2002다7770 판결. 판결요지 [1] 신용장 첨부서류가 신용장조건과 문언대로 엄격하게 합치하여야 한다고 하여 자구 하나도 틀리지 않게 완전히 일치하여야 한다는 뜻은 아니며, 자구에 약간의 차이가 있더라도 은행이 상당한 주의를 기울이면 그 차이가 경미한 것으로서 문언의 의미에 차이를 가져오는 것이 아니고 또 신용장조건을 전혀 해하는 것이 아님을 문면상 알아차릴 수 있는 경우에는 신용장조건과 합치하는 것으로 보아야 하고, 그 판단은 구체적인 경우에 신용장조건과의 차이가 국제적 표준은행거래관습에 비추어 용인될 수 있는지 여부에 따라야 한다.

(2) 국제표준은행관행

엄밀일치의 원칙은 신용장 거래의 독립·추상성의 원칙에 의하여 은행의 서류 심사가 신용장과 서류와의 문면상 합치 여부로 제한되어 전적으로 은행을 보호하기 위한 것임과 아울러 신용장 발행의뢰인(매수인)의 보호를 위해서는 그 서류상 합치의 엄격성이 확보되지 않으면 안되고, 서류의 합치여부 판단에 은행의 자의적 해석 등이 허용된다면 발행의뢰인의 지위가 불안전하게 되어 심각한 위험에 처하게 될 수 있기 때문이라고 설명된다.

그러나 신용장 관련 서류의 심사와 조건의 일치여부에 대하여는 이러한 엄밀일치의 원칙에서 많이 후퇴하여 미국의 경우 사실상 상당일치의 원칙을 요구하는 판례들[11]까지 나오고 있어 엄밀일치의 원칙을 완화하는 방향으로 나아가고 있다.

결과적으로 이러한 두 가지 원칙에 따라 거래당사자들이 제시서류나 서류심사에 있어서 판단기준이 충돌하는 문제가 지속적으로 제기되어 왔다. 이러한 문제를 해결하고자 ICC은행위원회는 UCP 500을 개정하면서 서류심사기준을 국제표준은행관행에 따른다는 개념을 처음 반영하였다. 그러나 이는 정확한 규정이나 문헌 없이 단지 언급만 하고 있어 실질적으로 서류심사에 있어 발생하는 모호한 문제에 대한 해결을 하지 못하였다.[12]

본격적으로 서류심사와 관련한 문제를 해결하기 위한 구체적 논의 방안으로 2002년 ICC가 200개 항의 ISBP를 제시하여 UCP 규정과 함

11) Banco Espanol de Credito v. State Street Bank & Trust Co 판결과 Fragship Cruises, Ltd. v. New England Merchants National Bank 판결 등.

12) 은행위원회의 개정이유에 대한 주석에서 국제표준은행관행이란 결코 독단적이지 않고, 태만하지 않고 또한 부정직하지 않고, 가장 정직하고, 숙련되고 예견 가능한 관행을 구현하는 규범을 말한다(Far from being arbitrary, negligent of dishonest, letter of credit standard banking practice contain the reuls the embody the most honest, skillful and prddicable practices)고 정의하고 있다.

께 서류심사에 대한 구체적인 내용을 제시한 서류심사기준을 마련하게 되었다.

국제상업회의소(ICC) 제5차 개정 화환신용장통일규칙(UCP 500) 제13조 a항에서 은행의 서류심사에 관한 근거규정을 두었다. 즉, 은행은 신용장에 약정된 모든 서류가 문면상 신용장조건에 일치하는가 아닌가의 여부를 확인하기 위하여 상당한 주의를 기울여 심사하여야 한다. 약정된 서류가 문면상 신용장조건에 일치하는가의 여부는 본 규칙에 반영된 국제적인 은행의 표준관행에 의해 결정된다. 서류가 문면상 다른 서류와 서로 모순이 된다는 것은 동 서류가 문면상 신용장조건에 일치하지 않는 것으로 간주된다[13)]고 규정하고 있다.

ISBP 645는 UCP 500의 보충적인 성격으로 ICC 최초의 공식적인 국제표준은행관행에 대한 해석기준이라고 할 수 있다. 이후 2007년 UCP 600으로 개정되면서 ISBP 681로 업데이트 되어 그동안 은행실무에 적용되어 오면서 신용장 사용자들에게는 반드시 필요한 지침이라 할 수 있다.

그러나 관행의 변화와 부족한 부분을 수정하기 위하여 2010년 ICC 은행위원회의 개정 승인 이후 2012년 제5차 초안을 발표하고 2013년 3월 최종안을 마련하여 현재 ISBP 745를 시행하고 있다.

13) UCP 500 ARTICLE 13 (Standard for Examination of Documents) : A. Banks must examine all documents stipulated in the Credit with reasonable care, to ascertain whether or not they appear, on their face, to be in compliance with the terms and conditions of the Credit. Compliance of the stipulated documents on their face with the terms and conditions of the Credit, shall be determined by international standard banking practice as reflected in these Articles. Documents which appear on their face to be inconsistent with one another will be considered as not appearing on their face to be in compliance with the terms and conditions of the Credit.

4 신용장의 독립 · 추상성 원칙 예외 적용

신용장의 독립 · 추상성 원칙의 적용은 부당한 결과를 초래할 수도 있게 된다. 신용장의 독립 · 추상성을 악용하려는 당사자의 사기 또는 기만이 있을 경우 영미법계에서는 독립 · 추상성의 예외 적용이나, 대륙법계에 있어서의 신의성실의 원칙 내지 권리남용을 인정하고 있다.

사기예외 적용의 원칙(fraud exception rule)은 신용장의 독립 · 추상성의 원칙과 상반되는 원칙으로서 비록 서류가 신용장조건에 일치하더라도 위조 또는 사기에 의한 허위 작성된 서류라는 것이 밝혀지면 은행은 이를 수리할 의무가 없으며 지급 거절할 수 있다는 것으로 특별한 경우, 즉 사기사실에 대한 명백한 입증이나 사기사실에 의하여 피해가 발생하여야 하는 등의 경우에만 인정되는 예외적 규칙이다.

미국통일상법전(UCC) 제5-109조에는 사기(fraud) 및 위조(forgery) 조항에 신용장의 조건과 문면상 엄격히 일치하는 제시가 이루어졌다 하더라도 요구된 서류가 위조 또는 중대한 사기(material fraud)의 목적으로 작성되었거나 또는 제시를 인수 · 지급하는 것이 발행인이나 발행의뢰인에 대한 수익자의 중대한 사기를 야기하게 될 경우에는 사기예외의 원칙이 적용될 수 있는 것으로 규정하고 있다.

그러나 화환신용장통일규칙(UCP 600)에는 독립 · 추상성의 원칙에 대하여 명시하고 있지만, 사기 예외의 적용원칙에 대한 명시적 규정은 없다. 다만 제34조에 서류의 효력에 대한 면책(disclaimer on effectiveness of documents) 규정을 두어 은행은 모든 서류의 형식, 충분성, 정확성, 진정성, 위조 또는 법적 효력에 대하여 아무런 의무 또는 책임을 부담하지 아니한다고 규정하고 있다. 따라서 화환신용장통일규칙(UCP 600)에서는 위조 또는 사기에 대하여 은행의 면책을 규정하고 있으나 독립 · 추상성의 원칙이 배제되는, 즉 사기행위에 따른 예외적인 지급거절이 인정된다는 규정은 없다.

우리나라에서의 가처분에 해당하는 지급금지명령(injunction)은 신용장거래에서는 신용장발행은행에 대금지급을 금지하는 법원의 결정을 의미한다. 그러나 이것은 신용장거래가 서류거래라는 대원칙을 훼손하는 것이므로 사기와 같은 불법성에 기인한 지급금지명령의 적용은 엄격히 제한되어야 한다. 즉, 이러한 지급금지명령은 발행은행의 대금지급 이전일 것, 수출업자의 사기행위에 대한 명백하고도 확실한 증거가 존재할 것, 매입은행의 피해가 없을 것 등의 요건을 갖춘 경우에 한정하여 적용되어야 할 것이다.

5 신용장거래의 효용성

신용장을 통한 대금결제방식은 은행에서 조건부로 대금지급을 확약하고 있기 때문에 가장 안전한 대금결제방식으로 무역거래 당사자인 수출업자와 수입업자뿐만 아니라 은행 역시 여러 가지 이점이 있는 결제방식이다. 신용장거래는 원래 개인의 신용을 은행의 신용으로 전환시킨 것으로 일단 신용장이 발행되면 신용장을 발행한 당사자, 발행은행이 신용장조건을 충족시키는 서류를 제시할 경우 수출입거래와 관련한 대금을 지급하겠다고 확약한 것이기 때문에 수출업자는 안심하고 물품을 제조하거나 구매하는 등 계약이행을 할 수 있다.

이러한 신용장거래의 효용을 수출업자, 수입업자, 은행의 입장에서 살펴보면 다음과 같다.

1) 수출업자의 입장

수출업자의 입장에서 보면 첫째, 신용장은 수입업자의 신용과 관계없이 신용장 발행은행의 신용으로 대금지급을 확약받은 것이기 때문에 다른 결제방식보다도 수출업자는 대금을 확실하게 회수할 수 있다.

둘째, 신용장은 발행은행의 지급확약을 전제로 한 것이기 때문에 수출업자는 수입업자의 신용상태에 불안함을 느끼지 않고 주문 받은 물품을 집하하거나 원자재를 구입하여 제조하는 등 수출업무에 전념할 수 있다.

셋째, 수출업자는 선적 후 신용장 조건에 일치한 서류를 준비하여 대금을 지급 받을 수 있기 때문에 다른 결제방식보다 대금회수가 빠르다.

넷째, 신용장관련 당사자들간의 사전합의 없이는 신용장 조건의 변경이나 신용장을 취소할 수 없기 때문에 신용장의 일방적 취소 또는 변경관련 위험이 없으므로 안심하고 거래를 수행할 수 있다.

다섯째, 수출업자가 신용장을 통지받고 수령하게 되면, 이와 관련한 수출거래는 이미 이행된 거래로 보기 때문에 수입국의 관련법규 변경이나 외환사정 악화에 따른 대외지불중지 등에 따른 위험에서 벗어날 수 있다.

여섯째, 대부분의 국가에서는 신용장을 담보로 무역금융제도를 운영하고 있어 수출업자는 신용장을 담보로 물품선적 전에도 무역금융 혜택을 누릴 수 있다.

2) 수입업자의 입장

수입업자는 확실한 물품 수령과 관련하여 많은 위험을 느끼지만, 신용장거래시에는 어음에 첨부된 운송서류와 상환으로 대금결제를 하게 되므로 확실한 물품인수가 보장되는 등 다음과 같은 이점이 있다.

첫째, 수입업자는 자신의 신용을 은행의 신용으로 전환하여 자신의 신용을 대폭 강화시킴으로써 수출업자와의 계약체결시 제품의 가격, 품질, 인도 등 기타 계약조건을 자기에게 유리한 조건으로 체결할 수 있다.

둘째, 수출업자는 대금회수를 위한 운송서류를 정확히 제시해야 하므로 수입업자는 운송서류를 받고 대금을 지급할 때 계약조건에 일치하는 물품이 선적될 것이라는 믿음을 가질 수 있다.

셋째, 신용장에는 유효기간과 최종 선적기일을 명시하고 있기 때문에 수입업자는 약정된 일자에 물품이 선적되어 자신이 원하는 시기에 물품을 받을 수 있다.

넷째, 수입업자는 물품대금을 미리 지불할 필요없이 물품이 도착한 후에 지급하게 되므로 금융상 이점을 누릴 수 있다. 또한 신용장이 첨부된 기한부 어음은 D/A와 마찬가지로 어음인수와 더불어 운송서류를 입수하여 수입물품을 판매한 후에 그 대금으로 어음 만기일에 대금을 결제할 수 있다. 또한 수입업자는 수입대금을 결제할 자금이 없을 경우에는 운송서류를 인도 받으면서 발행은행으로부터 화물대도(trust receipt : T/R)에 의한 신용을 공여받아 물품을 판매한 후 대금을 지급할 수 있다.

3) 은행의 입장

첫째, 신용장조건과 일치하는 서류를 매입하기 때문에 수출국에 소재하고 있는 매입은행들로서는 발행은행으로부터 지급이 보장되어 있어 대금회수의 불확실성을 제거할 수 있다.

둘째, 발행은행입장에서도 신용장 발행시 수입업자로부터 수입금액에 대한 담보 등을 제공받기 때문에 수출업자에 대하여 독자적으로 지급확약에 따르는 위험을 수입업자에게 전가시킬 수 있다.

6 신용장의 한계

이상에서 살펴 본 바와 같이 신용장거래의 많은 효용에도 불구하고, 다음과 같은 한계가 있다.

첫째, 신용장은 단지 계약의 성질을 지니고 있기 때문에 특정조건에 부합하는 제반서류를 지정된 기일 내에 제시하면 신용장 금액을 지급하겠다는 발행은행의 조건부 대금지급확약이지 그 자체가 유통될 수 있는 독립된 대금지급수단은 아니라는 점이다.

둘째, 신용장방식을 통하여 거래를 한다고 해서 반드시 계약에서 약정된 물품을 인수한다고 보장하는 것은 아니라는 점이다. 즉, 수출업자가 신용장거래의 특성인 독립성의 원칙과 추상성의 원칙을 악용하여 계약물품이 아닌 물품을 선적하거나 아예 물품을 선적하지 않고 신용장조건에 일치하는 서류를 제시할 경우 발행은행은 대금을 지급할 의무가 있다. 이처럼 수출업자가 의도적으로 수입업자를 속일 목적을 가지고 있다면 신용장이 발행되었다고 하더라도 수입업자는 자기가 계약했던 물품을 모두 정확하게 입수하리라는 보장은 없다.

셋째, 신용장거래의 특성상 서류거래이기 때문에 수출업자가 계약에 적합한 물품을 선적하고 계약사항을 이행하였음에도 불구하고 수입업자가 의도적으로 서류상의 사소한 오류를 이유로 대금지급을 거절하거나 가격할인을 요구하는 경우도 발생할 수 있다.

사례 연구 : 신용장 사기사례[14)]

[전문] 원고, 피상고인 주식회사 한국외환은행 v. 피고, 상고인 중국은행 주식회사

[판시사항]

신용장 매입은행이 선적서류의 위조에 가담하였거나 또는 위조 사실을 사전에 알았거나 그와 같이 의심할 충분한 이유가 있는 경우, 신용장 독립·추상성의 원칙에 의한 보호를 받을 수 있는지 여부(소극)

[판결요지]

화환신용장에 의한 거래는 본질적으로 서류에 의한 거래이지 상품에 의한 거래가 아니므로, 은행은 상당한 주의를 기울여 선적서류가 문면상 신용장의 조건과 일치하는지만 확인하면 되고 선적서류에 대한 실질적인 심사의무까지 부담하지는 않으나, 선적서류가 위조(변조 또는 허위 작성을 포함한다)되었을 경우 은행이 위조에 가담한 당사자이거나 또는 서류의 위조 사실을 사전에 알았거나 그와 같이 의심할 만한 충분한 이유가 있는 경우에는, 이는 신용장거래를 빙자한 사기거래에 지나지 아니하므로 은행은 더 이상 이른바 신용장 독립·추상성의 원칙에 의한 보호를 받을 수 없다(대법원 2002. 10. 11. 선고 2000다60296 판결 참조).

원심판결 이유에 의하면, 원심은 그 채택 증거들만으로는 제2신용장에 의한 거래가 사기적 거래에 해당한다거나 제2신용장의 요구서류들이 위조되고 원고가 매입 당시 그에 관련되었거나 혹은 그러한 사정을 알았거나 이를 의심할 만한 충분한 이유가 있었다는 점을 인정하기에 부족하고, 달리 이를 인정할 증거가 없다고

판단하였다.

앞서 본 법리와 기록에 비추어 살펴보면, 원심의 위와 같은 판단은 정당하고 거기에 상고이유로 주장하는 바와 같이 신용장의 사기적 거래나 매입은행의 서류 조사의무의 범위에 관한 법리를 오해하는 등의 위법이 있다고 할 수 없다.

Ⅱ 신용장의 거래과정과 당사자

1 신용장 거래과정

신용장방식의 대금결제과정을 살펴보면 다음과 같다.

① 거래당사자인 수출업자(exporter)와 수입업자(importer) 간에 매매계약을 체결한다. 이때 계약 내용 중 대금결제조건으로 신용장방식을 채택한다.

② 수입업자, 즉 발행의뢰인(applicant)은 자기 거래은행에서 신용장 발행의뢰를 한다.

③ 발행은행(issuing bank)은 발행의뢰인의 요청과 지시에 따라 신용장을 발행하고 통지은행 앞으로 송부하면서 수출업자, 즉 수익자에게 통지해 줄 것을 요청한다.

④ 통지은행(advising bank)은 수익자에게 신용장 도착을 통지하고 이를 전달한다.

⑤ 수익자(beneficiary)는 계약물품을 제조·가공하거나 완제품을 공급받아 수출통관 수속을 마치고 지정 운송인에게 물품을 인도한다.

⑥ 운송인(carrier)은 화물을 인도완료하거나 선적완료한 후 수익자(송하인)에게 운송서류(B/L 등)를 발급한다.

14) 대법원 2012. 01. 27. 선고 2009다93817 판결[신용장대금]

⑦ 수익자는 신용장에서 요구하는 서류를 준비하고 환어음(bill of exchange ; draft)을 발행하여 매입은행에 수출환어음매입(NEGO; negotiation)을 의뢰한다.

⑧ 매입은행(negotiating bank)은 신용장조건과 수익자가 제시한 서류를 심사하고, 서류상 하자가 없으면 수익자에게 대금을 지급한다.

⑨ 매입은행은 매입한 환어음과 서류를 신용장상의 지시에 따라 보통 발행은행 앞으로 송부하여 대금결제를 요청한다. 경우에 따라서는 상환은행(reimbursing bank) 앞으로 어음상환청구를 하고, 서류는 발행은행 앞으로 송부하도록 하라는 지시가 있을 경우에는 이에 따른다.

【 그림 4-1 신용장방식에 의한 대금결제 과정 】

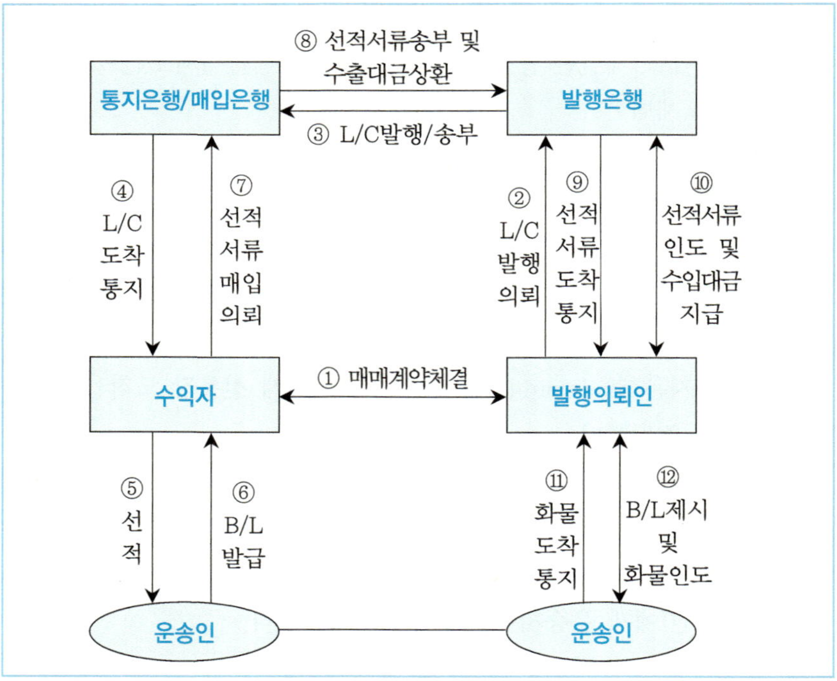

⑩ 발행은행은 발행의뢰인에게 수입관련 서류를 인도함과 동시에 대금을 결제받는다.

⑪ 운송인은 운송화물이 도착하면 수하인(consignee), 즉 발행의뢰인에게 화물도착통지를 한다.

⑫ 발행의뢰인은 발행은행으로부터 인도받은 수입관련 서류를 가지고 운송인으로부터 운송화물을 인도받아 수입지의 세관에 통관수속을 완료한 후 처분하게 된다.

2 신용장 당사자

신용장거래에 관계하는 당사자는 기본 당사자와 기타 당사자로 나눌 수 있다.

기본 당사자는 신용장거래에서 직접적인 권리와 의무를 갖게 되는 당사자들을 말하며, 기타 당사자는 신용장거래에서 직접적인 권리와 의무는 갖고 있지 않지만 신용장거래가 원활하게 이루어지도록 간접적으로 협조하거나 업무를 대행하는 역할을 맡고 있는 당사자를 말한다.

1) 기본당사자

(1) 발행은행

발행은행(issuing bank)은 신용장 발행의뢰인의 신청과 지시에 따라 매매계약 당사자인 수출업자 앞으로 신용장을 발행하는 은행으로서 또한 개설은행(opening bank)이라고도 한다.

발행은행은 주로 수입업자의 거래은행으로서 수입업자의 요청과 지시에 의하여 수출업자가 물품선적 후 신용장조건에 일치하는 서류와 함께 화환어음을 제시하면 어음을 지급・인수 또는 매입할 것을 확약하는 은행이다.

(2) 수익자

신용장거래에서 수출업자를 신용장의 수익자(beneficiary)라고 한다. 수익자는 물품을 파는 매도인(seller)이며, 물품을 적출하는 송하인(shipper)이다. 그리고 신용장이 수익자 앞으로 발행되어진다 하여 청구인(addressee)라고도 하며, 신용을 받는 수취인(accreditee), 신용장의 사용자(user), 신용장에서 요구하는 환어음의 발행인(drawer)이기도 하다.

(3) 확인은행

신용장 발행은행의 지급확약에 추가하여 발행은행의 요청에 따라 제3의 은행이 신용장 거래에서 발행되는 환어음에 대한 지급・인수 또는 매입을 이행하겠다는 추가적인 확약을 하는 경우가 있다. 이런 경우를 신용장의 확인(confirmation)이라고 하며, 이때 소정의 확인 수수료(confirming fee)를 받고 신용장을 확인해 주는 은행을 확인은행(confirming bank)이라 한다.

【 그림 4-2 신용장 거래 당사자 】

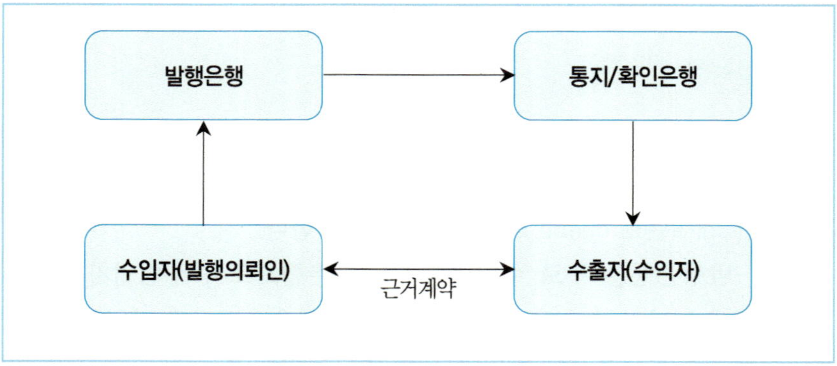

2) 기타당사자

(1) 신용장 발행의뢰인

물품매매 당사자인 수입업자가 매매계약에 따라 자신의 거래은행에게 수출업자 앞으로 신용장을 발행할 것을 의뢰하게 되는데, 이때 수입업자를 신용장 발행의뢰인(applicant for the credit)이라고 한다. 발행의뢰인은 또한 화물의 수하인(consignee)이며 환어음의 지급인(drawee)이자 채무자(accountee)이기도 하다.

(2) 통지은행

통지은행(advising bank)은 수출국에 있는 신용장 발행은행의 본·지점이나 환거래약정을 맺은 은행으로서, 발행은행에서 신용장을 발행하여 보내 온 신용장을 단순히 수익자에게 통지해 주는 은행을 말한다.

(3) 지급은행

신용장에서 매입은행에 의한 환어음의 매입을 인정하지 않고, 특정은행이 화환어음과 상환으로 수익자에게 대금을 지급할 것을 규정하고 있는 신용장을 지급신용장(straight credit)이라고 한다. 이와 같은 지급신용장에 의거 수익자에게 서류와 상환으로 대금을 지급하도록 위탁받은 은행을 지급은행(paying bank)이라 한다.

(4) 인수은행

신용장에서 수익자에게 기한부 어음(usance bill)을 발행할 것을 조건으로 하는 신용장을 기한부 신용장(usance credit)이라 한다. 이러한 기한부 신용장에 의거하여 발행된 기한부 어음을 인수하는 은행을 인수은행(accepting bank)이라 한다.

(5) 매입은행

수익자는 물품선적을 완료한 후 신용장에서 규정하고 있는 바에 따라 발행의뢰인, 발행은행 또는 그가 지정하는 은행 앞으로 환어음을 발행하고 신용장에서 요구하고 있는 운송서류를 첨부하여 자기의 거래은행에 화환어음의 매입(negotiation)을 의뢰하는데, 이 화환어음을 매입하는 은행을 매입은행(negotiating Bank)이라 한다.

(6) 상환은행

상환은행(reimbursing bank)은 신용장에서 지급, 인수 또는 매입은행에 대한 상환을 발행은행의 본·지점 또는 제3의 은행으로 청구하게 하는 경우가 있다. 이때 발행은행을 대신하여 상환업무를 수행하는 은행을 상환은행이라 한다. 즉, 상환은행은 발행은행의 지시에 따라 매입은행에게 신용장 대금을 결제해 주는 은행으로, 결제은행(settling bank)이라고도 한다.

(7) 양도은행

양도은행(transferring bank)이란 양도가능신용장(transferable credit)에서 먼저 신용장을 받은 최초의 수익자(First Beneficiary)의 요청에 따라 제3자인 제2수익자(second beneficiary)에게 신용장 양도업무를 수행하는 은행을 말한다.

3 신용장 당사자의 권리의무

수출입업자들은 신용장의 준거법으로 신용장통일규칙을 선택하고 있다. 따라서 거의 대부분의 신용장거래에서는 당사자간의 약정에 의하여 신용장통일규칙이 준거법이 되지만, 수출국 또는 수입국의 강행법규나 수출입업자간에 특약이 있을 때에는 이들이 신용장통일규칙보다 우선

적용된다는 점에 유의할 필요가 있다.

그리고 신용장거래에서는 여러 당사자가 존재하며 이들간의 권리와 의무관계를 살펴보면 다음과 같다.

1) 발행의뢰인과 수익자

발행의뢰인과 수익자는 매매계약상의 당사자이지만, 신용장계약은 매매계약과는 상관이 없는 독립성을 가지고 있기 때문에 신용장계약의 당사자라고는 볼 수 없다.

그러나 매매당사자가 매매계약시 대금결제수단으로 신용장을 약정하고 매매계약 체결 후 어느 시점까지 신용장을 발행하기로 약정하였을 경우에는 두 당사자간에 신용장거래와 관련된 권리·의무가 존재한다. 즉, 발행의뢰인은 매매계약의 조건에 따라 신용장을 합의한 기간 내에 발행하여 수익자에게 통지될 수 있도록 해야 할 의무가 있다. 그리고 수익자는 신용장 발행기간이 정해진 경우 그 기간까지 발행되지 않으면 계약을 해제할 권리가 있으며, 개설은행이 파산 등 지급불능 사태에 빠지면 수익자는 매매계약을 근거로 발행의뢰인에게 직접 대금을 청구할 권리가 있다.

2) 발행의뢰인과 발행은행

발행의뢰인은 매매계약의 약정에 따라 신용장 발행은행과 신용장 발행약정을 체결하고 신용장 발행을 의뢰하여야 한다. 이에 따라 발행의뢰인은 발행은행에 대하여 다음과 같은 의무를 부담한다.

먼저 발행의뢰인이 신용장 발행을 의뢰할 때에는 그 지시내용이 완전하고 명확하게 하여야 한다. UCP 600 제5조에 의하면 신용장은 어디까지나 발행의뢰인의 요청과 지시에 의한 것이므로 발행의뢰인의 지시는 완전하고 정확해야 한다. 여기서 지시의 완전성은 신용장으로서 유효하게 사용될 수 있도록 필요한 사항을 모두 지시해야 한다는 것이며 지시의 정확성은 지시내용에 의문이 생기는 불명확한 지시를 피해야 한다는 것이다.

둘째, 발행의뢰인이 지급, 인수 또는 매입한 서류를 인수하고 발행은행에 그 대금을 결제해야 한다.

셋째, 신용장 발행과 관련된 수수료를 부담하고 발행은행의 요구가 있으면 담보를 제공해야 한다.

넷째, 발행의뢰인의 지시를 이행하기 위하여 발행은행이 타은행의 서비스를 이용해야 할 때 발행의뢰인의 비용과 위험으로 한다.

다섯째, 발행의뢰인은 외국의 법률 및 관습에 의거 부과되는 모든 의무와 책임을 이행하여야 하며, 또한 그러한 의무와 책임으로부터 은행을 면책할 책임이 있다.

이에 대하여 발행은행은 발행의뢰인에 대하여 다음과 같은 의무를 부담한다.

첫째, 발행은행은 발행의뢰인의 지시내용을 준수하고 지시내용의 과도한 명세나 조건의 삽입을 억제하도록 해야 한다.

둘째, 이러한 지시를 준수하지 않아 발행의뢰인에게 손해가 발생하였을 때에는 발행은행은 채무불이행으로 인한 손해배상책임을 지게 된다.

셋째, 발행된 신용장을 통지은행을 통해 수익자에게 통지할 의무가 있다. 이 통지의무는 수익자에 대한 의무가 아니고 신용장 발행계약의 당사자인 발행의뢰인에 대한 의무이다.

넷째, 발행은행은 제시된 서류가 신용장조건과 일치하는지에 대해 상당한 주의를 가지고 검토할 의무가 있다. 이러한 서류점검의무는 신용장의 독립・추상성에 따라 신용장 조건과 서류의 문면상 일치여부를 확인하면 되는 것이며, 서류의 형식, 충분성, 진정성에 대해서는 책임을 지지 않는다. 그러나 서류심사의무를 게을리하여 신용장조건과 일치하지 않는 서류에 대해 지급을 하였다면 발행의뢰인으로부터 그 상환을 받을 수 없다. 또한 접수된 서류가 신용장조건과 일치하지 않을 때에는 매입은행에 대하여 클레임을 제기할 권리가 있다.

다섯째, 발행은행은 수리한 서류를 지체없이 발행의뢰인에게 인도할 의무가 있다.

3) 발행은행과 수익자

발행은행은 수익자가 제시한 서류가 신용장조건과 일치하면 지급, 인수의 의무가 있으며, 매매계약상의 이유로 수익자에 대하여 항변할 수 없다. 또한 발행은행은 수익자의 동의없이 일방적으로 신용장을 취소하거나 조건변경을 할 수 없으며, 수익자에게 조건변경의 통지를 해야 할 때에는 원신용장을 통지할 때 이용하였던 동일한 은행을 통해야 한다.

이에 대한 수익자는 첫째, 발행은행에 대해 매매계약으로부터 독립된 일방적 청구권을 가지며, 둘째 신용장조건을 이행하는 것을 조건으로 하는 조건부 청구권을 가지며, 셋째 신용장 취소 및 조건변경에 대한 승낙 또는 거절의 선택권이 있으며, 넷째 신용장조건에 일치하는 서류를 제시할 의무와 신용장 문언을 준수할 의무가 있다.

4) 발행은행과 확인은행

발행은행은 자신이 발행한 신용장에 대한 확인(confirmation)을 해주도록 확인은행에게 요청할 수 있으며, 확인을 요청받은 은행은 이를 승낙하거나 거절할 수 있다. 만약 확인을 요청받은 은행이 이를 승낙하는 경우에는 신용장의 취소 및 조건변경에 대해 확인은행의 동의를 받아야 한다. 확인은행은 신용장조건과 일치하여 수익자에게 행한 지급, 인수, 매입에 대하여 발행은행과 동일한 상환의무를 진다. 물론 확인은행은 발행은행의 확인요청에 대한 거절권을 가진다.

5) 통지은행

통지은행과 발행은행 간에는 대개 환거래계약(correspondent agreement)을 맺고 있고 양자의 관계는 대리·위임의 관계로 발행은행으로부터 통지요구를 받으면 대리·위임의 관계에 따라 그 지시대로 신속·정확하게 수익자에게 통지할 의무가 있다. 그러나 발행은행의 수권없이 어음매입을 할 경우에는 발행은행의 대리인이 아니라 통지은행 자신의 위험과 계산으로 행하는 것이다.

한편 통지은행은 수익자에 대하여 통지하는 신용장의 진정성을 확인하기 위하여 상당한 주의를 기울여야 한다. 그러나 통지은행은 신용장이 진짜임을 입증할 의무까지 있는 것은 아니므로 위조된 신용장이 통지되었다고 할지라도 신용장의 진정성을 확인하기 위하여 상당한 주의를 기울였다면 이에 대한 책임을 지지 않는다.

통지은행이 행한 통지은행의 선택은 발행의뢰인의 대리인으로서 행한 것이 아니므로 발행의뢰인과 통지은행 사이에는 직접적으로 아무런 법률관계도 성립하지 않는다. 따라서 통지은행의 통지의무 불이행은 발행은행에 대한 채무불이행이 될 뿐 발행의뢰인에 대한 채무불이행이 되는 것은 아니다.

통지은행은 발행은행의 요청에 따라 확인은행 또는 지급은행의 기능을 겸하는 경우가 있다. 통지은행이 확인은행이 되는 경우 신용장 확인으로 인하여 생기는 확인은행으로서의 관계와 통지은행으로서의 관계는 원칙상 별개의 것이다.

또한 통지은행이 지급은행으로 지정된 경우도 지급은행으로서의 관계는 통지은행으로서의 관계와 별개의 것이다.

6) 수익자와 매입은행

수익자와 매입은행의 관계는 신용장거래 관계뿐만 아니라 어음법에도 의존하며 근본적으로 환어음거래계약에 의한다. 매입은행은 신용장 매입이 특정은행에 지정되어 있지 않는 한 수익자가 제시한 화환어음을 반드시 매입할 의무는 없지만 일단 매입을 하면 어음법상 수익자에 대하여 선의의 어음소지인(bona fide holder)의 권리를 취득하며, 발행은행으로부터 어음의 인수나 지급이 거절되면 수익자에게 상환청구권을 행사할 수 있다.

7) 매입은행과 발행은행

신용장조건에 일치하는 화환어음을 매입한 매입은행은 개설은행에 대하여 상환청구권을 가진다. 매입은행이 갖는 이러한 권리는 수익자가 갖는 권리와 동등한 권리지만 신용장의 종류에 따라 약간의 차이가 있다. 즉, 매입제한신용장의 경우에는 지정된 매입은행만이 상환청구권을 행사할 수 있으며, 매입이 제한되어 있지 않은 일반신용장의 경우에는 어떠한 매입은행이든 발행은행에 대하여 상환청구권을 행사할 수 있다. 그러나 지급신용장인 경우 개설은행은 매입은행에 대하여 지급확약을 하고 있지 않기 때문에 지급신용장에 의거하여 환어음을 매입한 매입은행은 자기의 위험과 계산으로 환어음을 매입한 것이므로 발행은행에 대하여 상환청구권이 없다고 보아야 할 것이다.

한편 발행은행은 매입은행이 제시한 화환어음과 운송서류가 신용장조건과 일치하지 않는 경우 상당한 기간내에 이를 수리할 것인가 아니면 지급거절할 것인가를 결정하여야 한다. 지급거절하기로 결정한 경우에는 그러한 취지를 서류가 제시된 다음날로부터 제5은행영업일의 마감시간까지 통지하여야 한다(UCP 600 제16조 c항, d항).

Ⅲ 신용장의 종류

신용장은 그 분류상 국제적으로 통일된 기준이 없고 하나의 신용장이 그 사용방법이나 결제기간 등에 따라 여러 가지로 분류될 수 있다. 이하에서는 신용장에 대한 일반적인 분류방법에 따라 신용장의 종류를 살펴보고자 한다.

1 신용장의 일반적 구분

1) 경제적 기능에 따른 분류

신용장의 경제적 기능에 따라 상업신용장(commercial credit)과 클린신용장(clean credit)으로 분류할 수 있다. 무역거래, 상품거래와 관련하여 이용되는 신용장을 '상업신용장(commercial credit)' 또는 '무역신용장(trade credit)'이라 한다. 상업신용장은 일반적으로 환어음과 함께 이를 담보하는 운송서류 및 기타 서류들이 요구된다.

그리고 무역 외거래(여행 · 운수 · 보험 · 수수료 등)에서 각종 결제나 보증수단으로 사용되는 신용장을 '클린신용장(clean credit)'이라 한다. 클린신용장은 환어음만을 요구하거나 또는 운송증권 이외의 기타 서류들만을 첨부하도록 요구하는 것이 일반적이다. 이러한 클린신용장은 국제입찰 참가에 수반되는 입찰보증(bid bond), 계약이행 보증(performance bond), 선수금 환급보증(advance payment bond) 등을 보증할 목적으로 사용되는 보증신용장(standby credit)이 있다.

2) 운송서류 첨부여부에 따른 구분

신용장에 운송서류의 첨부 여부에 따라 화환신용장과 무화환신용장으로 분류할 수 있다.

화환신용장(documentary credit)은 상품거래에 따른 환어음과 이를 담보하는 상업송장(commercial invoice), 선하증권(bill of lading) 및 보험증권(insurance policy) 등의 운송서류를 첨부할 것을 요구하는 신용장이다. 즉, 수출업자가 운송서류를 은행에 제시하면, 은행은 이러한 서류와 상환으로 신용장 대금을 결제하는 방식의 신용장을 말한다.

이에 반해 무화환신용장(clean credit)은 환어음을 담보하는 운송서류를 요구하지 않는 신용장으로 무담보신용장이라고도 한다. 즉, 무화환신용장은 선적서류를 첨부하지 않은 채 수익자가 발행하는 환어음만으로 발행은행이 지급·인수·매입을 확약하는 신용장으로, 발행은행의 입장에서 보면 담보가 없는 상태에서 지급확약을 부담함으로써 위험성이 높다.

3) 취소가능여부에 따른 분류

신용장을 취소가능 여부에 따라 분류하면, 취소가능신용장(revocable credit)과 취소불능신용장(irrevocable credit)으로 구분할 수 있다.

먼저 취소가능신용장(revocable credit)은 발행은행이 신용장을 발행한 후 수익자에게 사전통지없이 언제라도 신용장의 조건을 변경하거나 취소할 수 있는 신용장을 말한다. 취소가능신용장은 언제 취소 또는 변경될지 모르기 때문에 수출업자의 입장에서는 매우 불안하여 일반적으로 이용되지 않고 있다.

취소불능신용장(irrevocable credit)이란 신용장이 발행된 후에는 발행은행, 확인은행(있는 경우) 및 수익자 등 신용장의 기본당사자 전원의 합의가 없는 경우에는 신용장 조건을 변경하거나 취소할 수 없는 신용장을 말한다. 따라서 발행은행은 취소불능신용장을 발행한 경우에는 수익자에 대하여 일방적으로 이를 변경하거나 취소할 수 없다. 따라서 신용장의 조건을 충족시키는 경우에 발행은행은 수익자에게 대금지급을 하겠다는 것으로 발행은행의 수익자에 대한 지급확약은 절대적인 구속력을 갖게 된다. 특히 UCP 600에서는 신용장은 명칭이나 기술에 관계없이 취소불능이라고 규정하고 있으며 발행은행도 신용장을 발행한 시점부터 대금지급에 관한 취소불능의 의무를 부담한다고 규정하고 있다.

따라서 UCP 600에서는 신용장상에 "취소불능"(irrevocable)이라는 명확한 표시가 있거나 그 취소가능성에 관한 구분이 없는 경우에 이러한 신용장은 모두 취소불능신용장으로 취급된다.

4) 신용장 확인유무에 따른 구분

신용장을 발행은행 이외에 제3의 은행이 수익자가 발행하는 어음의 지급·인수·매입을 확약하고 있는지의 여부에 따라 확인 신용장과 무확인 신용장으로 구분할 수 있다.

발행은행이 지급·인수 또는 매입을 확약한 취소불능신용장에 제3의 은행이 발행은행의 수권이나 요청에 따라 추가로 지급이나 인수 또는 매입을 확약하는 행위를 신용장의 확인이라 한다. 즉, 신용장의 확인(confirmation)이란 개설은행이 1차적으로 지급·인수 또는 매입을 확약하고 있는 취소불능신용장에 대하여 신용장 발행은행 이외의 제3의 은행이 신용장에 의거하여 발행된 환어음을 지급, 인수 또는 매입함에 있어 발행은행과 동일한 권리와 의무를 부담하는 것을 말한다. 확인은행의 추가적인 지급확약은 발행은행의 지급확약에 따른 부차적인 지급확약이 아니라 별도의 독립된 지급확약이다. 그러한 제3의 은행의 지급확약이 있는 신용장을 확인신용장(confirmed credit)이라 한다.

수익자의 입장에서는 발행은행과 확인은행으로부터 이중으로 지급확약을 받게 되기 때문에 더욱 대금지급에서 안전성을 확보할 수 있다. 신용장은 주로 국제적으로 신용있는 일류은행으로부터 확인을 받아 두게 되므로 발행은행이 파산하여 대금지급을 받지 못하더라도 확인은행으로부터 안전하게 대금지급을 받을 수 있다. 신용장의 확인은 발행은행이 소재하고 있는 국가의 정치적 불안이 있거나 외화부족이 심각한 경우 또는 발행은행의 신용도가 낮을 경우 수출업자에 의하여 요구되며, 통상적으로 수출국에 있는 발행은행의 환거래은행(correspondent bank)이 발행은행의 요청에 따라 확인을 추가하여 신용장을 통지하게 된다. 이 경우 통지은행은 확인은행의 역할을 겸하게 된다.

확인신용장에서의 확인문언의 예는 다음과 같다.

> We confirm the credit and thereby undertake that all drafts drawn and presented as above specified will be duly honored by us.
>
> We hereby add our confirmation to this credit.
>
> We confirm the credit and thereby undertake to honor each draft drawn and presented as above specified.

무확인신용장(unconfirmed credit)은 신용장 발행은행 이외의 제3은행의 확약이 없는 신용장을 말하며, 대부분의 상업신용장은 무확인신용장으로 이용되고 있다.

5) 발행방법에 따른 분류

신용장의 발행방법에 따라 구분하면, 우편신용장(mail credit)과 전신신용장(cable credit)으로 분류할 수 있다.

우편신용장(mail credit)은 신용장을 발행할 때 발행은행이 자행의 양식을 사용하여 우편형식으로 신용장을 작성하여 우편으로 발송하는 신용장이다.

전신신용장(cable credit)은 통신수단의 발달로 은행이 전보 또는 텔렉스 등의 전신을 이용하여 신용장을 발행하는 방법으로, 우편신용장보다 신속하고 능률적인 방법이다.

이러한 전신신용장에는 ① Short Cable(약식전보)에 의한 신용장, ② Cypher(전신약어)에 의한 신용장, ③ Full Cable(정식전보)에 의한 신용장, ④ SWIFT에 의한 신용장 등이 있다.

6) 상환청구권 유무에 따른 분류

신용장을 상환청구권 유무에 따라 상환청구가능(with recourse credit)과 상환청구불능신용장(without recourse credit)으로 구분할 수 있다.

상환청구가능신용장(with recourse credit)은 매입은행이 수출업자에게 선지급한 대금을 발행은행으로부터 받지 못할 경우 수출업자로부터 되돌려 받을 수 있는 신용장을 말하다. 즉, 환어음을 매입한 은행이나 이를 소지하고 있는 선의의 소지인 또는 배서인이 환어음의 지급인, 즉 발행은행에 의하여 어떠한 이유로든 지급이나 인수가 거절될 때는 그 환어음 발행인에게 매입대금을 상환하도록 청구할 수 있는 신용장을 말한다. 일반적으로 신용장에 상환청구에 관한 별도의 표시가 없거나

"with recourse"라는 용어가 있으면 모두 상환청구가능신용장으로 인정된다.

상환청구불능신용장(without recourse credit)은 일단 매입을 한 이상 매입은행은 선지급한 대금을 수출업자로부터 되돌려 받을 수 없는 신용장을 말하다.

우리나라에서는 상환청구불능을 인정하지 않기 때문에 상환청구가 가능하다.

7) 매입은행의 지정여부에 따른 분류

신용장을 매입은행의 지정여부에 따라 자유매입신용장(open credit)과 매입제한신용장(restricted credit)으로 구분할 수 있다.

자유매입신용장(open credit)은 매입은행에 대한 아무런 제한이나 지정이 없는 신용장을 말한다. 이 신용장을 매입은행이 특정되지 않는다 하여 보통신용장(general credit), 매입이 모든 은행에 개방되어 있다 하여 개방신용장(open credit) 또는 자유매입신용장(freely negotiable L/C)이라고도 한다.

매입제한신용장(restricted credit)은 신용장면에서 수출업자가 발행하는 환어음의 매입을 어느 특정은행으로 지정하고 있는 신용장을 말한다. 이러한 신용장을 매입제한신용장(negotiation restricted credit) 또는 지정신용장(straight credit)이라고도 한다.

8) 매입 허용여부에 따른 분류

신용장을 매입허용여부에 따라 매입신용장(negotiation credit), 지급신용장(straight credit), 인수신용장(acceptance credit) 및 연지급신용장(deferred payment credit)으로 구분할 수 있다.

매입신용장(negotiation credit)은 수익자가 발행한 환어음이 매입될 것을 예상하여 발행은행이 수익자뿐만 아니라 배서인 및 선의의 소지인에게도 지급확약을 하고 있는 신용장을 말한다.

지급신용장(payment credit)은 환어음의 배서인이나 선의의 소지인에 대한 약정이 없고 단지 수익자가 발행은행이나 그 지정은행에 직접 환어음을 제시하면 지급하겠다는 약정을 하고 있는 신용장을 말한다. 지급신용장이 발행되면 수익자는 반드시 발행은행이나 그 지정은행 앞으로 환어음을 발행하여 직접 발행은행이나 지정된 지급은행 또는 인수은행에 제시하여야 한다.

연지급신용장(deferred payment credit)은 신용장에서 요구되어진 서류가 제시되면 일정기일 후 정해진 일자에 지급할 것을 확약하는 조건으로 개설된 신용장을 말한다.

인수신용장(acceptance credit)은 신용장에서 요구되어진 기한부 어음(usance bill)이 지급인에게 제시되면 그 환어음의 인수가 일어나는 조건으로 개설된 신용장을 말한다.

9) 지급기간에 따른 분류

신용장을 대금지급기간에 따라 분류하면, 일람출급신용장(sight credit), 기한부신용장(usance credit), 할부지급신용장(installment payment credit) 및 선대신용장(advanced payment credit)으로 구분할 수 있다.

일람출급신용장(sight credit)은 신용장의 조건에 따라 일람출급으로 어음을 발행하도록 한 신용장으로, 환어음이 지급인에게 제시되면 즉시 대금지급이 이루어지는 신용장을 말한다. 경우에 따라서는 환어음의 발행을 요구하지 않고 서류만의 제시로 즉시 지급이 이루어진다.

기한부신용장(usance credit)은 신용장의 조건에 따라 기한부 환어음을 발행하도록 한 신용장으로, 환어음의 만기일에 대금을 지급하는 신용장을 말한다. 따라서 환어음이 지급인에게 제시되면 즉시 인수가 이루어지고 환어음의 만기일이 도래하면 지급할 것을 약속한다.

기한부 어음의 만기일 설정방법에는 ① 일람 후 정기출급(at xxx

days after sight), ② 일부 후 정기출급(at xxx days after date), ③ 확정일 후 정기출급(at xxx days after B/L date 또는 at xxx days after negotiation) 등이 있다.

할부지급신용장(installment payment credit)은 선적 또는 대금결제 기간이 일정한 시기로 나누어 복수의 기한부 환어음을 요구하는 신용장을 말한다. 즉, 수출업자가 선적을 수회에 결쳐서 일정한 기간별로 분할하여 하도록 약정한 것을 할부선적신용장(installment shipment credit)이라 하고, 수입업자가 선적서류를 인도받을 때는 선수금조로 대금의 일부만 지급하고 잔액은 일정 기간별로 나누어 상환하도록 약정된 신용장을 할부지급신용장(installment payment credit)이라 한다.

선대신용장(advanced payment credit)이란 수출업자의 자금여력이 충분하지 않고, 수출물품이 집하과정을 거쳐야 하는 농수산물 등인 경우에 수출업자의 자금융통을 위하여 신용장 개설과 동시에 수출업자로 하여금 일정액의 금액을 은행으로부터 미리 지급받을 수 있도록 하는 방식의 신용장을 말한다.

10) 양도 허용여부에 따른 분류

신용장을 양도허용여부에 따라 양도가능신용장(transferable credit)과 양도불능신용장(non-transferable credit)으로 구분할 수 있다.

신용장 양도(transfer)란 신용장상의 제1수익자(first beneficiary)가 가지는 권리의 일부 또는 전부를 제1수익자가 지시하는 제3자에게, 즉 제2수익자(second beneficiary)에게 양도해 주는 것을 말한다.[15)]

양도불능신용장(non-transferable credit)이란 신용장상에 양도가능(transferable)이라는 명시적인 문언이 없는 것으로 이를 다른 당사자에게 양도할 수 없는 신용장을 말한다.

15) 자세한 내용은 뒤의 신용장의 양도부분 참조.

〈서식〉 매입신용장

(MT 700) ISSUE OF A DOCUMENTARY CREDIT

From : BANK OF AMERICA, NEW YORK
To : KOREA EXCHANGE BANK
BUSAN, KOREA

:27 sequence of total : 1/1
:40A form of documentary credit : IRREVOCABLE
:20 documentary credit number : 56789
:31D date of issue : 14/09/01
:31D date and place of expiry : 14/11/30
:50 applicant : X&Y INC.
310 FIFTH AVE, NEW YORK, NY, 10118
:59 beneficiary : A&B CO., LTD.
CPO BOX 302777 BUSAN, KOREA.
:32B currency code amount : USD150,000
:39A pct credit amount tolerance : 10/10
:41D available with by name, address : ANY BANK BY NEGOTIATION
:42C drafts at : SIGHT
:42A drawee : BANK OF AMERICA, NEW YORK, NY10015, USA
:43P partial shipment : ALLOWED
:43T transshipment : NOT ALLOWED
:44A loading on board/dispatch/taking in charge : BUSAN, KOREA
:44B for transportation to : NEW YORK, USA
:44C latest date of shipment : 14/11/20
:45A description of goods and/or services
100 SETS OF DIGITAL PIANO OTHER DETAILS AS PER SALES NOTE NO. E15
DATED MAY 1, 2014 CIF NEW YORK
:46A documents required
+ SIGNED COMMERCIAL INVOICE IN TRIPLICATE
+ PACKING LIST IN TRIPLICATE
+ FULL SET OF CLEAN ON BOARD OCEAN BILL OF LADING MADE OUT TO THE ORDER OF BANK OF AMERICA MARKED FREIGHT PREPAID AND NOTIFY ACCOUNTEE
+ MARINE INSURANCE POLICIES AND CERTIFICATES IN DUPLICATE ENDORSED IN BLANK FOR 100PCT OF INVOICE VALUE. INSURANCE POLICES OR CERTIFICATES MUST EXPRESSLY STIPULATE THAT CLAIMS ARE PAYABLE IN THE CURRENCY OF THE DRAFTS AND MUST ALSO INDICATE A CLAIM SETTLING AGENT IN NEW YORK, INSURANCE MYST INCLUDE INSTITUTE CARGO CLAUSES(B)
+ CERTIFICATE OF ORIGIN IN DUPLICATE
:47A additional contidions
ALL DOCUMENTS MUST BEAR OUR CREDIT NUMBER
T/T REIMBURSEMENT NOT ALLOWED
:48 period for negotiation : DOCUMENTS MUST BE PRESENTED WITHIN 3 DAYS AFTER THE DATE OF BILL OF LADING BUT WITHIN THE CREDIT VALIDITY
:71B charges : ALL BANKING COMMISSIONS AND CHARGES INCLUDING REIMBURSEMENT CHARGES OUTSIDE U.S.A. ARE FOR ACCOUNT OF BENEFICIARY
:49 confirmation instructions : WITHOUT
:53A reimbursement bank : BANK OF KOREA, NEW YORK, NY10015, U.S.A.
:78 instructions to the paying/accepting/negotiationg bank
DRAFTS MUST BE SENT TO DRAWEE BANK FOR YOUR REIMBURSEMENT
AND ALL DOCUMENTS TO US BY COURIER SERVICE IN ONE LOT
:72 sender to receiver information : THIS CREDIT IS SUBJECT TO UCP(2007 REVISION) ICC PUBLICATION NO. 600

〈서식〉 인수신용장

(MT 700) ISSUE OF A DOCUMENTARY CREDIT

From : BANK OF AMERICA, NEW YORK
To : KOREA EXCHANGE BANK
BUSAN, KOREA

:27 sequence of total : 1/1
:40A form of documentary credit : IRREVOCABLE
:20 documentary credit number : 56789
:31D date of issue : 14/09/01
:31D date and place of expiry : 14/11/30
:50 applicant : X&Y INC.
310 FIFTH AVE, NEW YORK, NY, 10118
:59 beneficiary : A&B CO., LTD.
CPO BOX 302777 BUSAN, KOREA.
:32B currency code amount : USD150,000
:39A pct credit amount tolerance : 10/10
:41D available with by name, address : ADVISING BANK BY ACCEPTANCE
:42C drafts at : 30 DAYS AFTER SIGHT
:42A drawee : BANK OF AMERICA, NEW YORK, NY10015, USA
:43P partial shipment : ALLOWED
:43T transshipment : NOT ALLOWED
:44A loading on board/dispatch/taking in charge : BUSAN, KOREA
:44B for transportation to : NEW YORK, USA
:44C latest date of shipment : 14/11/20
:45A description of goods and/or services
100 SETS OF DIGITAL PIANO OTHER DETAILS AS PER SALES NOTE NO. E15
DATED MAY 1, 2014 CIF NEW YORK
:46A documents required
+ SIGNED COMMERCIAL INVOICE IN TRIPLICATE
+ PACKING LIST IN TRIPLICATE
+ FULL SET OF CLEAN ON BOARD OCEAN BILL OF LADING MADE OUT TO THE ORDER OF BANK OF AMERICA MARKED FREIGHT PREPAID AND NOTIFY ACCOUNTEE
+ MARINE INSURANCE POLICIES AND CERTIFICATES IN DUPLICATE ENDORSED IN BLANK FOR 100PCT OF INVOICE VALUE. INSURANCE POLICES OR CERTIFICATES MUST EXPRESSLY STIPULATE THAT CLAIMS ARE PAYABLE IN THE CURRENCY OF THE DRAFTS AND MUST ALSO INDICATE A CLAIM SETTLING AGENT IN NEW YORK, INSURANCE MYST INCLUDE INSTITUTE CARGO CLAUSES(B)
+ CERTIFICATE OF ORIGIN IN DUPLICATE
:47A additional contidions
ALL DOCUMENTS MUST BEAR OUR CREDIT NUMBER
T/T REIMBURSEMENT NOT ALLOWED
:48 period for negotiation : DOCUMENTS MUST BE PRESENTED WITHIN 3 DAYS AFTER THE DATE OF BILL OF LADING BUT WITHIN THE CREDIT VALIDITY
:71B charges : ALL BANKING COMMISSIONS AND CHARGES INCLUDING REIMBURSEMENT CHARGES OUTSIDE U.S.A. ARE FOR ACCOUNT OF BENEFICIARY
:49 confirmation instructions : WITHOUT
:53A reimbursement bank : BANK OF KOREA, NEW YORK, NY10015, U.S.A.
:78 instructions to the paying/accepting/negotiationg bank
DRAFTS MUST BE SENT TO DRAWEE BANK FOR YOUR REIMBURSEMENT
AND ALL DOCUMENTS TO US BY COURIER SERVICE IN ONE LOT
:72 sender to receiver information : THIS CREDIT IS SUBJECT TO UCP(2007 REVISION) ICC PUBLICATION NO. 600

〈서식〉 지급신용장

(MT 700) ISSUE OF A DOCUMENTARY CREDIT

From : BANK OF AMERICA, NEW YORK
To : KOREA EXCHANGE BANK
BUSAN, KOREA

:27 sequence of total : 1/1
:40A form of documentary credit : IRREVOCABLE
:20 documentary credit number : 56789
:31D date of issue : 14/09/01
:31D date and place of expiry : 14/11/30
:50 applicant : X&Y INC.
310 FIFTH AVE, NEW YORK, NY, 10118
:59 beneficiary : A&B CO., LTD.
CPO BOX 302777 BUSAN, KOREA.
:32B currency code amount : USD150,000
:39A pct credit amount tolerance : 10/10
:41D available with by name, address : ANY BANK BY PAYMENT
:43P partial shipment : ALLOWED
:43T transshipment : NOT ALLOWED
:44A loading on board/dispatch/taking in charge : BUSAN, KOREA
:44B for transportation to : NEW YORK, USA
:44C latest date of shipment : 14/11/20
:45A description of goods and/or services
100 SETS OF DIGITAL PIANO OTHER DETAILS AS PER SALES NOTE NO. E15
DATED MAY 1, 2014 CIF NEW YORK
:46A documents required
+ SIGNED COMMERCIAL INVOICE IN TRIPLICATE
+ PACKING LIST IN TRIPLICATE
+ FULL SET OF CLEAN ON BOARD OCEAN BILL OF LADING MADE OUT TO THE ORDER OF BANK OF AMERICA MARKED FREIGHT PREPAID AND NOTIFY ACCOUNTEE
+ MARINE INSURANCE POLICIES AND CERTIFICATES IN DUPLICATE ENDORSED IN BLANK FOR 100PCT OF INVOICE VALUE. INSURANCE POLICES OR CERTIFICATES MUST EXPRESSLY STIPULATE THAT CLAIMS ARE PAYABLE IN THE CURRENCY OF THE DRAFTS AND MUST ALSO INDICATE A CLAIM SETTLING AGENT IN NEW YORK, INSURANCE MYST INCLUDE INSTITUTE CARGO CLAUSES(B)
+ CERTIFICATE OF ORIGIN IN DUPLICATE
:47A additional contidions
ALL DOCUMENTS MUST BEAR OUR CREDIT NUMBER
T/T REIMBURSEMENT NOT ALLOWED
:48 period for negotiation : DOCUMENTS MUST BE PRESENTED WITHIN 3 DAYS AFTER THE DATE OF BILL OF LADING BUT WITHIN THE CREDIT VALIDITY
:71B charges : ALL BANKING COMMISSIONS AND CHARGES INCLUDING REIMBURSEMENT CHARGES OUTSIDE U.S.A. ARE FOR ACCOUNT OF BENEFICIARY
:49 confirmation instructions : WITHOUT
:78 instructions to the paying/accepting/negotiationg bank
PAYMENT WILL BE DULY MADE AGAINST DOCUMENTS PRESENTED IN CONFORMITY OF THE TERMS OF CREDIT
AND ALL DOCUMENTS TO US BY COURIER SERVICE IN ONT LOT
:72 sender to receiver information : THIS CREDIT IS SUBJECT TO UCP(2007 REVISION) ICC PUBLICATION NO. 600

〈서식〉 SWIFT에 의한 정식전송신용장

RECEIVED FROM : BTTT76XXX UNIVERSAL BANK, TAIWAN
TO : TDOMCATTTOR TORONTO DOMINION BANK, TORONTO, CANADA
ISSUE OF A DOCUMENTARY CREDIT
40A : FORM OF DOCUMENTARY CREDIT : IRREVOCABLE
20A : DOCUMENTARY CREDIT NUMBER : 001/5845
31C : DATE OF ISSUE : 14/02/20
31D : DATE AND PLACE OF EXPIRY : 14/02/20 CANADA
50 : APPLICANT : A-TO-Z-IMPORT LIMITED
77, EWE STREET, TAIPEI, TAIWAN
59 : BENEFICIARY : EXPORT TRADING INC
21 MAIN ST., TORONTO, CANADA
32B : CURRENCY CODE, AMOUNT : USD 50000.00
41D : AVAILABLE WITH…BY… : YOURSELVES
PAYMENT
42C : DRAFTS AT… : SIGHT
42D : DRAWEE : YOURSELVES
43P : PARTIAL SHIPMENTS : NOT ALLOWED
43T : TRANSHIPMENT : NOT ALLOWED
44A : LOADING ON BOARD/DISPATCH… : VANCOUVER, CANADA
44B : FOR TRANSPORTATION TO… : TAIPEI, TAIWAN
44C : LATEST DATE OF SHIPMENT : 14/02/10
45A : DESCRIPTION OF GOODS AND/OR SERVICES :2 MOLDING MACHINES AS PER P.O NUMBER 26578 CIF TAIWAN
46A : DOCUMENTS REQUIRED
1/FULL SET OF CLEAN ON BOARD MARINE BILLS OF LADING MADE OUT TO THE ORDER OF UNIVERSAL BANK, TAIWAN MARKED FREIGHT PREPAID AND NOTIFY APPLICANT
2/COMMERCIAL INVOICE IN ORIGINAL AND TWO COPIES
3/INSURANCE CERTIFICATE IN DUPLICATE FOR 110% OF INVOICE VALUE COVERING ALL RISKS
4 PACKAGING LIST
71B : CHARGES : BANKING CHARGES OUTSIDE OF TAIWAN ARE FOR BENEFICIARY'S ACCOUNT
48 : PERIOD FOR PRESENTATION : DOCUMENTS MUST BE PRESENTED NO LATER THAN 10 DAYS AFTER DATE OF SHIPPING DOCUMENTSFOR NEGOTIATION BUT WITHIN THE CREDIT VALIDITY
49 : CONFIRMATION INSTRUCTIONS : WITH
53A : REIMBURSEMENT BANK : TDOMCATTTOR
72 : SENDER TO RECEIVER INFORMATION : THIS IS THE OPERATIVE INSTRUMENT
* END OF MESSAGE*

11) 스위프트 신용장

신용장은 전통적으로 발행은행이 신용장을 발행하여 수익자 소재지의 통지은행 앞으로 송부할 때 우송에 의하여 송부되는 우편신용장(mail credit)이 이용되었다.

신용장을 발행하여 송부방법을 우편 대신에 전송을 이용하여 통지되는 신용장을 전송신용장(teletransmission credit)이라 한다. 전송신용장은 신용장 발행사실을 전신(cable), 스위프트(SWIFT), 모사전송(facsimile) 또는 텔렉스(telex) 등 전송방법을 이용하여 통지할 수 있지만 안전성과 정확성을 고려하여야 한다. 오늘날 신용장의 대부분은 스위프트(SWIFT)에 의한 신용장 통지가 보편화 되고 있다.

2 특수신용장

1) 보증신용장

보증신용장(standby credit)이란 무역거래에서의 대금지급을 목적으로 사용되는 화환신용장과 달리 선적서류를 필요로 하지 않는 클린신용장(clean credit)의 일종으로서, 발행은행이 발행의뢰인인 채무자의 채무불이행(default)에 대비하여 채권자인 신용장의 수익자에게 채권보증을 확약하는 신용장이다. 이는 계약상의 의무자가 의무를 이행하지 않는 경우에만 지급이 이행되는 신용장이다.

일반적으로 보증신용장은 해외현지법인이나 지점 또는 거래선의 대본사물품수입과 관련하여 현지 은행에 현지 금융담보나, 건설·용역 및 플랜트수출과 관련한 입찰보증(bid bond), 계약이행보증(performance bond), 하자보증(maintenance bond), 선수금환급보증(advance payment bond) 등에 대한 지급보증서로 사용되는 경우가 많다.

예를 들어, 이행보증신용장의 경우 해외의 지점 등이 현지 은행으로부터 차입시 해외에서의 신용이 없어 차입이 원활하지 않을 경우에 본사의 의뢰에 의하여 발행은행이 발행하는 것을 말한다. 보증신용장은 차입금이 예정대로 결제되지 않을 때마다 수익자가 신용장에 정해진 대로 채무불이행을 선언하는 서류를 제시한다면, 발행은행은 보증한 금액을 지급하여야 하는 신용장이다.

2) 회전신용장

회전신용장(revolving credit)이란 동일 거래선과 동일 품목을 지속적으로 거래하는 경우, 거래시마다 신용장을 발행하는 불편을 피하고, 신용장 발행비용의 절감 및 절차의 간소화를 목적으로 이용되는 신용장으로 처음 발행한 신용장 금액이 이행되면 일정 기간이 경과한 후 자동적으로 동액의 신용장 금액이 회복되는 방식의 신용장을 말한다.

신용장의 회전(revolving)방법으로는 ① 발행은행으로부터 환어음에 대한 지급통지가 있으면 회전되는 방법, ② 환어음이 결제되는 일정한 일수를 정하여 그 기간 내에 지급거절통지가 없으면 회전되는 방법, ③ 달력상의 일정한 기간, 즉 월별이나 격월 등 기간이 경과하면 다시 자동적으로 그 금액이 회복되어 회전되는 방법 등이 있다.

그리고 회복되는 금액의 인정방법에 따라 누진적 회전방법과 비누진적 회전방법이 있다.

누진적 회전방법(cumulative method)은 전회의 미이행된 선적분이 다음 회차의 선적시 전회의 미이행분까지 포함하여 이행하는 방법을 말하는데, 이러한 신용장을 누진적 회전신용장이라고 한다.

비누진적 회전방법(non-cumulative method)은 해당기간에 이행되지 않은 미선적분이 자동적으로 취소되는 것으로, 이러한 신용장을 비누진적 회전신용장이라고 한다.

3) 선대신용장

선대신용장(red clause credit, packing credit)이란 발행은행이 매입은행으로 하여금 수출업자에게 선적전에 일정한 조건으로 수출대금을 미리 받을 수 있도록 수권하는 문언을 기재하고 있는 신용장을 말한다. 이는 수출업자가 미리 받은 대금으로 수출업자품을 집하하거나 포장하는 자금으로 활용한다는 의미에서 "packing credit"이라 한다. 또한 신용장상에 미리 대금을 지급한다는 문언이 통상 붉은색으로 표시되어 "red clause credit"이라고 하였다.

현재 이와 같은 관행은 없어짐으로써 수출업자의 집하자금의 융자라는 의미에서 "packing credit"이라는 용어가 보편화 되어가고 있다.

4) 내국신용장

내국신용장 혹은 국내신용장(local L/C)은 원신용장의 수익자인 국내수출업자가 국내에 있는 원자재(원료공급자)와 완제품(하청업자) 등의 물품공급업자에게 자기가 받은 신용장을 근거로 자기의 거래은행으로 하여금 새로운 신용장을 발행하도록 요청하는데, 이때 발행된 신용장을 말한다.

내국신용장의 발행 목적은 공급업자에 대한 물품대금의 결제를 은행이 보장함으로써 원자재 및 완제품의 국내조달을 촉진하고 수출물자의 생산 및 공급을 원활히 하기 위한 것이다. 이때 수출지 은행이 발행하는 은행을 Local L/C, Domestic L/C, Secondary L/C, Subsidiary Credit이라 한다.

5) 연계무역관련 신용장

연계무역(counter trade)은 수출입 당사국 중 어느 특정 국가가 외환사정이 어려워 현금결제가 곤란한 경우, 또는 현물거래로서 양국간의 무역수지 균형을 맞추고자 할 경우에 동일한 거래당사자 간에 수출입을 연계한 무역방식을 말한다. 이러한 연계무역방식으로는 ① 물물교환(barter trade), ② 구상무역(compensation trade), ③ 대응구매(counter purchase), ④ 산업협력(industrial cooperation) 등이 있다.

물물교환(barter trade)은 교환하는 물품거래에 환결제 없이 물품만을 교환하는 원시형태의 무역방식을 말한다.

구상무역(compensation trade)은 교환대상이 되는 물품가액을 정하여 금액기준으로 무역을 하나 대금결제에 있어서 실제로 환결제를 하지 않더라도 그와 동일한 효과가 발생하도록 하는 방식을 말한다.

대응구매(counter purchase)와 산업협력(industrial cooperation)은 당사국의 정부차원에서 경제협력을 위하여 진행되는 무역방식이다.

이러한 구상무역방식에서 사용되는 신용장은 다음과 같은 것이 있다.

(1) 동시개설신용장

동시개설신용장(back to back credit)은 수출과 수입을 연계하여 무역수지 균형을 맞추기 위한 연계무역 하에서 사용되어지는 신용장을 말

【 그림 4-3 동시개설신용장(Back to Back L/C) 】

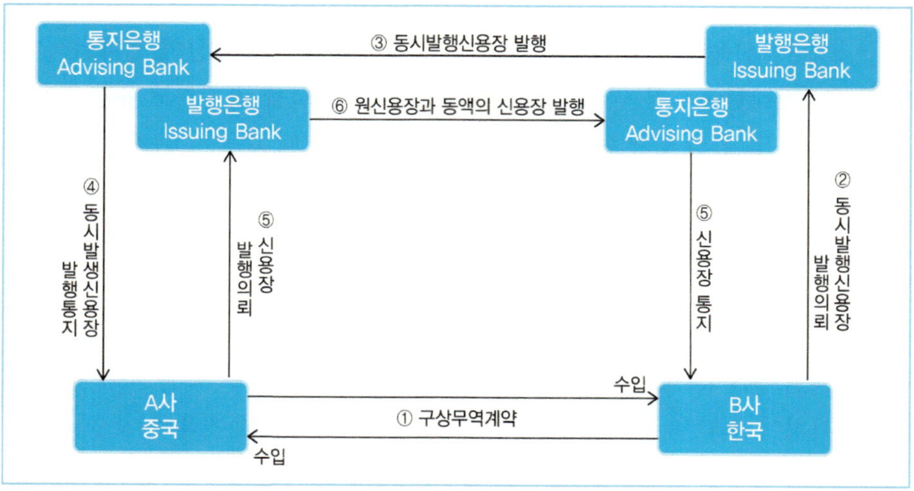

한다. 즉, 일국에서 일정액의 수입신용장을 발행할 경우, 수출국에서 동액 또는 그와 상응하는 일정액의 수입신용장을 발행하여 오는 경우에만 유효하다는 조건이 있는 신용장을 말한다.

(2) 기탁신용장

기탁신용장(escrow credit)이란 수출업자가 선적 후 수입업자로부터 지급받은 수출대금을 기탁계정에 기탁하여 두었다가 수입업자로부터 다른 물품을 수입할 때 그 결제대금으로만 사용하도록 지정한 신용장을 말한다. 따라서 이 경우 최초의 수입업자는 결제자금을 굳이 현금으로 입금하지 않고 지급보증서 등으로 대체입금하여도 가능하며 이렇게 될 경우 수출입 쌍방은 현금결제 없이 신용장의 발행만 반복하는 것으로써 교역의 목적을 달성할 수 있게 된다. 당사자간에 이에 대한 별도의 약정이 없는 한, 수입업자는 수익자 명의의 기탁계정을 매입은행, 발행은행 또는 제3국에 있는 환거래은행 중 어느 곳에도 설치할 수 있다.

【 그림 4-4 기탁신용장(Escrow L/C) 】

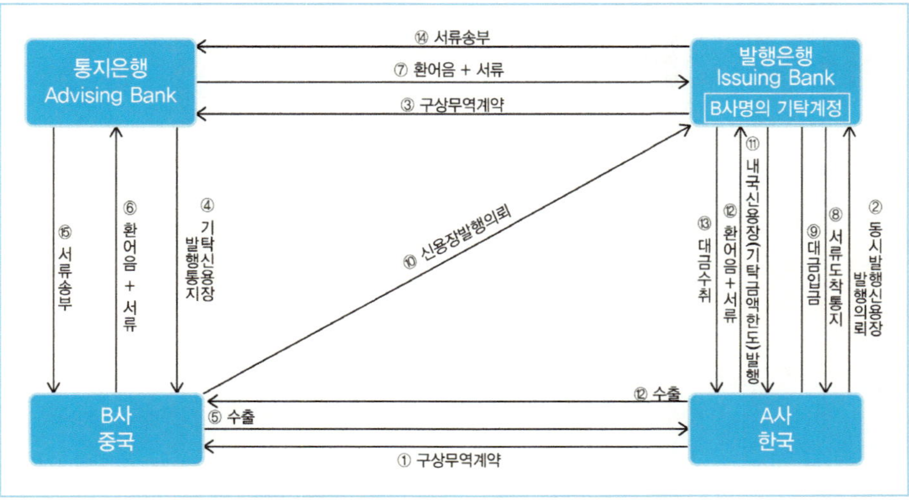

(3) 토마스신용장

토마스 신용장(tomas credit)이란 구상무역에 이용되지만 수출입 당사자 양측이 먼저 신용장을 발행하는 일방이 신용장의 유효조건으로 동액 또는 그와 상응하는 일정액의 신용장을 동시에 발행하는 것을 전제로 하는 것이 아니라 상대방이 일정기간 후 동액의 신용장을 발행하겠다는 보증서를 제출하는 것을 조건으로 발행된 신용장을 말한다. 즉, 수출업자가 선적 후 매입에 들어갈 때는 수입업자 앞으로 "언제까지 Counter L/C를 발행하겠다"는 내용의 보증서를 차입하도록 제한하고 있는 신용장이다.

【 그림 4-5 토마스신용장(Tomas L/C) 】

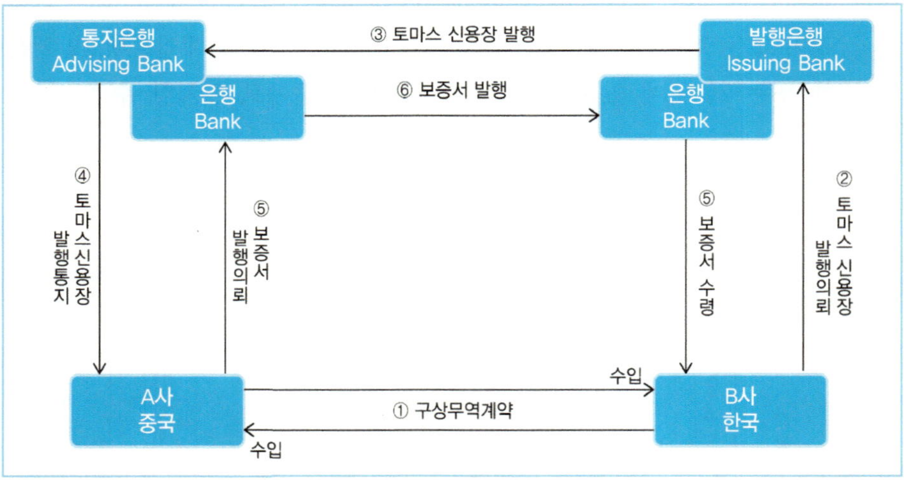

3 유사신용장

1) 어음매입수권서

어음매입수권서(authority to purchase : A/P)는 수입업자의 거래은행이 수입업자의 요청에 따라 수출지에 있는 자행의 본·지점이나 환거래은행에 대해 수출업자가 일정한 조건을 갖춘 운송서류를 첨부하여 수입업자 앞으로 발행한 환어음을 제시하면 이를 매입하도록 지시한 통지서를 말한다.

신용장과는 달리 발행은행이 환어음에 대한 독자적 확약을 하지 않으므로 은행은 언제든지 매입을 거절할 수 있다.

2) 어음지급수권서

어음지급수권서(authority to pay : A/P)란 수입업자의 거래은행이 수입업자의 요청에 따라 수출업자의 소재지에 있는 자행의 본·지점이나 환거래은행에 대하여 수출업자가 그 수권된 은행 앞으로 발행한 환어음을 지급하도록 지시한 통지서를 말한다.

3) 어음매입지시서

어음매입지시서(letter of instruction)는 수입지의 은행이 수출지에 있는 자행의 본·지점앞으로 '수출업자가 이러한 조건으로 이 금액 이내의 환어음을 발행하였을 경우 귀행에서 그 어음을 매입하여 주기 바람'이라고 지시하는 것으로, 기능면에서 어음매입수권서와 같지만 동일은행의 본·지점 간에만 사용된다는 점이 다르다.

5장 신용장거래의 실무

I 신용장의 발행과 거래약정

1 신용장발행의 의의와 절차

신용장은 매도인과 매수인이 체결한 매매계약의 결제조건(payment clause)을 근거로 발행된다. 매매계약에서 대금결제방식으로 신용장 방식을 합의하였다면, 매수인은 의무이행의 첫 단계로써 신용장 발행의무가 발생하기 때문에 자신의 거래은행에 신용장 발행신청을 해야 한다.

신용장의 발행은 발행은행의 입장에서는 발행의뢰인을 위한 일종의 신용을 제공하는 것이기 때문에 발행은행은 신용장을 발행할 때에는 발행의뢰인의 채무불이행에 대비하기 위하여 발행의뢰인의 신용상태 및 담보능력 등을 충분히 고려하여야 한다.

수익자의 입장에서는 비록 신용장이 매매당사자간의 매매계약에 근거하여 발행되었다고 하더라도 신용장의 독립・추상성의 원칙에 따라 신용장이 발행되면 매매계약과 독립된 청구권을 갖게 되므로 신용장조건에 일치하는 서류를 제시함으로써 발행은행의 지급, 인수 또는 매입에 대한 이행을 보장받게 된다.

신용장 발행은행과 발행의뢰인 사이에는 일종의 신용장발행계약을 신용장거래약정서(agreement for commercial letter of credit)라는 소정의 서식에 의하여 체결해야 한다. 현재 우리나라에서는 전국은행연합

회가 작성한 "외국환거래약정서"가 사용되고 있는데, 인쇄된 약정서의 내용에 대해 발행의뢰인이 서명·날인함으로써 동의하는 형식을 취한다.

외국환거래약정을 체결한 후에는 거래시마다 신용장발행신청서(L/C Application)를 제출하여 신용장 발행을 신청한다. 신용장발행신청서에 기재된 사항은 그대로 신용장 조건이 되기 때문에 모든 사항을 간단명료하고 정확하게 기재하여야 한다.

신용장 발행에 필요한 서류는 외국환은행마다 다를 수 있지만 일반적으로 ① 취소불능화환신용장발행 신청서, ② 물품매도확약서 또는 수입계약서, ③ 보험서류(가격조건이 CIF 또는 CIP인 경우), ④ 수입대행계약서(수입자와 실수요자가 다른 경우), ⑤ 담보제공증서 등의 기타서류 등을 제출한다.

은행은 본인에게 이 약정서상의 중요한 내용을 설명하여야 하며, 은행여신거래기본약관과 이 약정서의 사본을 교부하여야 합니다.

(표준) 외국환거래약정서

년 월 일

__________은행 앞

본 인 ____________________(인)

주 소 ____________________

본인은 외환은행(이하 "은행"이라 합니다.)과 수출 × 수입 × 내국신용장발행 × "내국신용장환어음, 판매대금추심의뢰서" 매입(추심)거래× 선적통지부 사후송금방식 수출거래에 의한 수출대금채권 매입거래를 함에 있어 "은행여신거래기본약관"이 적용됨을 승인하고 다음 각 조항을 확약합니다.

제 1 장 공통사항

제1조 적용범위

이 약정은 다음 각항의 현재 및 장래의 모든 거래(EDI방식에 의한 거래를 포함합니다)에 적용하기로 합니다.

① 수출거래

1. 화환어음(환어음이 첨부되지 않은 선적서류를 포함합니다. 이하 이 약정에서 같습니다.)의 매입 및 추심
2. 보증신용장 등에 의한 무화환어음(Clean bill)의 매입
3. 기타 전 각호에 준하는 거래

② 수입거래

1. 신용장 발행
2. 화환어음의 인도 및 결제
3. 보증신용장에 의한 무화환어음의 인도 결제
4. 기타 전 각호에 준하는 거래

③ 내국신용장발행거래

④ 내국신용장환어음 또는 판매대금추심의뢰서(이하 “내국신용장어음등”이라 합니다.)의 매입(추심)거래

⑤ 선적통지부 사후송금방식 수출거래(Open Account Transaction)에 의한 수출대금채권 매입거래(이하 수출대금채권 매입거래라 합니다)

제2조 권리의 행사

① 수출화환어음, 내국신용장어음등 매입대금(은행의 매입대금을 말합니다. 이하 이 약정에서 같습니다.) 및 수출대금채권 매입대금에 관하여 은행은 아래 제10조, 제11조, 제23조, 제24조 및 제28조에 의하여 이를 청구하거나 금전소비대차에 의한 대출금으로 보아 어음채권(어음이 발행된 경우에 한함) 또는 여신채권 중 어느 것에 의하여도 청구할 수 있습니다.

② 수입화환어음 및 내국신용장환어음 결제를 위한 대지급금의 경우에는 은행은 어음채권(어음이 발행된 경우에 한함) 또는 여신채권 중 어느 것에 의하여도 청구할 수 있습니다.

제3조 담 보

본인은 제1조의 거래에 수반하는 물품 및 관련서류를 당해 거래와 관련하

여 은행에 부담하는 채무와 이에 부수하는 이자, 할인료, 수수료, 지연배상금, 기타 부대비용 등의 지급을 위한 담보로서 은행에 양도하기로 합니다.

제4조 적용환율

적용환율은 신청서 등을 접수한 날과 관계없이 실제로 지급받거나 지급하는 날의 은행이 정한 해당환율로 합니다. 다만, 제10조 제1항 제6호 및 제15조 단서의 경우 은행의 미수금계정 처리일 또는 외화지급보증대지급금계정 처리일의 은행이 정한 해당환율로 할 수 있습니다.

제5조 수수료, 비용 및 손해의 부담

① 본인은 은행의 책임있는 사유로 인하여 추가로 발생한 것이 아닌 한 제1조의 거래에 따른 이자, 할인료, 수수료, 지연배상금, 손해배상금, 기타 부대비용 및 은행의 권리행사, 권리보전, 담보의 취득 및 처분에 따른 비용, 운임, 보험료, 기타 모든 비용 및 손해를 부담하며, 은행이 계산근거를 명시하여 청구하는 바에 따라 곧 지급하기로 합니다. 다만, 본인이 계산방법 등에 관하여 이의를 제기하는 경우에는 은행은 이를 심사하여 그 결과를 통보합니다.

② 은행은 제1항의 이자, 할인료, 수수료 등 제반비용의 요율 및 계산방법을 성질상 고시하기 어려운 것을 제외하고는 고시토록 합니다.

③ 제1항의 수수료 등을 본인 이외의 자가 부담하기로 되어있는 경우에 본인의 비용으로 은행이 본인이외의 부담자에게 청구하였으나 입금되지 아니하여 본인에게 청구한 때는 본인이 이를 곧 지급합니다. 다만, 은행이 본인 이외의 부담자로부터 이를 지급받은 경우에는 반환합니다.

제6조 적용기간

이 약정의 적용기간은 정하지 않기로 합니다. 다만, 부득이한 사유가 있는 경우 은행이나 본인은 이 약정을 해지할 수 있으며 이 경우 해지전에 이루어진 거래에 대하여는 이 약정을 계속 적용합니다.

제7조 준용규정

본인과 은행은 약정되지 아니한 사항에 대하여 따로 정함이 없는 한 「신용장통일규칙」,「추심에 관한 통일규칙」, 「은행간 신용장대금상환에 관한 통일규칙」, 기타 국제규약,「무역업무자동화처리약관」 및 은행의 관련규정에 따르기로 합니다.

제 2 장 수출거래에 대한 특약

제8조 환거래은행 및 송달방법의 선정

신용장 또는 계약서, 매입신청서 등에 명시되어 있지 않은 경우 환거래은행 및 화환어음의 송달방법은 은행이 선정하기로 합니다.

제9조 결제기간의 연장

지급의무자가 결제기간의 연장을 요청한 경우 은행은 본인의 동의를 얻어 승낙할 수 있습니다. 다만, 은행이 부득이하다고 인정하는 때는 본인의 동의없이 승낙할 수 있습니다. 이 경우 은행은 승낙한 사실을 곧 본인에게 통지합니다.

제10조 매입대금상환

① 다음 각호에서 정한 사유중 하나라도 발생한 경우 본인은 은행으로부터의 독촉, 통지 등이 없어도 당연히 다음 각호에서 정한 화환어음 매입대금 또는 미수금의 상환의무를 지고 곧 갚기로 합니다.

1. 본인에 대하여 은행여신거래기본약관 제7조 제1항(당연 기한전 채무변제의무) 각호에서 정한 사유 중 하나라도 발생한 경우에는 모든 화환어음
2. 화환어음의 지급의무자에 대하여 은행여신거래기본약관 제7조 제1항(당연기한전 채무변제의무) 각호에서 정한 사유 중 하나라도 발생한 경우에는 그 자가 지급의무자로 되어있는 모든 화환어음
3. 은행의 관련규정이 정하는 기간까지 은행의 매입대금이 입금되지 아니하거나 화환어음의 인수가 이루어지지 아니하는 경우의 그 화환어음
4. 환거래은행 등으로부터 지급 또는 인수거절된 경우의 그 화환어음
5. 본인이 화환어음의 만기일 이전에 매입대금을 상환하고자 하는 경우의 그 화환어음
6. 제3호 및 제4호에 해당하는 화환어음이 은행의 관련규정이 정하는 기간까지 상환되지 아니하여 미수금계정으로 대체처리된 경우 및 은행의 관련규정에 따른 자산건전성 분류기준에 의거 회수가 불확실하거나 회수불능이 확실하여 "회수의문" 또는 "추정손실"로 분류되어 미수금계정으로 대체처리된 경우의 그 원화금액

② 본인에 대하여 은행여신거래기본약관 제7조 제4항 및 제5항(은행의 서면독촉에 의한 기한전 채무변제의무) 각호에서 정한 사유 중 하나라도 발생한 경우 본인은 은행의 서면독촉통지 도달일로부터 10일 이상으로 은행이 정한 기간이 경과하면 모든 화환어음 매입대금의 상환의무를 지고 곧 갚기

로 합니다.

③ 제1항 및 제2항과 관련하여 본인은 환가료 징수기간 만료일 익일부터 상환일 전일까지 여신연체이율로 계산한 손해배상금을 지급하기로 합니다. 다만, 부도처리가 환가료 징수기간내에 이루어진 경우에는 부도처리일로부터 손해배상금을 기산합니다.

④ 제1항 및 제2항과 관련하여 본인은 매입신청시 제출한 화환어음 또는 매입신청서에 근거하여 매입대금을 상환하며, 은행은 본인이 매입대금과 이에 부수하는 손해배상금, 수수료, 비용 등을 변제할 때까지 화환어음 및 수출물품에 대하여 모든 권리를 행사합니다.

제11조 화환어음 등의 반환

① 이 약정에 의하여 은행에 대한 채무의 변제 또는 은행여신거래기본약관 제10조(은행으로부터의 상계 등)에 의한 상계 등의 경우 은행은 본인에게 화환어음 및 수출물품을 채무변제 등의 시점에 반환하지 않아도 됩니다.

② 본인은 은행이 반환하는 화환어음을 은행에서 수령하기로 합니다. 다만, 수출물품은 화환어음을 수령함으로써 되돌려 받은 것으로 합니다.

③ 은행의 책임없는 사유로 인하여 화환어음 및 수출물품의 반환이 불가능한 경우 은행의 반환의무는 없는 것으로 합니다.

제 3 장 수입거래에 대한 특약

제12조 신용장의 발행, 통지 및 환거래은행 등의 선정

① 은행은 본인이 제출하는 신용장발행신청서(조건변경신청서 포함) 등의 기재사항에 따라 신용장을 발행, 통지합니다.

② 신용장발행신청서에 명시되어 있지 않은 경우 환거래은행(통지은행, 매입은행, 지급은행, 인수은행, 확인은행, 기타 관련은행을 말합니다. 이하 같습니다.) 및 통지방법은 은행이 선정하기로 합니다.

제13조 대도물품의 처분

① 본인은 대도물품을 입고, 운반, 출고, 가공, 매도 이외의 목적으로 사용하거나 제3자에게 담보로 제공할 수 없으며 또한 기타 은행의 권리를 해하는 행위도 할 수 없습니다.

② 본인은 대도물품을 매도할 경우 금액, 물품의 인도, 대금의 영수방법 등에 관하여 미리 은행의 동의를 받기로 합니다.

③ 본인은 대도물품의 매도대금 영수 후 곧 은행에 지급하며 매도대금을 어음, 기타 유가증권 등으로 받는 경우에는 이를 곧 은행에 양도하기로 합니다.

제14조 신용장 조건과 불일치하는 화환어음

① 은행이 채권보전을 위하여 필요하다고 인정하는 경우 은행은 신용장조건과 불일치하는 화환어음에 대하여 본인의 동의없이 지급 또는 인수를 거절할 수 있습니다. 이 경우 은행은 본인에게 사후통지 하기로 합니다.

② 화환어음이 은행에 도착하기 전 신용장조건과의 불일치를 사유로 환거래은행 등으로부터 지급 또는 인수 등의 동의여부에 대한 조회를 받은 경우에도 제1항과 같습니다.

③ 은행이 본인에게 신용장조건 불일치에 관한 조회를 하였으나 본인의 회보가 은행의 관련규정이 정한 기간내에 도착하지 않는 경우 은행은 화환어음의 지급 또는 인수에 대한 동의 또는 거절여부를 결정할 수 있습니다.

제15조 결제일

본인은 대금의 결제조건이 일람출급인 경우에는 화환어음(차기통지서가 먼저 도착하는 경우에는 그 차기통지서) 도착 후 은행의 관련규정이 정한 기일이내에 결제하고, 기한부 출급인 경우에는 만기일에 결제하기로 합니다. 다만, 기일이내에 결제하지 못한 경우에는 은행의 관련 규정에 따라 외화지급보증대지급금계정으로 처리하여 결제하며 본인은 그 원화금액을 상환하기로 합니다.

제16조 수입물품선취보증서에 의한 수입물품 인도

① 본인은 화환어음 도착전에 운송회사로부터 수입물품을 인도받고자 하는 경우 은행에 수입물품선취보증서(항공화물운송장에 의한 수입물품인도승락서를 포함합니다. 이하 같습니다.) 발급을 신청하여 은행의 사전승낙을 받아야 합니다.

② 본인은 수입물품선취보증서의 발급을 신청하는 경우 은행의 관련규정이 정하는 바에 따라 수입결제대금을 적립하기로 합니다.

제17조 신용장의 취소 및 조건변경

① 은행은 본인이 신청한 경우에 한하여 신용장을 취소 또는 조건변경 할 수 있습니다. 다만, 그 효력은 신용장의 취소 또는 조건변경의 당사자(발행은행, 수익자, 확인신용장의 경우는 확인은행) 전원의 동의가 있어야 비로소 발생합니다.

② 제1항 본문에 불구하고 유효기간 경과 등 상당한 사유가 있는 경우 은행은 신용장을 취소할 수 있습니다. 이때 은행은 본인에게 사후 통지합니다.

제18조 제3자 명의의 신용장발행

본인이 제3자 명의의 신용장발행을 은행에 본인명의로 신청한 경우에는 모든 부분에 있어서 이 약정이 적용됩니다.

제 4 장 내국신용장발행에 대한 특약

제19조 지급금액

본인은 은행의 내국신용장 발행에 따라 은행에 지급할 해당금액은 다음 각 항에서 정하는 바에 따르기로 합니다.

① 원화표시 외화부기 내국신용장발행의 경우에는 발행당시의 내국신용장 원화금액에 불구하고 내국신용장 부기외화금액에 매입(추심)은행이 내국신용장어음등을 매입(추심)하는 날의 매매기준율을 곱하여 청구한 금액

② 순수외화표시 내국신용장발행의 경우에는 해당 외화금액

③ 순수원화표시 내국신용장발행의 경우에는 해당원화금액

제20조 구매물품의 처분

구매물품 처분에 관하여는 제13조를 준용합니다.

제21조 신용장의 취소 및 조건변경

은행은 본인이 관계당사자(발행은행, 수익자)의 동의를 얻어 신청한 경우에 한하여 내국신용장을 취소 또는 조건변경 할 수 있습니다. 다만, 유효기일 경과 등 상당한 사유가 있는 경우에는 은행이 신용장을 취소할 수 있습니다. 이때 은행은 본인에게 사후 통지합니다.

제22조 결제일

내국신용장의 결제일에 관하여는 제15조를 준용합니다. 다만 제15조 '화환어음'은 '내국신용장어음등'으로 대체합니다.

제 5 장 내국신용장어음등 매입(추심)에 대한 특약

제23조 매입대금의 상환

① 다음 각호에서 정한 사유중 하나라도 발생한 경우 본인은 은행으로부터의 독촉, 통지 등이 없어도 당연히 다음 각호에서 정하는 내국신용장어음등 매입대금의 상환의무를 지고 곧 갚기로 합니다.

1. 본인에 대하여 은행여신거래기본약관 제7조 제1항(당연 기한전 채무변제의무) 각호에서 정한 사유 중 하나라도 발생한 경우의 모든 내국신용장어음등
2. 내국신용장 발행은행에 의하여 지급거절되는 경우의 그 내국신용장어음등

② 본인에 대하여 은행여신거래기본약관 제7조 제4항 및 제5항(은행의 서면독촉에 의한 기한전 채무변제의무) 각호에서 정한 사유중 하나라도 발생한 경우 본인은 은행의 서면독촉통지 도달일로부터 10일 이상으로 은행이 정한 기간이 경과하면 모든 내국신용장어음등 매입대금의 상환의무를 지고 곧 갚기로 합니다.

③ 제1항 및 제2항과 관련하여 본인은 매입이자 징수기간 만료일 익일부터 상환일 전일까지 여신연체이율로 계산한 손해배상금을 지급하기로 합니다.

④ 제1항 및 제2항과 관련하여 본인이 매입대금과 이에 부수하는 손해배상금, 수수료, 비용 등을 변제할 때까지 은행은 매도물품에 대하여 모든 권리를 행사합니다.

제24조 내국신용장어음등의 반환

① 이 약정에 의하여 은행에 대한 채무의 변제 또는 은행여신거래기본약관 제10조(은행으로부터의 상계등)에 의한 상계 등의 경우 은행은 내국신용장어음등 및 이에 첨부된 서류를 채무변제 등의 시점에 반환하지 않아도 됩니다.

② 본인은 은행이 반환하는 내국신용장어음등 및 이에 첨부된 서류를 은행에서 수령하기로 합니다.

③ 은행의 책임없는 사유로 인하여 내국신용장어음등 및 이에 첨부된 서류의 반환이 불가능한 경우 은행의 반환의무는 없는 것으로 합니다.

제 6 장 수출대금채권 매입거래에 대한 특약

제25조 선적서류의 발송

수출대금채권 매입거래와 관련한 "선적서류"(운송서류, 보험서류, 상업송장 및 수출계약서에 의해 요구되는 서류를 포함합니다.이하 같습니다.)는 본인의 책임하에 발송하고 그 증빙서류를 매입신청시 은행에 선적서류 사본과 함께 제출합니다.

제26조 수출대금채권의 양도

본인은 수출대금채권 매입의뢰시 은행 소정양식의"수출대금채권 양도에 따른 대금지급지시서(STANDING PAYMENT INSTRUCTION)"를 수출대금채권의 지급의무자(이하 지급의무자라 합니다.)에게 송부한 후 지급의무자로부터 이에 대한 동의서를 받아 은행에 제출합니다.

제27조 수출대금의 회수 등

① 본인은 지급의무자에게 수출대금을 은행에 직접 또는 은행이 지정한 계좌에 입금하도록 지시합니다.

② 다음 각호에서 정한 사유중 하나라도 발생한 경우 본인은 은행으로부터의 독촉, 통지 등이 없어도 당연히 다음 각호에서 정한 수출대금채권 매입대금의 상환의무를 지고 곧 갚기로 합니다.

1. 수출대금채권 만기일로부터 은행이 정한 기일까지 수출대금이 입금되지 아니하는 경우의 당해 수출대금채권
2. 지급의무자가 만기일 이전이라도 수출대금을 지급할 의사가 없음을 명백히 한 경우의 당해 수출대금채권

제28조 이자 등

수출대금이 수출대금채권 만기일에 회수되지 아니하는 경우 본인은 은행이 정한 계산방법, 지급시기 및 방법에 따라 입금지연이자 또는 부도이자를 지급합니다.

제29조 준용규정

본 장에서 따로 정하지 않은 사항은 "제2장 수출거래에 대한 특약"에 따릅니다.

본인은 은행여신거래기본약관 및 이 약정서 사본을 확실히 수령하고, 주요내용에 대하여 충분한 설명을 듣고 이해하였습니다.	
본 인	(인)

2 신용장의 발행담보와 수수료

신용장 발행은행은 수입업자를 대신하여 수출업자, 매입은행 등에게 수입대금의 지급을 확약하므로 수입업자로 하여금 신용장금액에 상당하는 담보를 제공하도록 하고 있다.

수입업자의 담보제공에 따라 수입업자별로 신용장발행한도액을 정하고 있는데, 외화획득용 원자재와 같이 순전히 발행은행의 자금으로 수입되는 경우에는 수입물품 자체를 담보로 발행은행에 양도해야 한다.

발행은행은 신용장발행수수료, 전신료 등 신용장 발행에 필요한 일체의 비용을 수입업자에게 징수하는데, 현재 신용장발행수수료, 전신료 등의 외국환수수료는 은행별로 자율적으로 결정하고 있지만 대체로 다음과 같다.

1) 발행수수료

발행수수료는 신용장 발행에 따라 발행은행이 부담하는 위험에 대해 보상명목으로 발행신청시 발행은행이 수입업자에게 받는 기간수수료(term charge)이다.

예를 들어, 발행수수료는 발행일로부터 유효기일까지가 60일이라면, 60일만큼의 발행수수료를 청구한다.

> 발행수수료 계산식 = 신용장 발행 금액 × 매매기준율 × 요율[16] × 60/365

2) 환가료

매입은행은 수익자의 매입신청에 따른 무역대금을 결제할 때 환어음

16) 은행이 제시하는 기본요율은 일반적으로 기본요율(일반수입)은 0.7-1.5%이며, 고객별 신용등급에 따라 차등적용된다.

의 대금 전액을 결제하는 것이 아니라 환가료(exchange commission)라는 수수료를 공제한 후 결제한다. 환가료는 은행이 외화자금 부담에 따르는 이자의 성격으로 수취하는 수수료이다. 즉, 외국환을 매입한 후 완전한 외화자산으로 현금화할 때까지 또는 선지급한 자금을 추후 상환받을 때까지 은행측에서 부담하는 자금에 대한 이자보전 명목으로 징수하는 기간 수수료이다.

매입은행은 신용장에서 비록 환어음에 대한 대금 지급인은 아니지만 매입은행이 대금을 선지급하고 상환은행 또는 발행은행으로부터 대금을 결제받게 된다. 이때 매입은행의 수출자에 대한 선지급 일자와 상환은행 또는 발행은행으로부터 결제받는 일자를 계산하여 수출자에게 청구하는 수수료이다.

3) 대체료

대체료(commission in lieu of exchange)는 외국환거래에서 원화의 매매가 수반되지 아니하고 동종의 외국통화로 대체되는 경우에 은행의 기대 외환매매이익의 상실에 따른 보전명목으로 청구하는 수수료이다.

4) 코레스 비용

코레스 비용(corres charge)은 신용장의 발행, 통지, 매입, 상환 등과 관련하여 해외의 거래은행이 청구하여 오는 일체의 수수료를 의미한다. 해외은행 수수료를 수출업자 부담으로 명시한 경우에는 수입업자가 지급할 필요는 없지만, 만일 수출업자가 지급하지 않는다면 최종적으로 수입업자가 부담할 책임이 있다.

통지 수수료(advising charge)는 수입지의 신용장 발행은행이 발행한 신용장에 대하여 수출지에 있는 통지은행이 수익자 앞으로 신용장 내도 사실을 통지할 때 징수하는 수수료이다.

인수 수수료(acceptance commission)는 기한부 신용장에서 인수를 담당하는 은행에 지급하는 수수료이며, 수출계약 조건에 따라 수출업자 또는 수입업자가 부담하게 된다.

확인 수수료(confirming charge)는 확인신용장에서 지급하는 수수료이다. 일반적으로 발행의뢰인이 부담하지만 수익자가 부담하는 경우도 있다.

매입 수수료(negotiation charge)는 매입신용장에서 매입은행이 선적서류 매입할 때 수취하는 수수료를 말한다.

실무적으로 신용장상 항목에 "All banking charges except L/C opening cahrges are for beneficiary's account" 또는 "All banking charges outside Korea are for account of beneficary" 등으로 표시된다.

3 신용장의 발행방식

신용장을 발행한다는 것은 수출업자인 수익자가 신용장조건에 일치하는 서류를 제시할 경우 수입업자인 발행의뢰인을 대신하여 발행은행이 대금을 지급하겠다는 확약이다. 신용장의 발행방법은 우편에 의한 발행, 전신에 의한 발행 및 SWIFT에 의한 발행 등이 있다.

먼저 우편에 의한 신용장의 발행은 신용장 발행신청서의 내용에 따라 소정의 신용장 양식 1셋트에 기재사항을 기재하고 발행은행이 서명을 한 후에 원본 신용장 및 사본 1매를 통지은행에 우편으로 발송하여 수익자에게 통지토록 한다. 이와 같이 우편으로 발행된 신용장을 Mail Credit이라 하며 이 신용장에는 발행은행 서명권자의 육필서명이 명기되어 있다. 동 신용장은 SWIFT(국제 은행간 자금결제 통신망)에 가입하지 않은 일부 후진국에서 이용되며 현재는 거의 이용되지 않고 있다.

전신(telex)에 의한 신용장 발행은 발행은행이 신용장 원본의 내용을 전신으로 통지은행에 송부하여 수익자에게 통지하는 방식으로 신용장

번호, 발행은행의 명칭, 품목, 수량, 금액, 선적기일 등 극히 필수적인 일부 내용을 먼저 수익자에게 통지하여 수출을 준비하게 하는 통지서를 Short Cable이라 하며, Short Cable로 보낸 후 수익자가 네고하도록 신용장 원본의 내용을 모두 통지하는 것을 Full Cable이라 한다. SWIFT방식이 이용되기 전에 주로 이용되었던 방식이다.

SWIFT에 의한 신용장 발행은 SWIFT는 Society for Worldwide Interbank Financial Telecommunication(국제은행간 금융결제망)의 약자이며 EDI(전자자료교환)방식에 의한 문서전달체제를 말한다. EDI는 Cable이나 Fax가 갖추지 못했던 보안유지 기능을 갖추어 원본서류를 항공편으로 송부하는 것과 동일한 효과를 가지게 되었다.

대부분의 국가에서 SWIFT에 의하여 신용장을 발행하나 이러한 서류전달체계는 송신기관과 수신기관이 모두 SWIFT시스템을 설치 운용하여야 하므로 시스템이 설치되지 않은 일부 후진국 은행에서는 아직 이용되지 않고 있으며 우리나라는 1992년부터 이용되고 있다.

신용장과 관련하여 SWIFT로 통지되는 Message Type는 MT 700(발행), MT701(개설 보충서류), MT707(변경), MT734(지급거절통지) 등 여러 가지로 구분 표시된다.

〈표 5-1〉 신용장 발행을 위한 SWIFT Message Type

(MT700 Issue of Documentary Credit)

M/O	Tag	Field Name	Content/Options
M	27	Sequence of Total	1n/1n
M	40A	Form of Documentary Credit	24x
M	20	Documentary Credit Number	16x
O	23	Reference to Pre-Advice	16x
O	31C	Date of Issue	6n
M	31D	Date and Place of Expiry	6n29x
O	51a	Applicant Bank	A or D
M	50	Applicant	4*35x
M	59	Beneficiary	[/34x]4*35x
M	32B	Currency Code, Amount	3a 15number
O	39A	Percentage Credit Amount Toterance	2n/2n
O	39B	Maximum Credit Amount	13x
O	39C	Additional Amounts Covered	4*35x
M	41a	Available with … By …	A or D
O	42C	Draft at…	3*35x
O	42a	Drawee	A or D
O	42M	Mixed Payment Details	4*35x
O	42P	Deferred Payment Details	4*35x
O	43P	Partial Shipment	1*35x
O	43T	Transshipment	1*35x
O	44A	Loading on Board/Dispatch/Taking in Charge at/from…	1*65x
O	44B	For Transportion to…	1*65x
O	44C	Latest Date of Shipment	6n
O	44D	Shipment Period	6*65x
O	45A	Description of Goods and/or Services	50*65x
O	46A	Documents Required	50*65x
O	47A	Additional Conditions	50*65x
O	71B	Charges	6*35x
O	48	Period for Presentation	4*35x
M	49	Confirmation instructions	7x
O	53a	Reimbursement Bank	A or D
O	78	instructions to the Paying/Accepting/Negotiating Bank	12*65x
O	57a	"Advise Through" Bank	A, B or D
O	72	Sender to Receiver Information	6*35x

〈서식〉 수입신용장(SWIFT MT700) 발행 사례

/27 : sequence of total	: 1/1
/40A : form of documentary credit	: IRREVOCABLE
/20 : documentary credit number	: M1234 606NS00018
/31C : date of issue	: 14/06/24
/31D : date and place of expiry	: 14/08/20 HONG KONG
/50 : applicant	: KOREA TOYS CO., LTD. 159-1SAMSUNGDONG KANGNAMGU, SEOUL, KOREA
/59 : beneficiary	: CHINA TOYS CO., LTD. RM 1000 CHAI WAN IND. CITY, PHASE 1, 60 WING TAIRO, CHAIWAN H.K.
/32B : currency code amount	: USD 119,000.00
/39A : pct credit amount toterance	: 10/10
/41D : available with by name, address	: ANY BANK BY NEGOTIATION
/42C : drafts at	: AT SIGHT
/42A : drawee	: HONG KONG FIRST BANK LTD., HONG KONG(ADDR 2007, JARDINE HOUSE 1 CONNAUGHT PLACE, CENTRAL, HONG KONG)
/43P : partial shipment	: ALLOWED
/43T : transshipment	: NOT ALLOWED
/44A : on board/Disp/taking charge	: SHIDAO, CHINA
/44B : for transportion to	: BUSAN, KOREA
/44C : latest date of shipment	: 14/08/10

/45A : descr goods and/or services
700PAIRS OF CHINESE GIANT BEAR TOY
SIZE : MIN 1.5 METERS AT USD170.00
F.O.B.SHIDAO.CHINA

/46A : documents required
+SIGNED COMMERCIAL INVOICE IN TRIPLICATE
+PACKING LIST IN TRIPLICATE
+FULL SET OF CLEAN ON BOARD OCEAN BILL OF LANDING MADE OUT TO THE ORDER OF ABC BANK MARKED FREIGHT COLLECT AND NOTIFY APPLICANT
+CERTIFICATE OF ORIGIN

/47A : additional conditions
ALL DOCUMENTS MUST BEAR OUR CREDIT NUMBER M1234 606NS00018
T/T REIMBURSEMENT NOT ALLOWED
OUANTITY 10PCT MORE OR LESS ALLOWED
+THIRD PARTY DOCUMENTS ACCEPTABLE

/71B : charges	: ALL BANKING COMMISSIONS AND CHARGES INCLUDING REIMBURSEMENT CHARGES OUTSIDE KOREA ARE FOR ACCOUNT OF BENEFICIARY
/49 : confirmation instructions	: WITHOUT
/53A : reimbursement bank	: HONG KONG FIRST BANK LTD., HONG KONG(ADDR 2007, JARDINE HOUSE 1 CONNAUGHT PLACE, CENTRAL, HONG KONG)

/78 : instructions to the pay/acc/neg bk
DRAFTS MUST BE SENT TO DRAWEE BANK FOR YOUR REMBURSEMENT
AND ALL DOCUMENTS TO US BY COURIER SERVICE IN ONE LOT

/72 : sender to receiver information	: THIS CREDIT IS SUBJECT TO U.C.P(2007 REVISION) I.C.C. PUBLICATION NO. 600

4 신용장의 내용구성과 기재사항

대부분 신용장의 구성은 신용장 자체, 환어음, 서류, 상품, 선적, 특수조건, 기타 조건 등의 순서로 구성되어 있으나, 경우에 따라서는 그 순서를 달리하거나 일부 항목을 생략 또는 제거한 신용장도 많이 볼 수 있다.

1) 신용장 자체에 관한 사항

① 발행은행명(Issuing Bank)

신용장 윗부분(letterhead)의 ABC BANK, New York이 본 신용장의 발행은행이며, 이 발행은행은 ⑯의 "drawn on……"에도 해당된다. 이 발행은행명 외에도 주소, 전화번호, 팩시밀리번호, 텔렉스번호 등이 함께 인쇄되어 있다.

② 신용장의 종류(Type of Credit)

상단부분에 보통 "IRREVOCABLE DOCUMENTARY CREDIT"(취소불능신용장)이라고 되어 있는데, 만약 아무런 언급이 없는 경우에도 또한 취소불능신용장으로 간주된다.

/40A : form of documentary credit : IRREVOCABLE

③ 신용장 번호(Credit Number)

신용장 번호는 은행이 정한 신용장의 번호 기재요령에 따라 발행은행이 자율적으로 부여하며, 제시되는 모든 운송서류에 명시하도록 요구된다.

/20 : documentary credit number : M1234 606NS00018

④ 신용장 통지번호(Advice Number)

거래은행의 신용장을 접수한 통지은행은 후일에 있을지도 모르는 신용장 조건변경통지업무 등의 편의를 위해 통지번호를 부여하고, 수익자에게 통지한다. 그리고 조건변경 통지의 경우에는 통지번호 끝에 일련번호를 부여한다.

⑤ 발행일자(Date of Issue)

여기에 표시되는 일자가 이 신용장의 발행일자이다.

/31C : date of issue : 06/06/24

⑥ 신용장 유효기간(Expiry Date)

이는 신용장의 최종 유효기한이다. 즉, 여기 표시된 일자는 어음매입이나 지급을 위하여 서류를 은행에 제시할 수 있는 최종기일을 뜻하는 것이며 은행에서 어음매입이나 지급을 완료하여야 하는 최종일자를 뜻하는 것은 아니다. 그러므로 Expiry되는 날 은행 마감시간 전에 어음과 제 운송서류를 제시하면 되고, 그 다음날 은행 영업시간에 지급할 수 있는 것이다. 만일 신용장의 유효기간이 공휴일에 만료가 되면 그 다음날까지 연장된다.

/31D : date and place of expiry : 06/08/20 HONG KONG

⑦ 신용장 발행의뢰인(Applicant)

이는 자신의 거래은행인 발행은행에 신용장의 발행을 신청한 수입업자가 된다.

/50 : applicant : KOREA TOYS CO., LTD.
159-1SAMSUNGDONG KANGNAMGU, SEOUL,
KOREA

⑧ 수익자명(Beneficiary)

수익자는 신용장의 Addressee로서 이 신용장에 의한 혜택을 향유하는 자이다. 신용장 좌측 윗부분의 'To ; xxx' 다음에 수익자의 성명(상호)과 주소가 명기되며, 그 다음에 "We open our irrevocable L/C in your favor"나 처음부터 "We open our irrevocable credit in favor of xxx"로 표시되든지, 아니면 본 예의 경우와 같이 Beneficiary난을 별도로 두어 수익자명만 적어 넣는 양식도 있다.

```
/59 : beneficiary  :  CHINA TOYS  CO., LTD.
                      RM 1000 CHAI WAN IND. CITY, PHASE 1, 60
                      WING TAIRO, CHAIWAN H.K.
```

⑨ 통지은행명(Advising Bank)

대개의 신용장에는 통지은행의 난이 지정되어 그 난에 통지은행명을 기입만하게 되어 있다.

⑩ 신용장 금액(Amount of the Credit)

이 신용장 금액은 당해 신용장에 의해 발행되는 어음의 최대한도를 의미하며, 따라서 이 금액 이상으로는 환어음을 발행할 수 없다.

신용장 금액의 표시는 아라비아 숫자와 영어로 쓰며, 본문에서는 "For an amount of", "Up to an aggregate amount of", "For a sum or sums not exceeding a total of"와 같이 표기된다.

```
/32B : currency code amount  :  USD 119,000.00
```

2) 환어음에 관한 사항

환어음에 관하여 일반적으로 인수 및 매입신용장에서는 어음의 제시를 요구하나 지급신용장은 이를 요구하지 않는다.

⑪ 신용장 네고은행

신용장의 지급·인수·매입가능 은행을 기재한다. 매입개방신용장의 경우에는 "any bank"라고 기재하며, 수출업자는 선적 후 자신이 원하는 어떠한 은행에서도 자유롭게 네고할 수 있다. 그러나 매입제한신용장 또는 지급·인수은행이 특정되어 있는 경우에는 수출업자는 지정된 은행에서만 네고할 수 있다.

/41D : available with by name, address : ANY BANK
BY NEGOTIATION

⑫ 환어음 표시 문구 및 지급방법

신용장에 의하여 발행되는 모든 환어음에는 신용장에 관한 사항 즉, "Drawn under Documentary Credit No.(신용장 번호) dated(신용장 발행일자) of (신용장 발행은행)"의 문구가 반드시 기재되어야 한다. 그리고 모든 신용장에는 일람출급(Sight Payment), 연지급(Deferred Payment), 인수(Acceptance) 또는 매입(Negotiation) 중 어느 것에 의하여 사용가능한가를 명시하여야 하다.

⑬ 환어음 발행인(Drawer)

"Your"라는 문구는 이 신용장의 환어음 발행인을 지칭하며, 이 신용장의 Addressee가 수익자이므로 환어음의 발행인이 곧 신용장의 수익자(beneficiary)이다.

⑭ 환어음 발행통수

환어음 발행통수는 2장을 1셋트로 하여 발행한다. 이는 매입은행이 개설은행 앞으로 환어음을 송부할 때 1번 환어음과 2번 환어음을 시차를 두고 송달하여 분실사고 등을 예방하기 위한 관행이다.

⑮ 환어음의 지급기일(Tenor)

발행어음을 "at sight", "at xxx days after date" 등으로 표시한다. 즉 어음이 일람출급어음(at sight)인가 기한부어음인가 또한 기한부어음이면 일람 후 정기출급어음(d/s)인지 일부 후 정기출급어음(d/d)인지로 구분하여 표기한다. 예를 들면 "at 30 days after sight"(일람후 30일불)로 이 난의 "at"와 "sight" 사이에 기재한다.

/42C : drafts at : AT SIGHT

⑯ 환어음 지급인(Drawee)

일반적으로 개설의뢰인이나 개설은행이 경우에 따라서는 개설은행의 예치환거래은행이 환어음의 지급인이 된다. 지급인(drawee)의 표시는 "Draw on xxx", "To value on xxx" 등으로 표시된다.

대개는 "on" 다음에 개설은행을 기입하거나 그냥 "on us"로 표시할 때도 있다.

/42A : drawee : HONG KONG FIRST BANK LTD., HONG KONG(ADDR 2007, JARDINE HOUSE 1 CONNAUGHT PLACE, CENTRAL, HONG KONG)

3) 상품에 관한 사항

⑰ 상품명(Named the Covering Commodity)

신용장에서 요구되고 있는 운송서류상에 명시될 약정된 상품명으로서, Covering 다음에 상품명, 수량, 규격, 단가, 가격조건, 원산지 등을 기재한다.

상품의 수량(Quantity)은 단위와 함께 표시하며, 상품의 명세(Description)는 운송서류에 명시될 상품의 명세로 신용장조건으로 규정할 수 있다. 그러나 신용장통일 규칙에서는 과도한 세밀(excessive detail) 규정을 배제토록 요구하고 있으므로 상품의 명세도 가능하면 간단하게 규정하는 것이 좋다.

상품의 단가(Unit Price)는 상품 단가와 상품의 수량을 곱하면 신용장 금액이 된다.

그리고 가격조건(Price Term)은 매매계약에서 약정된 가격조건 예를 들면 FOB, CIF와 같은 조건을 표시하며, 이 가격조건에 따라 요구되는 운송서류가 달라지는 것이 일반적이다.

/45A : descr goods and/or services : 700PAIRS OF CHINESE GIANT BEAR TOY
SIZE : MIN 1.5 METERS AT USD170.00

4) 서류에 관한 사항

⑱ 선하증권(Bill of Lading)의 표시

이는 B/L 지시인(order party)을 표시하는 것으로 일반적으로 개설은행이 B/L의 지시인이 된다. 그리고 운임지급 여부를 표시하는 경우에는 가격조건이 CFR, CIF, CPT, CIP 등인 경우는 운임선급(freight prepaid)으로 표시되며, FCA, FOB, FAS 등의 조건인 경우는 운임후급(freight collect)으로 표시된다.

현행 신용장통일규칙에서는 해상선하증권, 우편수령증 또는 증명서, 기타 운송서류로 구분하고 있다. 여기서 말하는 선하증권은 무사고 선하증권(clean B/L)이며, 신용장상에 특별히 허용되어 있지 않는 한 갑판상의 적재를 표시하고 있는 선하증권(On Deck B/L)은 거절된다.

/46A : documents required : FULL SET OF CLEAN ON BOARD OCEAN BILL OF LADING MADE OUT TO THE ORDER OF ABC BANK MARKED FREIGHT COLLECT AND NOTIFY APPLICANT

⑲ 상업송장(Commercial Invoice)

상업송장은 신용장상에 별도의 명시가 없는 한 신용장 발행의뢰인 앞으로 작성되어야 하며, 운송서류 중 다른 서류상에는 선적화물은 일반적인 용어로 기재될 수 있으나 상업송장상에는 화물의 명세(description)가 신용장의 것과 일치하여야 하며, 신용장상에 별도의 지시가 없는 한 신용장금액을 초과한 금액으로 발행된 상업송장은 수리되지 않는다.

양도가능신용장에서는 최초의 수익자가 작성한 상업송장이 제2수익자의 상업송장을 대체할 수 있으며, 그 송장상의 차액은 최초의 수익자가 어음을 발행하여 지급받을 수 있다.

/46A : documents required : SIGNED COMMERCIAL INVOICE IN TRIPLICATE

⑳ 포장명세서(Packing List)

선적화물에 대한 포장명세서와 함께 요구서류(documents required) 항은 기타 특히 요구되는 서류, 즉 원산지증명서(Certificate of Origin), 영사송장(Consular Invoice), 검사증명서(Inspection Certificate), 특혜관세용 원산지증명서(Generalized System of Preference Certificate of Origin : GSP C/O; Form A), 세관송장(Customs Invoice) 등을 이 항에 명시한다.

/46A : documents required : PACKING LIST IN TRIPLICATE

㉑ 보험증권(Insurance Policy)

가격조건이 CIF 등이 아닌 경우는 이 보험증권에 관한 조항에 x표를 하지 아니하고 "buyer's insurer" 등과 같이 별도로 표시한다.

그리고 가격조건이 CIF 등과 같이 보험증권의 제시가 필수적인 경우는 매매계약서에 약정된 보험조건을 명백히 표시한다. 보험서류는 신용장에 명시된 내용과 같아야 하며, 보험회사, 그 대리인 또는 보험인수업자가 발행 및 서명한 것이어야 하며, 보험중개업자 발행의 보험승낙서(Cover Note)는 신용장에 특히 허용되어 있지 않은 이상 수리되지 않는다. 신용장상에 별도 규정이 없는 한 선적일 이후에 부보된 보험서류는 수리하지 않는다.

또한 신용장상의 보험서류는 송장금액에 대하여 110%를 부보하도록 부보범위(coverage)를 정하고 있다.

> /46A : documents required :

㉒ 기타 필요한 서류

수입지 현지에서 통관 등의 행정적 업무처리를 목적으로 추가적으로 필요한 서류가 있는 경우에는 이 항에 명시한다.

> /46A : documents required : CERTIFICATE OF ORIGIN

5) 운송에 관한 사항

㉓ 선적지(Port of Shipment)

"Shipment from" 다음에 표시되는 것은 상품의 선적항(port of loading)이다. 예를 들면 "Busan, Korea" 또는 "Korean Port" 등이다.

그런데 내륙운송도 포함하는 복합운송증권(Combined Transport Document) 등의 경우에는 발송지(place of dispatch), 수탁지(place of taking in charge) 등이 되는 수도 있다.

> /44A : on board/Disp/taking charge : SHIDAO, CHINA

㉔ 선적기한(Shipping Date)

상품의 최종선적일(latest date for shipment)을 표시하는 난이며 선적기한은 명시된 날짜를 포함한다. 선적기일의 기준은 선하증권의 일자 또는 선적이나 발송을 증명하는 수령인(reception stamp)이 찍힌 일자로 한다.

그리고 본선적재(loading on board), 발송(dispatch) 또는 복합운송이 이용될 경우에는 인수(taking in charge) 등으로 최종선적기일을 표시해도 선적(Shipment)과 같은 뜻으로 간주한다.

한편 선적기일의 표시는 "Shipment must be effected on or before x x x" 또는 "Shipment must be effected not later than x x x at the latest" 등과 같이 기재한다.

/44C : latest date of shipment : 06/08/10

㉕ 도착지(Point of Destination)

"transportation to" 다음에 표시되는 것은 물품의 최종 목적지명이다. 예를 들면 "Osaka, Japan" 또는 "Japanese Port" 등이다. 복합운송에서는 양륙항(port of discharge)과 구별되어 표시된다.

/44B : for transportation to : BUSAN, KOREA

㉖ 분할선적(Partial Shipment)

분할선적의 여부를 표시하는 규정으로, 허용할 경우는 "Partial shipments are permitted." 또는 "Partial shipments are allowed." 등으로 표시된다. 그리고 금지할 경우에는 "Partial shipments are prohibited." 등으로 표시된다. 이와 같은 표기가 없으면 허용하는 것으로 간주된다.

/43P : partial shipment : ALLOWED

㉗ 환적(Transhipment)

환적은 운송물품을 다른 운송방법으로 이적 또는 다시 적재(재적재) 하는 것을 의미한다.

환적의 여부를 표시하는 규정으로서 신용장에 표시하는 방법은 위의 분할선적의 경우와 같다. 특히 환적의 경우는 비록 신용장이 환적을 금지하는 조건일지라도 운송인이 환적을 할 권리를 유보한다는 뜻의 조항이 인쇄되어 있는 선하증권은 수리할 수 있다.

```
/43T : transshipment : NOT ALLOWED
```

6) 기타에 관한 사항

㉘ 은행비용관련

신용장거래와 관련한 부대비용에 대한 비용부담책임에 대해 기재한다.

```
/71B : charges : ALL BANKING COMMISSIONS AND CHARGES
                 INCLUDING REIMBURSEMENT CHARGES OUTSIDE
                 KOREA ARE FOR ACCOUNT OF BENEFICIARY
```

㉙ 운송서류 제시기한(Period of Presentation)

서류제시기한이란 운송서류가 발행된 이후의 일정기간을 정하여 지급・인수 또는 매입을 위해 서류를 은행에 제시해야 할 기한을 말한다.

㉚ 신용장번호표시 요구문언

신용장에서 요구되어 제시되는 모든 서류에는 반드시 신용장 번호를 명시하도록 요구하고 있다.

㉛ 운송서류 우송지시문언

신용장에서 요구하고 있는 환어음 및 운송서류는 통상 복수로 발행되어 제시된다. 즉, 우송 도중의 분실에 대비하여 두 번에 나누어 우송하도록 지시하고 있다.

/78 : instructions to the pay/acc/neg bk : DRAFTS MUST BE SENT TO DRAWEE BANK FOR YOUR REMBURSEMENT AND ALL DOCUMENTS TO US BY COURIER SERVICE IN ONE LOT

㉜ 특수조건(Special Conditions)

명시되지 아니한 조건은 이 난을 이용하여 표시하고 이 난이 부족할 경우에는 전부가 공란으로 되어 있는 별지(attached sheet)를 사용한다. 예를 들면 은행수수료와 부담자는 "all banking charges outside Hong Kong are for account of beneficiary(or applicant)"와 같이 명시된다.

/47A : additional conditions : ALL DOCUMENTS MUST BEAR OUR CREDIT NUMBER M1234 606NS00018
T/T REIMBURSEMENT NOT ALLOWED
OUANTITY 10PCT MORE OR LESS ALLOWED
THIRD PARTY DOCUMENTS ACCEPTABLE

㉝ 신용장통일규칙 준거문언

별도의 명시가 없는 한 국제상업회의소가 제정한 신용장통일규칙에 의거한다는 준거문언으로서 이는 신용장통일규칙을 채택하고 있는 은행은 반드시 표시한다. 국제거래에 사용되는 모든 신용장에는 반드시 그 신용장 발행은행이 당행의 신용장거래에서 야기되는 모든 문제는 2007년에 개정된 신용장통일규칙에 준거한다는 내용의 문언이 다음과 같이 인쇄되어 있다.

"Unless otherwise expressly stated herein, this credit is subject to the Uniform Customs and Practice for Documentary Credits (2007 Revision), International Chamber of Commerce Publication No.600"

/72 : sender to receiver information : THIS CREDIT IS SUBJECT TO U.C.P(2007 REVISION) I.C.C. PUBLICATION NO. 600

㉞ 발행은행의 지급확약문언(Engagement Clause)

신용장조건에 일치하여 발행된 환어음에 대하여는 틀림없이 지급 또는 인수를 이행하겠다는 발행은행의 확약문언이다. 이 지급확약문언의 내용에 따라서 Straight Credit와 Negotiation Credit를 구별할 수 있다.

취소불능신용장은 자체의 보증문언이 굳이 없어도 신용장통일규칙에 의하여 개설은행이 일정조건하에서 대금지급 인수 및 매입을 하여야 하기 때문에 이 지급확약문언의 명시는 이를 더욱 명백히 하는 것이라 하겠다.

㉟ 매입은행에 대한 지시문언

매입은행이 환어음을 매입하면 그 매입일자와 매입금액을 신용장의 이면에 표시하도록 요구하고 있는 문언이다. 이는 매입금액을 표시함으로써 신용장의 미사용 잔액을 확인할 수 있고, 또한 사무착오에 의한 이중매입의 방지, 선의의 제3자를 보호하는데 있다.

Ⅱ 신용장의 통지, 수령 및 확인

1 신용장의 통지와 수령

1) 신용장 통지의 의의

(1) 신용장 통지의 개념

신용장의 통지(advice)란 신용장 발행은행에 의하여 발행된 신용장을 수출지에 있는 은행, 즉 통지은행(advising bank)이 수익자인 수출업자에게 신용장의 발행사실을 통보하고 전달하는 일련의 행위를 말한다. 통지은행은 발행은행의 위임을 받고서 수익자에게 신용장 발행의 사실과 내용을 단순히 통지해 주는 은행이므로 신용장에 대한 어떠한 책임이나 의무를 지거나 약정하지 않는다. 다만, 통지은행은 자기가 통지하는 신용장의 외관상의 진정성을 충족시켜야 하고 신용장의 제조건을 정확하게 반영하여 통지해야 한다.

통지은행이 신용장을 통지할 때는 외관상 진정성을 확인하기 위하여 상당한 주의를 기울여야 하며, 신용장을 통지하지 않기로 하였을 때에는 지체없이(without delay) 수익자와 발행은행에 통보하여야 한다. 통지은행이 외관상 진정성을 확인할 수 없다면 지체없이 그러한 지시를 한 것으로 보이는 은행에 신용장의 진정성을 확인할 수 없음을 통보하여야 한다. 통지은행이 이러한 사정이 있음에도 불구하고 신용장을 통지하기로 하였다면 수익자에게 신용장의 진정성을 확인할 수 없었다는 사실을 통보하여야 한다.

(2) 신용장의 통지방법

신용장의 통지방법으로는 ① 발행은행이 수익자에게 직접 신용장을 송부하여 통지하는 방법, ② 발행은행이 신용장 원본을 발행의뢰인에게 교부하여 발행의뢰인이 수익자에게 전달하여 통지하는 방법, ③ 발행은행이 수익자 소재지의 본·지점이나 환거래은행에 신용장을 송부하여 수익자에게 통지하도록 하는 방법 등이 있다.

그리고 신용장의 통지방법은 신용장의 발행방법에 따라 우편에 의한 통지방법(우편신용장)과 전신에 의한 통지방법(전신신용장)으로 구분되고 전신에 의한 통지는 다시 전신약호(code)에 의한 통지, Full Cable에 의한 통지, Short Cable에 의한 통지 및 SWIFT에 의한 통지 등으로 구분할 수 있다.

SWIFT를 이용한 신용장 통지방법은 현재 제일 많이 이용되고 있는 일종의 전신신용장 통지방법으로서 국제적 데이터 통신망인 SWIFT System을 이용하며, 화환신용장 발행 Format(MT 700)을 사용하여 발행된 신용장의 경우, 해당 메시지를 은행소정의 신용장 통지서식에 전재(轉載)하고 책임자가 서명하여 통지한다.

이러한 SWIFT를 이용하여 발행되는 신용장에는 UCP의 적용문언의 명시가 없는데, SWIFT를 통한 신용장은 총체적으로 UCP를 반영하고 있기 때문에 그러한 신용장은 자동적으로 UCP의 적용을 받는다. 그러므로 통지은행의 신용장 통지서식에는 UCP의 반영에 관한 명확한 언급이 있어야 한다.

(3) 불완전 · 불명료한 지시가 있는 신용장의 통지

신용장의 통지 · 확인 또는 조건변경을 위한 지시가 불완전하거나 불명료하게 접수되었을 경우 통지은행은 아무런 책임없이 단순히 정보사항으로 사전통지를 할 수 있다.

통지은행은 이러한 사전통지서에 그 통지가 단순히 정보로만 제공되며 통지은행은 책임을 지지 않는다는 것을 분명하게 표시하여야 한다. 또한 통지은행은 발행은행에 대하여 자행이 취한 조치를 통보하고 필요한 정보를 제공해 줄 것을 요청하여야 한다. 이때 발행은행은 필요한 정보를 지체없이 제공하여야 하며, 발행은행으로부터 완전하고 명확한 지시가 접수되고 그 지시에 따라 행동할 준비가 되면 비로소 통지 · 확인 또는 조건변경을 하게 된다.

(4) 환거래가 없는 은행이 발행한 신용장의 통지

무예치환거래은행(non-correspondent bank)으로부터 신용장이 내도하고 그 신용장의 진정성을 확인할 수 없는 경우에는 반드시 면책문언을 통지하는 신용장의 여백에 명시하여 신용장의 진정성 확인에 대한 오해의 소지를 방지하여야 한다.

(5) 신용장의 조건변경 및 취소통지

신용장 발행은행이 수익자에게 신용장을 통지하기 위하여 어떤 은행(통지은행)의 서비스를 이용하였다면, 추후에 이미 발행된 신용장에 대한 조건변경이 있는 경우에는 반드시 동일은행을 이용하여야 하고 따라서 이 절차를 따르지 않음으로써 야기되는 일체의 결과에 대하여 책임을 져야 한다.

이미 통지된 신용장에 대하여 조건변경의 통보가 있을 경우에는 이를 즉시 수익자에게 통지하고 수익자가 동의하지 아니할 경우에는 반드시 서면으로 회신을 받고 조건변경서를 회수하고 수익자가 조건변경에 동의하지 않는다는 뜻을 발행은행으로 통보하여야 한다.

신용장 조건변경에 대한 완전한 효력은 수익자가 조건변경을 통지한 은행에 대하여 조건변경에 대한 수락의사를 통보한 시점부터 유효하다.

수익자는 신용장을 통지한 은행으로부터 동 신용장에 대한 조건변경서를 받은 경우 이를 수락할지 또는 거절할 지를 결정하고 통지은행에 통보하여야 한다. 만약에 수익자가 조건변경을 수락하지 아니하고 유보하는 경우라면 그 신용장은 조건변경이 되지 않은 것으로 간주한다.

그러나 수익자가 수락의사의 통보없이, 아직 수락의사를 표시하지 아니한 조건변경사항을 포함하고 있는 신용장에 대하여 그 신용장과 변경된 조건에 일치하는 서류를 제시하면, 이는 조건변경의 수락통보로 간주되며, 그 시점부터 신용장조건이 변경된다. 하나의 동일한 조건변경서에 대한 부분적인 수락은 허용되지 않는다.

2) 신용장의 수령과 내용검토

수출업자는 수입업자의 요청에 의해 발행은행이 발행한 신용장을 통지은행을 통하여 수령하게 된다. 신용장을 수령하였을 경우 수익자(수출업자)는 거래절차를 수행하기 전에 반드시 다음과 같은 내용을 검토·확인하여야 한다.

(1) 신용장의 진위에 대한 재확인

통지은행이 신용장의 진위에 대한 확인을 하였다 할지라도 우편으로만 내도된 신용장의 경우에는 이를 수령한 수익자가 독자적으로 재점검하여야 한다. 왜냐하면 발행인의 서명을 눈으로 확인한다는 것은 매우 부정확할 수 있기 때문이다.

특히 우편신용장의 경우에는 더욱더 주의를 기울여야 한다. 왜냐하면 발행은행이 환거래약정을 체결하지 않은 은행이고 잘 모르는 은행이 신용장을 발행할 수 있기 때문이다. 우리나라의 경우 외국환은행들은 환거래취결을 맺지 않은 은행이 발행한 신용장에 대해서는 매입에 응하지 않는다. 그리고 우편신용장이 직접 수출업자에게 전달되면 그 진위를 판단할 수 없게 된다. 우리나라의 무역금융규정에서는 외국환은행들로 하여금 신용장에 반드시 통지번호를 부여하도록 하여 은행경유의 통지를 의무화하고 있다.

(2) 발행은행의 신임도에 관한 검토

수령한 신용장이 발행은행에 의하여 발행된 진정한 것으로 확인되었을지라도 선적이나 매입시점에서 발행은행이 파산하거나 지급불능상태에 빠지는 경우가 있고, 발행의뢰인의 파산에 따라 고의로 지급을 거절하게 될 가능성이 있다. 또한 발행은행이 속해 있는 국가의 외환사정 악화 또는 정치적 불안이 고조되고 있을 경우에는 수출국내에 소재하고 있는 발행은행의 환거래은행과 접촉하여 그 은행의 확인을 추가로 받은 후에 수출을 이행하는 것이 안전하다.

(3) 신용장 자체에 대한 점검

신용장을 수령한 수익자는 기본적으로 신용장통일규칙 준거문언의 유무, 지급확약문언의 유무 등을 확인하여 신용장의 기본요건을 갖추었는지 검토해야 한다. 그리고 발행의뢰인과 체결한 매매계약서의 내용과 신용장의 조건이 부합되는지도 검토해야 한다. 특히 신용장상에 표시되어 있는 기한들이 계약상의 그것들과 일치하고 있는지, 선적이나 서류의 작성과 제시를 위한 충분한 시간적 여유가 있는지를 검토해야 한다.

신용장을 검토한 결과, 불일치하는 내용이나 애매한 내용이 있으면 우선 통지은행에 조회하여 확인하고, 정정할 내용이 있으면 지체없이 직접 발행의뢰인에게 요청하거나 통지은행을 통하여 정정을 요구하여야 한다.

(4) 지장을 초래할 수 있는 내용에 대한 점검

신용장의 효력에 대한 특별한 유보조건을 기재하였는지 여부와 신용장 내용 중에 신용장의 조건을 이행할 수 없는 문언이 있는지를 확인하여야 한다. 이는 신용장에 명기된 조건을 수익자가 충실히 이행하지 못할 경우 수익자는 이에 따라 수출대금을 정상적으로 회수할 수 없기 때문이다.

2 신용장 확인

1) 신용장 확인의 의의

신용장의 확인(confirmation)이란 발행은행의 요청에 따라 제3의 은행, 즉 확인은행(confirming bank)이 발행은행이 확약하고 있는 일람지급, 연지급, 인수 또는 매입에 대하여 독립적인 확약을 추가하는 것을 말한다. 즉, 신용장의 확인은 확인은행이 수익자에 대하여 독립적인 채무를 지는 것을 말한다.

이러한 신용장 확인은 취소불능신용장에 대하여 제3의 은행이 독자적으로 지급이나 인수 또는 매입을 확약하는 것으로 이는 발행은행의 요청이나 의뢰에 의하여 이루어진다. 그리고 확인은행은 어음 발행인에 대하여 어음거래상 인정되는 소구권을 행사하지 않고 어음매입을 확약하는 것이다.

이러한 신용장의 확인에는 발행된 신용장이 취소불능의 지급신용장 또는 기한부 신용장인 경우에는 지급 및 인수에 대한 확인을 하게 되며, 매입신용장일 경우에는 매입에 대한 확인을 하게 된다. 그리고 연불조건거래나 회전신용장과 같이 신용장의 유효기일이 장기간이거나 또는 거래금액이 거액인 경우에 확인은행이 조건부로 확인을 추가할 수 있는데, 이를 조건부 확인(conditional confirmation)이라 한다.

2) 신용장 확인의 필요성

신용장이 발행은행의 대금지급확약이기 때문에 신용장업무에서 가장 중요한 것은 발행은행의 신용이나 지급능력이라 할 수 있다. 발행은행의 지위가 국제적으로 신뢰성을 인정받고 있거나 수출지에서도 그 신용이나 지급능력이 잘 알려져 있는 경우에는 수익자는 발행은행의 지급확약만으로도 충분할 것이다. 그러나 발행은행의 신용상태가 불안한 경우나 발행은행 소재국의 정치적 불안정 및 외환보유고 부족 등 국가위험이 있는 경우에는 발행은행의 지급확약만으로는 신용장거래에 따른 대금지급의 불안을 안게 된다.

은행의 설립절차가 까다로운 우리나라는 은행지급능력의 보존을 위한 정부의 지원시책이 잘 되어 있는 국가에 있는 은행이 발행한 신용장의 경우에는 문제가 없지만, 홍콩, 중동, 아프리카 등 은행의 설립이 자유로운 국가의 경우에는 은행의 명칭을 사용하더라도 자산규모가 형편없어 그 신용이나 지급능력을 신뢰할 수 없는 경우가 많다. 따라서 수익자 입장에서는 은행에 의해 발행된 신용장이라 하더라도 발행은행의 신용상태를 점검하지 않는다면 큰 손실을 초래할 수 있을 것이다.

또한 발행은행의 소재국이 자국의 외화사정의 악화를 원인으로 외환제한을 하거나, 전쟁 및 내란, 동맹파업, 직장폐쇄, 정부결정에 의한 은행의 국유화, 기타 불가항력에 의한 은행의 업무중단 등과 같이 정치,

사회정세의 불안정으로 발행은행의 대외채무상환이 제약을 받을 우려가 있는 경우에는 수익자는 제3국의 은행의 확인을 받아둘 필요가 있다.

3) 신용장확인의 요건 및 절차

신용장확인의 요건으로는 먼저 해당 신용장이 취소불능신용장이어야 하며, 발행은행의 확인요청이 있어야 하고, 확인은행의 지급행위에 소구권이 인정되지 않는다. 따라서 취소불능 매입신용장의 경우 확인은행은 환어음의 발행이나 선의의 소지인에게 상환청구 없이(without recourse) 매입을 확약하여야 한다.

이러한 신용장의 확인은 일반적으로 발행의뢰인이 발행은행에 대하여 확인신용장의 발행을 위탁하고 이것을 수탁한 발행은행이 통지은행에 확인을 부가하도록 요청함으로써 성립된다.

한편 신용장 발행은행으로부터 신용장에 확인을 부가하도록 요청받은 은행은 여신상의 이유 등으로 이 요청을 거절할 경우에는 지체없이 거절의 취지를 발행은행에 통지하여야 한다. 또한 확인은행은 신용장의 취소 또는 조건변경의 요구에 대해 이의제기를 할 수 있으며, 확인은행의 동의가 없는 한 취소불능 신용장의 취소나 조건변경은 성립되지 않는다.

3 은행의 확약

1) 발행은행의 확약

발행은행은 신용장을 발행하는 시점부터 취소불능적으로 인수·지급의무를 부담한다(제7조 b항). 그리고 신용장에 명시된 서류가 지정은행 또는 발행은행에 제시되고, 그 서류가 일치하는 제시를 구성하는 한 발행은행은 인수·지급하여야 한다(제7조 a항).

또한 발행은행은 일치하는 제시를 인수·지급 또는 매입한 지정은행 및 서류를 발행은행에 발송한 지정은행에게 상환할 것을 확약한다. 인수 또는 연지급 가능한 신용장에서 일치하는 제시금액에 대한 상환은 지정은행이 만기일 전에 선지급 또는 매입하였는지의 여부와 관계없이 만기일에 지급기일이 된다. 지정은행에 상환할 발행은행의 확약(undertaking)은 수익자에 대한 발행은행의 확약과 독립적이다(제7조 c항).

2) 확인은행의 확약

확인은행은 신용장에 자신의 확인을 추가하는 시점부터 취소불능적으로 인수·지급 또는 매입 의무를 부담한다(제8조 b항). 그리고 신용장에 명시된 서류가 확인은행 또는 모든 기타 지정은행에 제시되고, 그 서류가 일치하는 제시를 구성하는 한, 확인은행은 인수·지급하여야 한다(제8조 a항). 또한 확인은행은 일치하는 제시를 인수·지급 또는 매입한 지정은행 및 서류를 확인은행에 발송한 다른 지정은행에게 상환할 것을 확약(undertaking)한다. 인수 또는 연지급 가능한 신용장에서 일치하는 제시금액에 대한 상환은 다른 지정은행이 만기일 전에 선지급 또는 매입하였는지의 여부와 관계없이 만기일에 지급기일이 된다. 다른 지정은행에 상환할 확인은행의 확약은 수익자에 대한 발행은행의 확약과 독립적이다(제8조 c항).

어떤 은행이 발행은행에 의하여 신용장을 확인하도록 수권 또는 요청받았으나 이를 행할 준비가 되어 있지 않을 경우, 그 은행은 지체 없이 발행은행에게 반드시 통고하여야 하며 그리고 확인 없이 신용장을 통지할 수 있다(제8조 d항).

Ⅲ 신용장 조건변경 및 취소

1 신용장 조건변경

1) 신용장 조건변경의 의의

신용장 조건변경(amendment)이란 이미 발행한 신용장의 내용을 수정하는 것을 말한다. 신용장은 원래 매매계약서상의 계약조건에 따라 발행되어야 하는데, 발행된 신용장이 매매계약조건과 일치하지 않는다거나 또는 특별한 사정이 있는 경우에 조건변경이 필요하다. 신용장의 조건변경은 금액의 증감, 기간의 연장, 선적항 또는 도착항의 변경, 기타 신용장거래의 본질을 저해하지 않는 한 모든 조건에 관하여 가능하다.

신용장의 조건을 변경하기 위해서는 반드시 신용장의 거래당사자, 즉 발행은행, 확인은행(있는 경우) 및 수익자의 합의가 있어야 한다.

발행은행은 그 자신이 조건변경서(the amendment)를 발행하는 시점부터 그 조건변경서에 의하여 취소불능적인 의무를 부담한다. 확인은행은 그 자신의 확인을 조건변경에까지 부연할 수 있으며 그 변경을 통지한 시점부터 취소불능적인 의무를 부담한다. 그러나 확인은행은 그 자신의 확인을 부연함이 없이 조건변경 통지를 선택할 수 있으며, 또한 이러한 경우에는 발행은행에게 지체 없이 통고하고 그 자신의 통지서로 수익자에게 통고하여야 한다(제10조 b항).

원신용장(또는 이미 승낙된 조건변경을 포함하고 있는 신용장)의 조건은 수익자가 조건변경에 대한 그 자신의 승낙을 그러한 조건변경을 통지해 온 은행에 통보할 때까지는 수익자를 위하여 계속 효력을 갖는다. 수익자는 조건변경에 대하여 승낙 또는 거절의 통고를 행하여야 한다. 수익자가 그러한 통고를 행하지 아니한 경우, 신용장 및 아직 승낙되지 아니한 조건변경에 일치하는 제시는 수익자가 그러한 조건변경에 대하여 승낙의 통고를 행하는 것으로 본다. 그 순간부터 신용장은 조건변경 된다(제10조 c항).

조건변경을 통지하는 은행은 조건변경을 송부하여 온 은행에게 승낙 또는 거절의 모든 통고를 통지하여야 한다(제10조 d항).

조건변경의 부분승낙은 허용되지 아니하며 조건변경의 거절통고로 본다(제10조 e항). 그리고 조건변경이 특정기한 내에 수익자에 의하여 거절되지 아니하는 한 유효하게 된다는 취지의 조건변경서상의 규정은 무시된다(제10조 f항).

2) 신용장 조건변경 통지

신용장 조건변경 시에는 통지은행을 통하여 수익자에게 통지될 수 있다. 확인은행이 아닌 통지은행은 인수·지급 또는 매입하기 위하여 아무런 확약 없이 신용장 및 모든 조건변경을 통지한다(제9조 a항).

신용장 조건변경을 통지함으로써, 통지은행은 신용장 조건변경의 외관상 진정성에 관하여 자체적으로 충족하였다는 것과 그 통지가 수령된 변경된 조건을 정확하게 반영하고 있다는 것을 표명하는 것이다(제9조 b항).

통지은행은 수익자에게 신용장 조건변경을 통지하기 위하여 다른 은행("제2통지은행")의 서비스를 이용할 수 있다. 이때 제2 통지은행은 자신이 수령한 그 통지의 외관상 진정성에 관하여 자체적으로 충족하였다는 것과 그 통지가 수령된 신용장의 변경된 조건을 정확하게 반영하고 있다는 것을 표명하는 것이다(제9조 c항). 그리고 신용장을 통지하기 위하여 통지은행 또는 제2 통지은행의 서비스를 이용하는 은행은 이에 대한 모든 조건변경을 통지하기 위하여 동일한 은행을 이용하여야 한다(제9조 d항).

은행이 신용장 조건변경 통지를 요구받았으나 그렇게 하지 아니하기로 결정한 경우, 은행은 신용장, 조건변경 또는 통지를 송부하여 온 은행에게 지체 없이 이를 통고하여야 한다(제9조 e항). 그리고 은행이 신용장 조건변경 통지를 요구받았으나 신용장, 조건변경 또는 통지의 외관상 진정성에 관하여 자체적으로 충족할 수 없는 경우, 그 은행은 그 지시를 송부하여온 은행에게 이를 지체 없이 통고하여야 한다. 그럼에도 불구하고 통지은행 또는 제2 통지은행이 그 신용장 또는 조건변경을 통지하기로 결정한 경우, 그 은행은 수익자 또는 제2 통지은행에게 신용장, 조건변경 또는 통지의 외관상 진정성에 관하여 자체적으로 충족할 수 없다는 것을 통고하여야 한다(제9조 f항).

3) 전송과 예비통지신용장 및 조건변경

신용장 또는 조건변경의 인증된 전송은 유효한 신용장 또는 조건변경으로 보며, 이후의 모든 우편확인서는 무시된다. 전송(teletransmission)이 "상세한 사항은 추후 통지함"(또는 이와 유사한 효력을 가지는 문언)이라고 명시하고 있거나 또는 우편확인서를 유효한 신용장 또는 조건변경으로 한다는 것을 명시한 경우, 그 전송은 유효한 신용장 또는 조건변경으로 보지 아니한다. 발행은행은 그때 전송과 모순되지 아니한 조건으로 지체 없이 유효한 신용장 또는 조건변경을 발행하여야 한다(제11조 a항).

신용장의 발행 또는 조건변경의 예비통지(preliminary advice)는 발행은행이 유효한 신용장 또는 조건변경을 발행할 준비가 되어 있는 경우에만 송부되어야 한다. 예비통지를 송부하는 발행은행은 지체 없이 예비통지와 모순되지 아니한 조건으로 유효한 신용장 또는 조건변경을 취소불능적으로 발행해야 한다(제11조 b항).

2 신용장 취소

신용장의 취소(cancellation)라 함은 이미 발행된 신용장을 유효기한 내에 취소하여 무효화시키는 것을 말한다. 신용장의 취소에는 전부취소와 부분취소가 있는데, 전자는 발행된 신용장을 하나도 사용하지 않고 전부 취소하는 경우이며, 후자는 이미 일부금액은 사용되고 잔여분의 사용을 취소하는 미사용 잔액의 취소를 말한다.

3 신용장 조건변경과 취소의 당사자

취소불능신용장은 양도가능신용장에 관한 규정인 제38조가 적용되는 경우를 제외하고, 발행은행, 확인은행(있는 경우) 및 수익자의 합의 없이는 조건변경이나 취소될 수 없다. 즉, 취소불능신용장의 조건변경이나 취소는 발행은행, 확인은행(확인신용장의 경우) 그리고 수익자의 전원 합의가 있는 경우에만 그 효력이 발생하게 된다.

신용장의 조건변경이나 취소당사자 중에 발행의뢰인은 제외되어 있다. 왜냐하면 신용장거래에서 발행은행은 수익자에게 대금지급을 확약하는 것이기에 대외적인 채무자는 발행은행이 된다. 발행은행이 대외적인 채무를 부담하는 것이 발행의뢰인과 발행은행간의 신용장발행계약에 근거한다고 하더라도 이것은 어디까지나 발행의뢰인과 발행은행간의 내부적인 문제일 뿐이기 때문이다.

Ⅳ 은행간 대금상환

1 은행간 대금상환방법

신용장거래에서 수입지 발행은행이 수출지 매입은행에 대금상환을 하는 방법을 살펴보기로 한다.

일반적으로 인수신용장이나 (연)지급신용장의 경우에는 수입지의 발행은행과 수출지의 인수 또는 (연)지급은행이 서로 예치환거래은행이므로 대금상환이 수월하게 이루어진다. 즉 발행은행에 개설되어 있는 인수/(연)지급은행 명의의 당좌계정을 통하여 상환하거나 또는 양 은행이 본지점 관계에 있는 경우에는 본지점계정(inter office a/c)을 통하여 상환결제할 수 있다.

한편 매입신용장의 경우에는 수입지의 발행은행과 수출지의 매입은행 사이에 환거래계약을 체결했더라도 서로 무예치환거래은행일 수도 있고, 서로 환거래계약 자체가 체결되어 있지 않을 수도 있다. 이와 같이 수입지 은행과 수출지 은행이 서로 무예치환거래은행이거나 환거래계약 자체가 체결되어 있지 않은 경우에는 은행간 대금상환의 과정이 좀 더 복잡하다.

국내에서 은행간 자금결제는 중앙은행인 한국은행(금융결제원)을 통하여 이루어지지만, 외국통화의 경우에는 한국은행이 이러한 역할을 할 수 없기 때문에 그 역할을 담당할 제3의 은행을 필요로 한다.

이때 수입지 발행은행뿐만 아니라 수출지 매입은행과도 예치환거래은행 관계에 있는 제3의 은행이 개입한다면 은행간 대금상환이 쉽게 이루어질 수 있다. 예컨대 한국의 대한은행(발행은행)이 일본의 미쓰이은행(三井銀行, 매입은행)에 미 달러화를 상환결제하는 경우를 살펴보기로 하자. 이때 미국의 Citibank가 두 은행과 예치환거래은행 관계에 있다고 가정한다.

첫째, 대한은행은 자기 은행의 예치환거래은행인 Citibank에 자기의 예금계정을 차기(借記, Debit)하여 미쓰이은행에 지급하도록 지시한다.

둘째, Citibank는 이 지시에 따라 대한은행의 계정을 차기하고 미쓰이은행의 계정을 대기(貸記, Credit)하여 입금한다.

Dr	Cr
대한은행 USD 1,000,000	**미쓰이은행** USD 1,000,000

셋째, Citibank가 이 사실을 대한은행과 미쓰이은행에 통지하면 상환결제가 간단하게 완료된다.

여기서 차기 또는 대기라는 말은 외국환은행을 기준으로 한 개념이 아니라 해외에 있는 예치환거래은행을 기준으로 하는 개념이다. 차기를 한다는 것은 출금을 한다는 것을 의미하고, 대기를 한다는 것은 입금하는 것을 가리킨다. 즉, Citibank의 입장에서 외국환은행의 계정에의 입금은 부채의 증가, 출금은 부채의 감소를 가리키는 것이다. 이러한 과정을 그림으로 나타내면 다음과 같다.

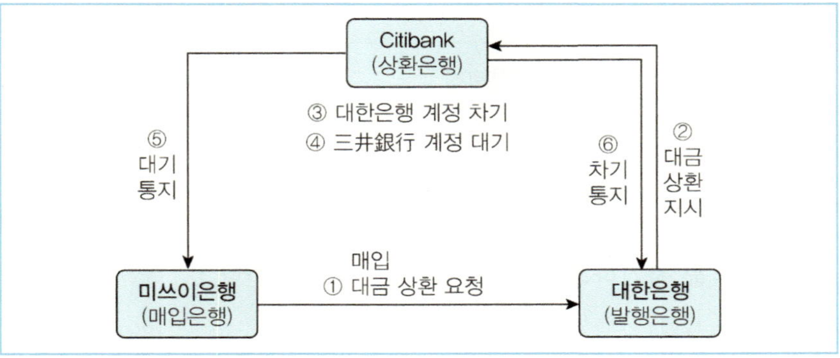

다음으로 대한은행은 Citibank와 예치환거래관계에 있으나 미쓰이은행은 BOA(Bank of America)와 예치환거래관계에 있는 경우, 즉 수입지 발행은행 및 수출지 매입은행과 동시에 예치환거래관계를 가진 제3의 은행이 없는 경우의 대금상환과정을 살펴보자. Citibank나 BOA는 같은 미국의 상업은행이므로 중앙은행인 연방준비은행(Federal Reserve

Bank)을 통하여 결제하면 될 것이다.

첫째, 대한은행은 Citibank에게 자기 계정을 차기하여 BOA의 미쓰이은행 계정으로 지급하도록 지시한다.

둘째, Citibank는 대한은행 계정을 차기하고 연방준비은행에게 자기 계정에서 출금하여 BOA에 입금할 것을 요청한다.

Dr	Cr
대한은행 USD 1,000,000	미쓰이은행 USD 1,000,000

셋째, 연방준비은행은 Citibank의 요청에 따라 Citibank 계정을 차기하고 BOA 계정을 대기한 후 이를 각각에게 알린다.

Dr	Cr
Citibank USD 1,000,000	BOA USD 1,000,000

넷째, 연방준비은행으로부터 대기통지를 받은 BOA는 연방준비은행 계정을 차기하고 미쓰이은행 계정을 대기한다.

Dr	Cr
연방준비은행 USD 1,000,000	미쓰이은행 USD 1,000,000

이상의 상환결제과정을 그림으로 나타내면 다음과 같다.

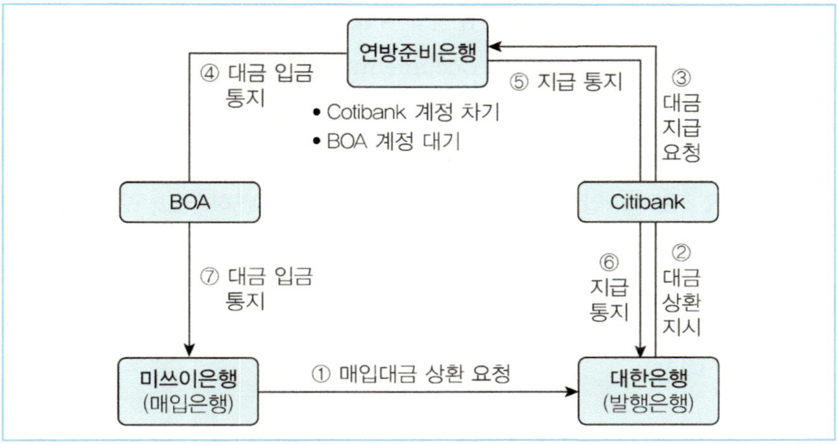

2 은행간 대금상환통일규칙

1) 제정 경위

매입신용장의 경우에는 발행은행이 수출지의 매입은행에 대한 결제를 위해 제3의 특정 은행에 상환수권을 하는 경우가 많은데, 이러한 은행간 대금상환에 관해서는 UCP 600 제13조가 기본적으로 적용된다. UCP 600 제13조는 3개 조항으로 구성되어 있다. a항에 따르면 상환신용장의 경우에는 은행간 대금상환에 관한 ICC규칙의 적용 여부를 신용장에 명시해야 하며, 은행간 대금상환에 관한 ICC규칙에 따르지 않는 경우의 은행간 대금상환에 대해서는 b항이 적용되고, c항에서는 발행은행의 상환의무 부담에 관하여 규정하고 있다.

국제상업회의소는 1993년 UCP 500의 개정작업을 끝낸 후 신용장거래에서의 은행간 대금상환에 관한 새로운 통일규칙을 제정하는 작업을 개시하였다. 이는 은행간 대금상환의 복잡한 실무관행을 UCP에 모두 반영하기는 어려워 그에 관한 별개의 규칙을 마련하는 것이 보다 효율적이라고 판단했기 때문이다. 이에 따라 1995년 '화환신용장에 따른 은행간 대금상환에 관한 통일규칙'(Uniform Rules for Bank-to-Bank Reimbursement under Documentary Credits ; URR 525)이 채택되어 1996년 7월부터 적용할 수 있도록 하였다.

그 후 2007년 UCP 600의 개정이 이루어지면서 이에 부합하도록 URR 525를 업데이트하여 URR 725를 마련하였고, 2008년 10월부터 적용하도록 하였다. URR 725는 UCP 600 제13조의 은행간 상환약정을 보완하는 성격을 갖는 것이다.

2) 주요 내용

URR 725는 크게 4개의 장으로 구성되어 있으며, 모두 17개 조항을 두고 있다. 우선 URR 725가 은행간 대금상환에 적용되기 위해서는 신용장 발행은행이 상환은행에게 발행하는 상환수권서(reimbursement authorization)에 URR 725의 준거문언이 삽입되어야 한다. 신용장거래에서 UCP 600이 준거법으로 적용된다고 하여 은행간 대금상환에 대해 자동적으로 URR 725가 적용되는 것은 아니다. 즉, 상환수권서뿐만 아니라 신용장에도 URR 725의 준거문언이 삽입되어야 한다. 이와 관련하여 발행은행은 대금상환 청구가 URR 725에 준거한다는 취지를 화환신용장에 명시할 책임을 부담하며, UCP 600과 URR 725가 상충하는 경우에는 UCP 600이 우선한다(제1조).

발행은행이 지정한 제3의 은행인 상환은행을 통해 수출지 지정은행에 대한 대금상환이 이루어지는 경우 발행은행은 은행간 대금상환에 관한 적절한 지시를 포함하고 있는 신용장을 발행함과 동시에 또는 신용장 발행 후 적당한 기간 내에 상환은행에게 상환수권서를 발행한다. 이와 관련하여 발행은행은 요구되는 관련 정보를 상환수권서와 신용장에 명시할 책임이 있다(제5조). 오늘날 상환수권서는 신용장과 마찬가지로 통상 스위프트(SWIFT)에 의해 전송방식으로 발행된다.

수출지의 지정은행인 상환청구은행(claiming bank)은 통상 발행은행 앞으로 환어음과 서류를 발송하며, 신용장에 특별한 지시가 없는 한 상환어음을 발행하여 상환은행에 제시함으로써 대금상환 청구를 하게 된다. 만일 적당한 기간 내에 상환은행이 청구에 응하지 않는다면 상환청구은행은 발행은행에게 직접 대금상환을 청구해야 한다.

상환청구은행이 발행은행에게 이자 청구를 하는 경우 발행은행은 상환청구은행의 이자 청구가 정당한 이상 이를 지급할 책임을 진다. 상환은행이 대금상환 청구에 응하지 않는 예로 들 수 있는 것은 상환은행에 있는 발행은행의 계정에 충분한 자금이 예치되어 있지 않은 경우, 발행은행이 상환수권서에 설정한 유효기한 이후에 대금상환 청구가 이루어지는 경우이다.

발행은행이 상환수권서에 지시사항을 누락하거나 불명확한 지시사항을 명시한 경우 상환은행은 누락되거나 불명확한 지시사항을 명확히 해줄 것을 발행은행에게 요청할 필요가 있다. 상환청구은행이 대금상환 청구를 하면 상환은행은 발행은행으로부터 적절한 상환수권서를 수령했는지, 대금상환 청구가 적절하고 상환수권서의 조건을 충족하는지, 발행은행 계정의 잔고가 충분한지 그리고 대금상환의 실행이 적법한지 등을 검토하여 대금상환 청구에 응할지 여부를 결정한다.

상환은행은 대금상환 청구일의 익일부터 3은행영업일 내에 이를 결정할 수 있다(제11조 a항 I호). 다만 다수의 대금상환 청구가 이루어지거나 또는 청구에 응하는 것을 방해하는 다른 요인이 없는 한 상환은행은 청구를 즉시 처리해야 하고, 3은행영업일까지 그 처리를 유보해서는 안 된다.

상환은행은 수출지 지정은행과의 약정에 의한 경우 외에는 지정은행 이외의 당사자에 대하여 지급할 의무를 부담하지 않는다.

V 신용장의 양도

1 신용장 양도의 의의

신용장 양도(transfer)란 양도가능신용장(transferable credit)상의 수익자가 향유하는 권리의 전부 또는 일부를 최초의 수익자, 즉 제1수익자(first beneficiary)가 지시하는 제2수익자(second beneficiary)에게 양도하는 것을 말한다.

양도가능신용장이란 양도가능(transferable)이라고 특별히 명시하고 있는 신용장으로 제1수익자의 요청에 의하여 전부 또는 일부가 다른 수익자(제2수익자)에게 사용가능하게 할 수 있는 신용장을 말한다. 양도가능신용장을 수령한 수익자라 하더라도 반드시 양도해야 하는 것은 아니고 수익자의 자유재량에 의하여 양도권을 행사할 수 있는데, 반드시 거래은행이나 특정은행 등 양도은행을 통하여 양도수속을 행하여야 한다.

여기서 양도은행이라 함은 신용장을 양도하는 지정은행 또는, 모든 은행에서 사용될 수 있는 신용장에서, 발행은행에 의하여 양도하도록 특별히 수권되어 신용장을 양도하는 은행을 말한다. 발행은행은 양도은행이 될 수 있다. 양도된 신용장이라 함은 양도은행이 제2수익자가 사용할 수 있도록 한 신용장을 말한다(제38조 b항).

무역실무상 신용장의 양도가 필요한 경우는 신용장을 받은 최초의 수익자가 수출대행계약에 의해 대행자 앞으로 신용장을 양도하고자 하거나, 거래은행에 충분한 담보력이나 신용한도가 부족하거나, 쿼터품목(quota item)으로 쿼터 보유상사 명의로 수출해야 할 경우나, 기타 번거로움을 피하기 위한 경우 등이다.

신용장은 원칙적으로 양도할 수 없지만, 경제적인 사정이나 무역금융의 원활화 등을 위하여 발행의뢰인의 명백한 수권에 따라 일정한 조건과 범위 내에서 양도할 수 있는 것이다. 그러나 양도가능신용장에 의하여 원수익자가 받은 권리는 양도권이 아닌 양도지시권이다. 즉 신용장 양도의 주도권은 원수익자에게 있지만 채권의 양도처럼 배서에 의한 양도는 인정되지 아니하고, 양도지시를 행사하여 은행이 양도하도록 하는 특수한 방식의 양도가 이루어지는 것이다.

2 신용장양도 요건

신용장이 양도되기 위한 요건은 다음과 같다.

첫째, 발행은행에 의하여 신용장상에 "양도가능(transferable)"이라는 문언이 명확하게 표시되어 있어야 한다. "분할가능(divisible)", "분절가능(fractionable)", "할당가능(assignable)" 및 "이전가능(transmissible)" 등의 유사용어는 신용장을 양도가능한 것으로 하지 못한다.

둘째, 신용장의 양도는 1회에 한한다. 분할선적이 금지되어 있지 않는 한 분할양도가 가능하다. 여기서 1회란 의미는 제1수익자가 제2수익자를 다수로 하여 양도하는 것은 가능하되, 양수자가 이를 다시 제3자에게 양도하는 재양도는 금지됨을 의미한다.

셋째, 신용장 양도는 원신용장(original credit)의 조건과 동일하게 이루어져야 한다. 다만, 신용장의 금액, 단가, 유효기일, 서류제시를 위한 기간의 단축, 선적기간 및 원신용장에서 요구하는 부보금액을 담보하기 위하여 증가될 수도 있는 부보비율에 대해서는 예외로 변경이 가능하다.

넷째, 제1수익자는 발행의뢰인의 명의 대신에 자신의 명의를 기재하여 신용장을 양도할 수 있다.

3 신용장양도 방법

신용장의 양도방법으로 신용장의 양도는 신용장의 금액을 1인 또는 2인 이상에게 양도하느냐에 따라 전액양도와 분할양도의 방법으로 구분할 수 있다.

전액양도(total transfer)는 원신용장상의 제1수익자가 받은 신용장금액을 제2수익자에게 전액을 양도하여 주는 방법을 말한다.

분할양도(partial transfer)는 원신용장상의 최초의 수익자가 받은 신용장금액을 2인 이상을 제2수익자로 하여 분할하여 양도하는 방법을 말한다.

4 신용장양도 절차

신용장양도 절차는 먼저 양도가능신용장을 수령하고, 제1수익자와 제2수익자 간에 양도합의서를 작성한 후, 지정양도은행에서 양도신청을 하여야 하며, 양도수수료를 납부하고, 양도통지서를 교부받아 관련은행(발행은행, 결제은행, 통지은행 등)에 통보하는 순서로 이루어진다.

5 신용장 양도인의 권리 · 의무

신용장의 양도인은 다음과 같은 권리 · 의무를 가진다.

첫째, 양도지시권을 가진다. 양도가능신용장에서 수익자의 권리는 양도지시권이지 양도권이 아니기 때문에 신용장양도는 어음이나 선하증권처럼 배서만으로 양도의 효력이 발생하는 것은 아니고, 원수익자가 양도지시권을 행사하여 은행으로 하여금 양도의 수속을 완료시켜야만 양도가 성립된다.

둘째, 양도방법의 선택권을 가진다. 원신용장의 조건에 따라 1회 또는 분할선적이 허용되는 신용장의 경우에는 수회에 걸쳐 분할하여 제2수익자에게 신용장을 양도할 수 있는 권리를 가진다.

셋째, 송장 및 환어음 대체권을 가진다. 제1수익자는 신용장에 규정된 금액을 초과하지 아니하는 금액에 대하여 제2수익자의 송장 및 환어음을 자신의 송장 및 환어음으로 대체할 권리를 가진다. 신용장의 단가나 금액을 낮추어 양도할 경우에는 차액이 생기게 되는데, 이 차액에 대하여 제1수익자는 어음을 발행할 수 있다.

넷째, 양도지에서의 지급 또는 매입 요구권을 가진다. 제1수익자는 자신의 양도요청으로 신용장이 양도된 장소에서 신용장의 유효기일을 포함한 기일까지 제2수익자에게 인수·지급 또는 매입이 이루어져야 한다는 것을 표시할 수 있다. 이 경우에도 차후에 자기가 작성한 송장과 환어음을 제2수익자가 작성한 송장과 환어음과 대체하고, 자기에게 귀속된 모든 차액을 청구할 권리를 침해 받지 않는다.

다섯째, 양도비용의 부담의무를 진다. 양도실행에 있어서 양도수수료·요금 등 양도비용의 지급은 별도로 합의하지 않은 한 양도실현의 전제조건이므로 원칙적으로 비용의 부담자는 제1수익자이다. 그러나 발행의뢰인 또는 제2수익자의 부담으로 정하는 것을 금하는 것이 아니므로, 그러한 경우에는 신용장에 그 취지가 명기되어 있으면 된다.

6 대금의 양도

신용장의 수익자는 신용장 자체의 양도와는 별개로 신용장에 근거하여 발생한 대금을 타인에게 양도할 수 있는데, 이를 대금의 양도(Assignment of Proceeds)라 한다.

신용장 대금양도는 양도가능신용장이 아니더라도 가능하며, 수익자는 신용장거래의 준거법에 저촉되지 아니하는 한 신용장에 의하여 수권되거나 또는 수권될 수 있는 대금을 양도할 수 있다(UCP 제39조).

VI 신용장의 지급이행과 매입

1 지급이행의 의의

신용장거래에서 지급이행(honour)이라는 용어는 UCP 600에서 처음 도입된 개념으로서, 인수·지급이라 한다. 지급이행은 일람지급(sight payment), 연지급(deferred payment) 및 인수(acceptance)라는 세 가지 용어를 합성한 용어로서 UCP 600의 여러 조항에서 사용되고 있다.[17)]

일람지급은 신용장이 일람지급에 의하여 사용될 수 있는 경우로 일람출급으로 지급하는 것이고, 연지급은 신용장이 연지급에 의하여 사용될 수 있는 경우로 연지급확약의무를 부담하고 만기일에 지급하는 것이다.

인수 후 지급은 신용장이 인수에 의하여 사용될 수 있는 경우로 수익자에 의하여 발행된 환어음을 인수하고 만기일에 지급하는 것을 의미한다.

2 일람지급과 연지급

1) 일람지급

일람지급(payment at sight)은 수익자가 신용장의 조건에 일치하는 서류를 지급은행에 제시하였을 때 지급은행이 신용장금액을 즉시 지급하는 것을 말한다. 일람지급방식을 이용할 경우 신용장상에는 발행은행을 대신하여 수출업자에게 지급할 은행이 지정되는데, 이 은행을 지급

17) UCP 600, Article 2, 4, 6, 7, 8, 9, 12, 15, 16, 18, 28, 35, 36, 38.

은행(paying bank)이라 한다.

지급은행은 발행은행을 대신하여 지급만 할 뿐 자금 부담을 지지 않고, 일람지급방식에서는 환어음을 발행하지 않기 때문에 신용장상에 환어음에 관한 조건이 없다.

지급방식에 의하여 결제가 이루어지는 경우 신용장상에 다음과 같은 지시가 사용된다.

Available with/by Bank of America, Seoul Branch, By Payment

【 그림 5-1 일람지급의 절차 】

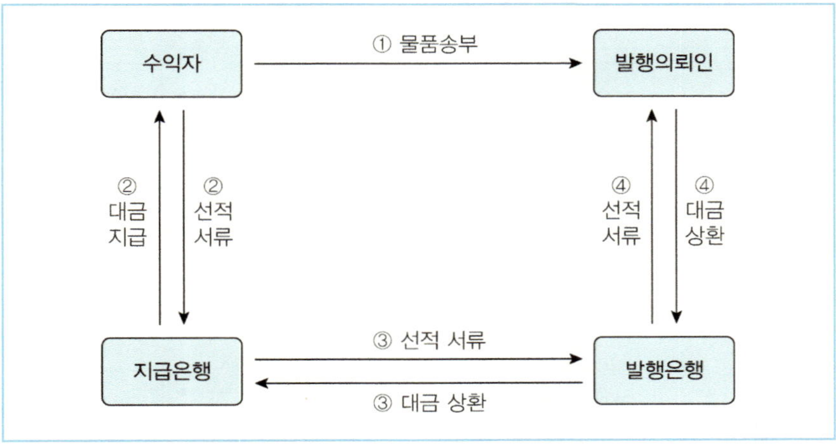

2) 연지급

연지급(deferred payment)은 수익자가 신용장의 조건에 일치하는 서류를 연지급은행에 제시하였을 때 연지급은행이 연지급확약의무를 부담하고 서류를 수리한 후 만기일에 지급하는 것이다.

연지급(deferred payment) 방식은 기본적으로는 지급방식에 의한 결제와 동일하지만 수출업자가 일정 기간 후 대금을 지급받는다는 점에서 차이가 있다. 이는 수출업자와 수입업자 양 당사자가 일정 기간 후에 대금을 결제하는 조건에 이용된다.

이 방식은 수출업자가 연지급은행에 운송서류를 제시하면 대금이 지급되는 것이 아니라 "연지급약정서"(deferred payment undertaking)가 교부되는데, 이 약정서에는 일정 기간 후 수출대금을 지급하겠다는 연지급은행의 약속이 명시되어 있다.

일반적으로 신용장 거래에서 연지급방식으로 결제될 경우 다음과 같은 문언이 사용된다.

> Available with/by Bank of America, Seoul Brench, By Deferred payment

[그림 5-2 연지급의 거래절차]

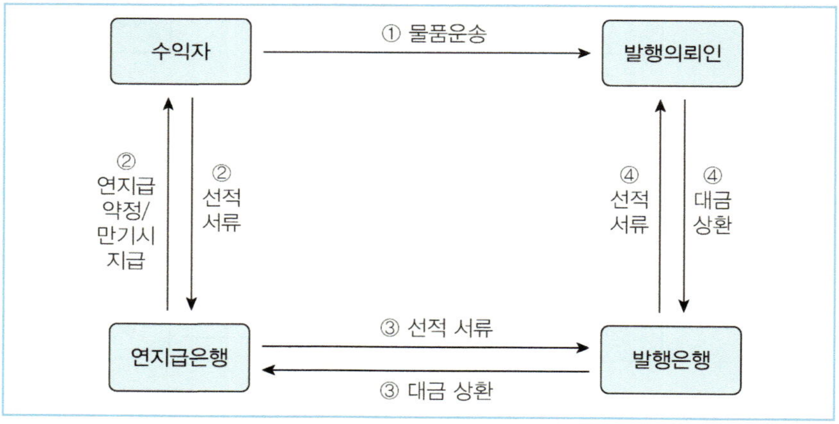

3 인수

1) 인수의 의의

인수(acceptance)는 장래의 명시된 일자에 지급해야 할 의무를 인수하는 것이다. 다시 말해서 제3의 은행이 기한부신용장에 의하여 발행되는 기한부환어음(usance bill)에 대하여 만기일에 대금을 지급해 주겠다고 확약하는 것이다. 따라서 인수방식의 결제는 환어음의 발행형식이 기한부(usance) 어음일 경우에만 이루어지며, 발행인은 지급인에 의해 인수된 환어음을 만기일까지 보유하고 있다가 전액을 지급받거나, 만기일 이전에 금융시장에서 할인하여 대금을 융통하기도 한다.

신용장 거래에서는 수출업자가 통지은행(인수은행) 앞으로 발행한 기한부 환어음을 운송서류와 함께 은행에 제시하면 은행은 서류를 검토한 후 환어음 표면에 "accepted"라는 인수표기와 함께 서명을 하는데 이를 은행인수(bank acceptance)라고 한다. 은행이 인수한 환어음은 수출업자에게 반환된 후 만기일에 결제가 이루어지는데 만약 수출업자가 자금이 필요하여 그 이전에 회수하고 싶다면 금융시장에서 할인하여 만기일까지의 이자를 미리 공제하고 수출대금을 즉시 회수할 수 있다.

인수은행은 만기일에 가서 환어음의 지급인이 되는데, 만일 인수를 거절하거나 인수한 후 만기일에 지급을 거절하면 최종적인 지급책임은 발행은행이 부담한다.

신용장 거래에서 인수방식에 의하여 결제가 이루어지는 경우 다음과 같은 문언이 사용된다.

> Available with/by Acceptance. Tenor of Draft : at 90days after sight

발행은행이 특정은행을 인수은행으로 지정하고, 그 인수은행으로부터 인수편의를 제공받을 때 사용하는 방법으로 인수은행이 발행은행을 위하여 신용장 대금을 지급하여 주고 어음의 만기일에 대금을 발행은행으로부터 받는다. 지정된 인수은행만이 인수업무를 담당할 수 있는데, 실무적으로는 발행은행의 예치환거래은행인 통지은행이 인수은행의 임무를 겸하고 있다.

2) 인수의 요건

인수은행은 발행은행과 여신공여 등의 환거래계약을 체결하고 발행은행 앞 여신한도(credit line)의 범위에서 인수를 이행하게 된다. 인수의 경우에 충족시켜야 할 요건으로는 우선, 일람 후 정기출급환어음(기한부어음)의 경우에는 가능한 한 인수일을 기재하여야 한다. 그리고 환어음금액의 일부만 인수하는 경우를 제외하고는 인수는 무조건적이어야 한다. 따라서 환어음의 인수에 어떠한 조건변경이나 제한이 추가되는 조건부인수의 경우에는 인수가 거절된 것으로 본다. 또한 인수를 위한 제시기일은 제시기일이 지정되어 있는 경우를 제외하고는 발행일로부터 만기일 전까지이다.

3) 인수의 절차

【 그림 5-3 인수거래의 절차 】

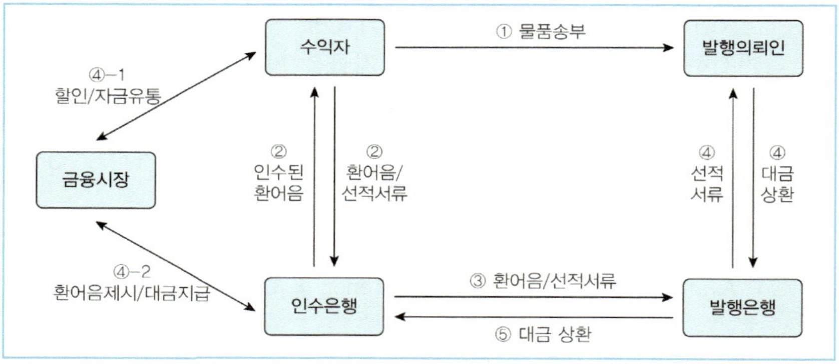

4 매입

1) 매입의 의의

매입(negotiation)이란 상환이 지정은행에게 행해져야 하는 은행영업일 또는 그 이전 수익자에게 대금을 선지급 또는 선지급 하기로 약정함으로써 일치하는 제시에 대한 환어음(지정은행이 아닌 은행을 지급인으로 하여 발행된) 및/또는 서류를 지정은행이 매입하는 것을 말한다고

UCP 600 제2조에 정의하고 있다.

다시 말해서 지정은행은 지정은행이 아닌 은행을 지급인으로 하여 발행된 환어음에 서류가 첨부되어 제시된 경우에는 그 환어음 및 서류를 구매하고, 환어음 없이 서류만 제시된 경우에는 그 서류만을 구매하는 것이다. 따라서 매입은 매입은행이 수익자의 환어음 및/또는 서류를 발행은행에 송부하여 발행은행으로부터 대금을 지급받기 전에 미리 선지급 해주거나 선지급하기로 약정하는 것이다. 이는 환어음 및/또는 서류의 매입은 매입은행이 해외의 발행은행으로부터 수출대금을 받기 전에 이를 매입하여 수출업자에게 그 수출대금을 미리 사용할 수 있도록 하는 것이다.

수출통관과정을 거쳐 선적이 완료되면 수출업자는 제반 선적서류를 갖추어 이를 거래 외국환은행에 제시하고 그 대가로 수출대금을 회수하는 절차를 거쳐 수출대금을 회수한다.

수출업자로부터 선적서류를 매입한 수출지 소재 매입은행(negotiating bank) 또는 추심의뢰은행(remitting bank)은 동 서류를 수입지에 있는 신용장 발행은행(issuing bank) 또는 추심은행(collecting bank)에 송부하여 수출대금을 상환받게 되며, 이로써 모든 수출절차가 완료된다.

수출자의 거래은행에서 환어음을 매입하는 행위, 즉 수출자가 제시하는 선적서류의 대가로 수출자에게 수출대금을 지급하는 행위를 협상(negotiation)이라는 의미에서 매입(NEGO, negotiation)이라 한다. 즉, 매입이란 지정은행 이외의 은행을 지급인으로 하여 제시된 환어음 또는 선적서류를 매입하고, 그 매입자금을 발행은행으로부터 지급을 받기 전에 수익자에게 자금을 선지급하는 것 또는 수익자에게 선불하기로 약속하는 것이다. 이는 선적서류를 심사한 후 매입은행의 자금으로 대금을 지급하는 행위를 말하며, 대가를 지급하지 않고 단순히 서류만 검토하는 것은 매입이 아니다. 이러한 매입을 실행할 때 매입은행은 신용장조건과 일치하는 서류 및 발행은행에서 지급을 거절할 경우를 대비하여 환어음에 대한 소구권, 즉 매입금액에 대한 매입은행의 상환청구권의 행사가능여부를 확인하여야 한다.

어음발행인에 대한 상환청구권 유무는 그 나라의 어음법에 의해 결정되는데, 한국의 어음법 제9조에는 상환청구가능·불능에 관계없이 상환청구권을 인정하고 있다. 그러나 영미법에서는 어음상에 상환청구불능(without recourse)의 표시가 있는 것은 원칙적으로 상환청구권을 인정하지 않는 것으로 하고 있다. 국제상업회의소(ICC)에서도 상환청구불능(without recourse)의 문언이 기재되어 있는 어음은 매입하지 말 것을 권고하고 있다.[18)]

신용장 거래에서는 매입방식에 의해 결제가 이루어지는 경우가 일반적이며, 이 경우 신용장에는 다음과 같은 내용으로 매입지시가 이루어진다.

Available with/by Negotiation

【 그림 5-4 매입방식의 결제 】

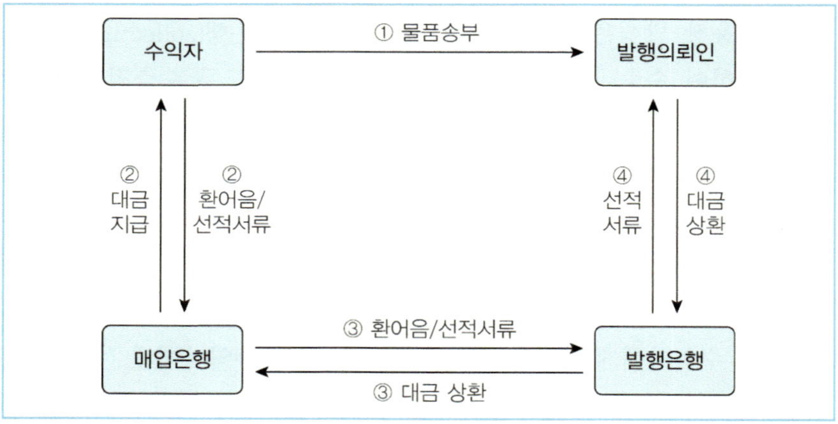

18) ICC Document 470/371, 470/373, December 9, 1980.

2) 매입의 유형

(1) 무하자 매입

일반적인 환어음의 매입으로 매입을 위하여 제시된 서류가 신용장 조건과 일치하는 경우를 말한다. 실무적으로 매입이라 함은 무하자 매입을 의미하며, 일치하는 서류의 제시와 동시에 지급이 이루어지는 일람출급환어음매입과 일람후 30일, 60일, 90일 하는 식으로 지급기한이 정하여진 기한부어음매입이 있다.

(2) 하자매입

서류의 하자(discrepancy)라 함은 신용장조건과 불일치하거나 또는 서류 상호간에 모순되는 것을 말하며, 이러한 서류상의 하자는 수출환어음의 부도 또는 서류 수리거절의 원인이 되며 매입대금을 상환받지 못하는 결과를 초래하게 된다. 수입업자인 신용장 발행의뢰인의 자금사정의 악화 등 신용상태의 변동이나 수입지 시장상황의 여건변화 등에 따라서 사소한 하자라도 발견되면 이를 이유로 지급 또는 인수를 거절하는 등 소위 마켓클레임(market claim)을 제기하는 경우가 빈번히 발생한다.

서류의 하자로 인해 일단 어음이 부도 또는 인수거절이 되면 국내거래와는 달리 법률이나 관습의 상위 또는 의사소통의 불편 등으로 인하여 이의 해결이 쉽지 않다. 따라서 수출업자는 신용장 내도시 신용장상의 제 조건을 면밀히 검토해야 하며, Nego시 환어음 작성과 기타 선적서류의 작성에 세심한 주의를 기울여야 한다.

매입은행은 일단 서류의 하자가 발견된 경우에는 신용장기능을 보충하는 형태의 조치를 취하게 되며, 이 경우 신용장상에 미리 약정된 내용에 따라 수수료로서 Less Charge를 부과할 수 있다.

한편, Nego를 완료하고도 일정기간이 지난 후 매입은행이 수출업자에게 추가로 Less Charge 납부통지서를 보내는 경우가 있는데, 이는 매입은행이 매입한 환어음과 선적서류를 발행은행으로 송부하고 이를 발행은행이 심사하는 과정에서 발생한 하자에 대한 수수료를 말한다.

Less Charge는 매입은행이 Nego시 수출업자로부터 환가료를 받았으나 발행은행에서 이 기간을 초과하여 신용장 대금을 지연 입금시킨 경우 및 Nego시에 발견하지 못한 은행수수료가 해외은행으로부터 추가로 청구된 경우에 발생하는 비용으로 매입은행은 이러한 비용을 수출업자에게 추가로 청구하게 된다.

가. 서류하자의 주요 내용

수출환어음의 매입과 관련하여 부도 또는 지급거절의 사유가 되는 하자의 주요 내용은 다음과 같다.

① 선적기일 경과(late shipment)
② 제시기간 경과(late presentation)
③ 환적(transhipment)
④ 분할선적(partial shipment)
⑤ 할부선적 상이(irregular instalment shipment)
⑥ 수취선하증권(received B/L)
⑦ 선박 상이(different shipping line)
⑧ 수화인 상이(different consignee)
⑨ 통지처 상이(different notify party)
⑩ 신용장금액 초과발행(overdrawing)
⑪ 상품명세 상이(different description of goods)
⑫ 부보조건 상이(insurance not covered as in L/C))
⑬ 서류 불비(lack of documents)

나. 부도통보 접수 후의 조치사항

① 신용장 발행은행으로부터 부도통보를 접수하면 즉시 부도서류는 별도의 지시가 있을 때까지 보관하라는 내용의 전문을 매입은행의 명의로 발송해야 한다.

② 지체없이 하자사항을 검토한 후 유효기간이 남아 있으면 정정한 서류를 매입은행을 통하여 발행은행에 송부한다. 개설은행은 그 후 정정된 운송서류가 신용장조건과 일치할 때에는 부도처리할 수 없다.
③ 선적지연 등과 같은 이유로 부도처리되면 즉시 수입업자와 해결을 강구해야 한다.
④ 수입업자와 원만히 해결되지 못하면 동제품을 제3자에게 판매할 수 있는지를 신속히 조사한 후 해결책을 찾는다.
⑤ 부도기간이 길면 지연이자, 창고료 등의 비용이 크며, 제품의 변질 등도 고려하여 신속한 해결책을 강구하는 것이 바람직하다.

다. 하자서류의 매입방법

서류의 하자내용이 신용장의 유효기일이 경과되어 매입은행에 제시되는 경우 또는 선하증권상에 선적기일이 경과되어 지연선적이 기재되는 경우에는 수출업자가 임의로 재작성이나 정정을 할 수가 없게 된다. 이러한 경우 매입은행에서는 하자의 경중, 채권보전, 매입신청인의 거래실적 또는 신용도에 따라 다음의 네 가지 방법 중에서 택일하여 처리한다.

간혹 환어음 매입의 과정에서 매입은행이 무역사기를 당하는 경우도 있다. 매입은행의 환어음 매입에 따른 위험의 관점에서 볼 때 추심후 매입이 가장 안전하며, 그 다음으로 보증부 매입, 신용장의 조건변경 후 매입 순으로 선호하는 편이며, 전신조회 후 매입 방법이 가장 거래상의 위험이 크다.

(가) 추심후 매입

추심(collection)후 매입은 매입신청받은 서류를 직접 매입하지 않고 추심의뢰하여 결제된 후에 대금을 지급하는 방법이다. 수출업자로서는 추심기간 만큼 자금회전에 압박을 받게 되며, 추심처리에 소정의 추심 수수료를 부담해야 한다.

추심후 매입은 다음과 같은 경우에 활용한다.

① 중대한 하자가 있는 서류로서 부도가 거의 확실시 되는 경우

② 환거래약정 체결이 안된 은행이 발행한 신용장으로서 그 진실성이 의심되는 경우

③ 매입신청인의 신용상태가 불량한 경우

④ 기타 수출대금 회수가 어려울 것으로 판단되는 경우

(나) 보증부 매입

보증부 매입(under reserve negotiation)은 매입한 서류가 하자로 인하여 매입어음이 부도되는 경우에 매입은행에 수출환어음 매입대전을 상환하겠다는 요지의 확인서를 징구하고 매입하는 방법이다.

보증부 매입은 개설은행의 지급보증과는 관계없이 수출업자의 신용만으로 매입하는 것이므로 담보제공이 필요하며, 환가료 징수시에 수출업자는 추가수수료를 부담해야 한다.

(다) 신용장 조건변경 후 매입

신용장 조건변경 후 매입(amendation nego)은 시간적 여유가 있는 경우에 수익자가 신용장 발행의뢰인에게 연락하여 신용장 조건변경을 받아서 매입하도록 하는 방법으로서, 매입은행으로서는 가능하면 이 방법을 취하는 것이 가장 안전하다.

이 경우 일반적으로 수입업자가 조건변경 수수료의 부담과 번거로움을 이유로 보증부매입을 하도록 통지해 오는 경우가 많으므로 수출업자는 동의한 증빙서류를 서류매입시에 신용장상의 요구서류 외에 추가하여 발송하는 것도 한 방법이다.

(라) 전신 조회 후 매입

전신 조회 후 매입(cable nego)은 신용장발행은행에 제시된 서류의 하자내용을 전신에 의하여 지적하고 동 하자에도 불구하고 매입해도 무방한지의 여부를 조회하여 발행은행으로부터 매입승인을 받은 다음 매입하는 방법이다.

이 경우 전신조회에 따른 비용은 매입신청인이 부담하며, 전신조회결과 개설은행의 동의가 있으면 이는 당해 신용장의 조건변경과 동일한 효력을 가지므로 안전한 매입방법이 된다.

Ⅶ 신용장의 서류심사

1 선적서류의 준비

신용장거래에서 요구되는 서류는 기본서류와 기타서류로 구분할 수 있는데, 기본서류에는 운송관련서류, 보험관련서류 및 상업송장이 있다. 기타서류에는 포장명세서, 영사송장, 세관송장, 원산지증명서, 검사증명서 등이 있는데, 신용장에서 명시한 대로 준비하여야 한다.

2 선적서류의 매입의뢰 및 심사

1) 매입의뢰

선적서류의 작성을 완료하면 수출업자는 수출환어음매입신청서에 신용장원본, 환어음, 운송서류 전통(full set), 수출신고필증, 기타 필요한 서류를 첨부하여 거래 외국환은행에 제출하여 매입을 의뢰한다.

2) 매입서류심사 및 대금의 지급

매입은행은 접수된 서류가 신용장조건과 일치하는지의 여부와 서류 상호간에 모순된 사항이 있는지의 여부를 확인한 후 서류에 하자가 없는 것으로 확인되면 신용장 뒷면에 매입일자, 매입번호, 매입금액, 은행명 등을 기재하여 원본은 수출업자에게 교부하고(사본은 은행에 보관함), 수수료 등을 공제한 후 매입대금을 수출업자의 예금계좌에 대체입금[19)]시킨다.

---

19) 대체입금이란 현금이 아닌 수표나 계좌를 통해 다른 계좌로 바로 입금시키는 행위를 말한다.

3 수입대금의 결제

1) 선적서류의 심사

(1) 서류심사 준비 및 심사

매입은행은 Nego절차를 마친 후 수출업자에게 지급한 매입대금을 상환받기 위해 신용장 발행은행에 환어음과 선적서류를 송부한다. 발행은행은 2세트의 서류 중 먼저 도착한 선적서류로 선적서류가 신용장 조건에 일치하는지 여부를 심사한 후 신용장 대금을 지급할지 여부를 결정하며, 나중에 도착된 서류는 은행에 보관한다.

발행은행은 서류가 문면상 신용장의 조건과 일치하는지 여부에 대하여 상당한 주의를 가지고 심사한다. 서류심사시 발행은행은 제일 먼저 Covering Letter를 점검한 후에 선하증권 등 제시된 선적서류가 신용장조건과 일치하는지 여부에 대하여 일치성 심사를 한 후 선적서류 기재사항 상호간에 모순이 있는지 여부에 대하여 모순성 여부를 심사한다.

(2) 심사기간

발행은행은 서류접수 다음날로부터 제5은행영업일을 초과하지 않는 범위 내에서 합리적인 기간 내에 선적서류를 심사한 후에 선적서류의 인수 여부를 결정한다. 발행은행은 서류를 제시한 관계 당사자인 매입은행 등에게 서류심사결과에 따른 결정내용을 즉시 통보한다.

(3) 심사기준

발행은행은 신용장에서 요구하고 있는 모든 서류가 신용장조건과 일치하는지 여부를 상당한 주의를 기울여서 심사하여 서류가 신용장 문면상의 조건과 일치하는지 여부를 확인한다.

발행은행에서 서류가 문면상 신용장의 조건과 일치하는가의 여부를 심사할 때에는 엄밀일치성의 원칙에 따르지만, UCP에 반영된 국제표준은행관행(ISBP)에 따라 실질적인 일치성의 원칙을 기준으로 판단한다.

선적서류로서 수출자가 직접 작성하는 상업송장, 포장명세서 등은 물품의 명세 등에 대하여 자구 하나하나까지 일치하여야 하는 엄밀일치성의 원칙에 따르며, 수출업자가 아닌 제3자인 운송회사 또는 보험회사 등이 작성하는 선하증권, 보험증권 등에 대하여는 물품의 명세 등이 내용상 실질적으로 모순되지 않으면 일치한 것으로 보는 실질 일치성의 원칙을 적용한다.

선적서류의 주요 검토사항으로는 다음과 같다.

① 신용장에서 요구하는 서류가 모두 제시되었는지의 여부
② 신용장에서 요구하고 있는 통수대로 제시되었는지의 여부
③ 제시된 개개의 서류가 신용장에서 요구하고 있는 제반 조건을 충족하고 있는지의 여부
④ 환어음 및 제반서류가 상호간의 연관성과 기재사항에 있어서 상호모순이 있는지의 여부
⑤ 모든 서류를 자격이 있는 자가 발행・서명하고 소정의 형식을 구비하고 있는지의 여부
⑥ 환어음, 선하증권, 보험증권 등 유가증권의 권리가 정당하게 양도되었는지의 여부

2) 수입대금 결제와 선적서류의 인도

(1) 선적서류의 도착통지

발행은행은 도착한 선적서류를 점검한 후 하자가 없는 경우에는 수입업자에게 선적서류 도착통지와 함께 대금결제를 청구한다. 그리고 하자사항을 발견한 경우에는 하자의 내용 및 이에 대한 처리방법을 수입업자에게 문의하게 된다.

(2) 수입대금의 지급

수입업자가 수입대금으로 결제하는 금액은 신용장상 결제기간이 일람불인지, 연지급인지에 따라 다르며, 일람불인 경우도 발행은행이 매입은행 등에 수입대금을 지급하는 방법에 따라 외화금액에 적용되는 환율을 달리한다.

첫째, 일람불 신용장으로서 발행은행이 매입은행 등에 수입대금을 송금방식으로 지급하는 경우 수입업자는 수입외화금액에 전신환 매도율을 곱한 금액을 결제한다.

둘째, 일람불 신용장으로서 발행은행이 매입은행 등에 수입대금을 차기(debit) 또는 상환방식으로 지급하는 경우에는 수입업자가 수입대금 결제시 전신환 매도율을 적용하여 산출된 금액에 환가료를 합한 금액을 지급하여야 한다. 환가료는 수출대금 영수 시와 마찬가지로 우편일수의 이자에 해당하는 금액으로서 그 산식은 "우편일수/360×연 환가료율×매매기준일"이다.

셋째, 연지급신용장의 경우 수입업자는 발행은행에 선적서류 인수증만 제시한 후 선적서류를 인수한다. 이후 수입업자는 연지급기간이 종료되는 환어음의 예정만기일의 전신환 매도율에 연지급기간에 해당하는 이자(usance 이자)를 추가한 연지급어음 결제금액을 산출하여 결제한다.

4 신용장 클레임

1) 발행은행의 교섭권

제시된 서류를 심사하여 하자가 발견되면 발행은행은 그 내용을 수입업자에게 서면으로 통보하고 처리방법을 협의한 후 수입업자가 회신한 대로 처리하는데, 이를 발행은행의 서류하자에 대한 교섭권이라 한다.

발행은행은 수입업자에게 '수입신용장 조건 불일치에 대한 조회장'을 송부하거나, 전화로 불일치 내용을 통보한 후(통화자, 통화일시 기록) 수입업자의 회신 내용에 따라 매입은행 등에게 수입대금 지급여부를 통지한다. 이 경우 수입업자에게 조회한 이후 통상 3영업일 이내에 수입업자로부터 회신이 없는 경우 발행은행은 원칙적으로 수입업자가 하자 있는 서류를 수리한 것으로 간주한다는 점에 유의하여야 한다.

발행은행의 교섭권은 발행은행의 최종적인 지급확약에 따라 거래하는 신용장거래의 본래 취지에 어긋난 것이나, 신용장 클레임은 사실상 마켓클레임이며 일반적으로 상거래가 원활하지 않음에 따라 발생하므로 무역거래의 효율성을 제고한다는 측면에서 이를 인정하고 있다.

2) 신용장 클레임 제기기간

신용장 클레임은 원칙적으로 하자가 발견되는 즉시 제기하여야 하나, 늦어도 서류 도착일로부터 5영업일[20] 이내에 제기할 수 있는 권리기간이며, 그 이후에는 권리를 행사할 수 없는 제척기간임을 유의하여야 한다.

클레임 제기시 발행은행은 지급거절의 사유를 1회에 한하여 일괄적으로 명백하게 지적하여야 하며, 도착한 서류의 행방, 즉 서류를 매입은행의 처분권 하에 발행은행이 보유하고 있는지 또는 매입은행 앞으로 반송하였는지 여부를 명확하게 밝혀야 한다.

불일치 통지를 받은 매입은행과 수출업자는 신용장의 유효기간 이내로서 신용장상의 당초 서류제시기간 이내에 하자사항을 보완하여 발행은행에 송부하면 대금을 지급받을 수 있다. 해당 기간 내에 하자사항을 보완할 수 없으면 소위 신용장 Unpaid가 발생한다.

통상 발행은행이 불일치 통보를 한 경우 수출업자가 보완할 수 있는 기간이 충분하지 않은 경우가 대부분이다. 불일치 사항이 포함된 서류

20) UCP600 제14조 6항, 제16조 6항 참조

가 상업송장 등 수출업자가 직접 발행한 서류가 아니면 현실적으로 보완이 불가능한 경우가 많다. 대부분의 경우 불일치 통지가 곧 지급거절 통지(unpaid notice)이다.

이미 선적서류를 수입업자에게 대도(trust receipt : T/R)한 경우나 수입업자가 발행은행으로부터 수입화물 선취보증서(letter of Guarantee : L/I)를 발급받아 선적서류 원본이 도착하기 전에 선박회사에 이 수입화물선취보증서를 제시하고 수입화물을 미리 인수하였다면 수입자는 신용장 클레임을 제기할 수 없다.

5 수입화물선취보증서

수입화물선취보증서(letter of guarantee : L/G)란 수입물품은 이미 도착하였으나 선적서류가 도착하지 않았을 경우, 선적서류 도착 이전에 수입업자와 발행은행이 연대 보증하여 선박회사에 제출하는 일종의 보증서를 말한다. 즉, 수입화물은 도착하였으나 선적서류가 도착하지 아니한 경우에 수입업자는 발행은행으로부터 이러한 L/G를 발급받아 선하증권의 원본대신 선박회사에 제출하고 수입화물을 인도받는 보증서이다.

이 수입화물선취보증서는 형식적으로는 수입업자가 선박회사 앞으로 발행하는 것으로서 인도받을 화물의 명세를 기재하고 화물선취에 관한 약정을 하며, 발행은행은 보증인으로서 서명하는데 실질적으로는 발행은행이 발행하는 증서로 간주되고 있다.

수입화물선취보증서를 발급하는 것은 수입화물은 도착하였으나 선적서류가 도착되지 않아 화물의 인도청구를 할 수 없는데서 오는 수입업자의 손실을 방지하기 위해서인데, 선박회사의 입장에서는 은행의 보증서를 받고 인도하게 되므로 사고발생시 이를 커버할 수 있으며, 은행의 입장에서도 수입담보화물의 조기인도에 따른 자금회수가 적기에 이루어지는 장점이 있다.

한편 항공운송의 경우에는 수입화물선취보증서 대신 항공화물운송장에 의한 수입화물인도승낙서를 발행은행으로부터 발급받아 항공회사로부터 화물을 선취하게 된다.

발행은행은 수입화물선취보증서 발급분에 대해서는 클레임을 제기할 수 없으며, 일단 L/G가 발행되면 발행은행에 도착된 원본서류에 하자가 있다 하더라도 대금지급을 거절할 수 없다.

또한 원본서류가 이미 도착되어 있으면 L/G를 발행할 수 없다.

6 수입화물 대도

수입화물의 대도(trust receipt : T/R)란 수입업자는 어음대금을 결제하기 전이라도 수입화물을 처분할 수 있도록 하는 동시에 발행은행은 그 화물에 대한 담보권을 상실하지 않도록 하는 제도이다. 따라서 수입화물대도는 화물의 소유자가 어디까지나 은행이며 수입업자는 이를 빌려가는 형식을 취하게 되므로 신탁양도방식으로 대도하게 된다. 따라서 일람출급신용장하에서의 T/R은 기한부 신용장의 경우와 같은 수입편의를 발행의뢰인에게 부여한다는데 그 의의가 있다.

수입화물선취보증서

LETTER OF GUARANTEE

Date :

<table>
<tr><td colspan="2" rowspan="2">①Shipping Co.
Korea shipping co.</td><td colspan="2">⑥(L/C NO.)
MI701905NS06260</td><td>⑦(L/G NO.)</td></tr>
<tr><td>⑧(B/L NO.)</td><td colspan="2">74343043</td></tr>
<tr><td colspan="2" rowspan="3">②Shipper

KOBNACK CO., LTD
TOKYO, Japan</td><td>⑨Vessel Name</td><td colspan="2">Korea Shipping Co.</td></tr>
<tr><td>⑩Arrival Date</td><td colspan="2">Jan. 24, 2000</td></tr>
<tr><td>⑪Voyage No.</td><td colspan="2">NYPU013</td></tr>
<tr><td colspan="2" rowspan="2">③Invoice Value

¥600,000</td><td>⑫Port of Loading</td><td colspan="2">TOKYO</td></tr>
<tr><td>⑬Port of Discharge</td><td colspan="2">PUSAN</td></tr>
<tr><td>④Nos. & Marks</td><td>⑤Packages</td><td colspan="3">⑭Description of Goods</td></tr>
<tr><td>WOOJIN
PUSAN
P/NO.1
Made in Japan</td><td>1set</td><td colspan="3">Weather Facsimile Receiver
Model : FAX-108
Maker : Furno Electric Co.
Complete set</td></tr>
</table>

Whereas you have issued a Bill of Lading covering the above shipment and the above cargo has been arrived at the above port of discharge(or the above place of dilivery), we hereby request you to give dilivery of the said cargo to the above mentioned party without production of the original Bill of Lading.

In consideraion of your complying with our above request, we hereby agree as follows :

1. To indemnify you, your servants and agents and to hold all of you harmless in respect of liability, loss, damage or expenses which you may sustain by reason of delivering the cargo in accordance with our request, provided that the undersigned Bank shall be exempt from liability for freight, demurrage or expenses in respect of the contract of carriage.
2. As soon as the original Bill of Lading corresponding to the above cargo comes into our posession, we shall surrender the same to you, whereupon our liability hereunder shall cease.
3. The liability of each and every person under this guarantee shall be joint and several and shall not be conditional upon your proceeding first against any person, whether or not such person is party to or liable under this guarantee.
4. This guarantee shall be governed by and construed in accordance with Korean law and the jurisdiction of the competent court in Korea.

Should the Bill of Lading holder file a claim or bring a lawsuit against you, you shall notify the undersigned Bank as soon as possible.

Yours faithfully
For and on behalf of
[Name of Requestor]

Authorized Signature

For and on behalf of
[Name of Bank]

Authorized Signature

선적서류 수령증 및 수입물품 대도신청서

□ 선 적 서 류 수 령 증
□ 수입물품 대도(T/R) 신청서

은행 앞

ㅁ 본인은 아래 신용장에 의한 선적서류를 정히 수령하였습니다.

ㅁ 본인은 아래 신용장의 수입물품을 대도신청함에 있어 따로 제출한 외국환거래약정서 및 양도담보계약서의 모든 조항에 따를 것을 확약합니다.

<table>
<tr><td colspan="2">①신용장 번호</td><td colspan="9"></td></tr>
<tr><td rowspan="3">② 선적 서류</td><td rowspan="2">종 류</td><td rowspan="2">선 하 증 권</td><td rowspan="2">항공화물 운송장</td><td rowspan="2">상 업 송 장</td><td rowspan="2">보 험 서 류</td><td rowspan="2">포 장 명세서</td><td rowspan="2">검 사 증명서</td><td colspan="3">기 타</td></tr>
<tr><td></td><td></td><td></td></tr>
<tr><td>통수</td><td></td><td></td><td></td><td></td><td></td><td></td><td></td><td></td><td></td></tr>
<tr><td rowspan="4" colspan="2">대도(T/R)</td><td colspan="2">③ 선 하 증 권 (항공화물운송장)</td><td colspan="2">번 호</td><td colspan="5"></td></tr>
<tr><td colspan="2" rowspan="2">④ 상 업 송 장</td><td colspan="2">물 품 명</td><td colspan="5"></td></tr>
<tr><td colspan="2">금 액</td><td colspan="5"></td></tr>
<tr><td colspan="4">⑤ 대 도 금 액</td><td colspan="5"></td></tr>
</table>

년 월 일

본 인 (인)

주 소

인감및원본확인

6장 신용장과 무역결제서류

I 무역결제서류의 개요

1 무역결제서류의 의의

무역거래의 대금결제는 화환을 이용하여 수출지의 외환은행에서 수출대금의 지불을 받는 방법으로 행하여진다. 이를 위해서 신용장결제, D/P어음결제, D/A어음결제 등 어느 경우든 수출업자는 운송서류를 준비하고 환어음을 발행하여 화환취결을 하지 않으면 안된다.

이때 환어음에 첨부해야 할 무역결제서류로는 매수인의 특별한 요구가 없으면 FOB계약에서는 선하증권과 상업송장을, 또한 CIF계약의 경우에는 선하증권, 상업송장, 보험증권을 준비하면 된다. 이 외에 포장명세서, 영사송장 또는 세관송장, 원산지증명서, 검사증명서 등 기타 서류를 매수인이 주문서 또는 신용장에 명기하여 요구해 오는 수가 있다.

여기서 무역결제서류란 국제간의 무역거래에 사용되는 여러 가지 무역용 문서를 총칭하는 것으로서, 무역계약의 이행에 수반되는 일련의 선적서류(Shipping Documents) 또는 운송서류를 의미한다. 즉, 해상운송에 의한 물품을 증권으로 화체한 선하증권(Bill of Lading), 선적화물의 운송중의 위험을 담보하는 보험증권(Insurance Policy), 거래물품의 내용명세와 계산을 기재한 상업송장(Commercial Invoice)의 세 가지 기본서류와 그 밖에 각 매매계약에서 요구하는 부속서류를 총칭한다.

【 그림 6-1 무역대금결제관계서류 】

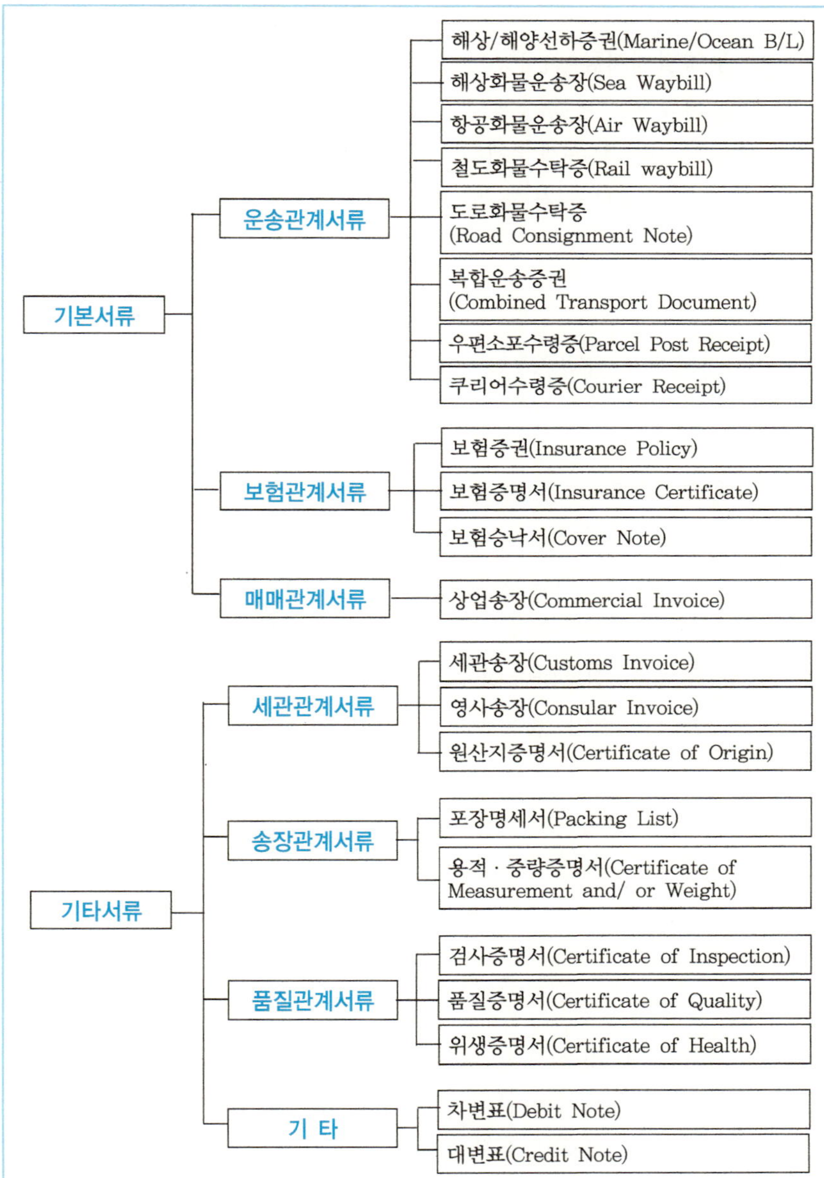

2 무역결제서류의 종류

무역결제서류에는 크게 기본서류와 기타 부속서류로 구분할 수 있다. 기본서류에는 운송관계서류, 보험관계서류 및 매매관계서류를 들 수 있으며, 기타 부속서류에는 세관관계서류, 송장관계서류, 품질관련서류 및 기타서류로 구분할 수 있다.

Ⅱ 운송관계서류

운송서류(Transport Documents)라 함은 운송물품의 적재(loading on board), 발송(dispatch) 또는 복합운송의 경우 인수(taking in charge)를 표시하는 서류를 말한다. 이러한 운송서류에는 해상선하증권 및 해상화물운송장과 같은 해상운송서류, 항공화물운송장과 같은 항공운송서류, 철도화물 또는 도로화물수탁서와 같은 육상운송서류 및 복합운송서류 등이 있다.

1 선하증권

1) 선하증권의 개요

(1) 선하증권의 의의

선하증권(Bill of Lading : B/L)은 운송서류 중에서 가장 중요한 서류로서, 송하인과 수화인이 물품의 인도, 인수를 위하여 물품운송의 임무를 맡은 선박회사가 송하인의 청구에 의하여 발행하는 운송서류를 말한다. 선하증권을 일정한 운송계약하에 송하인으로부터 물품을 수령하여 이것을 계약에서 정한 양륙지에서 수화인에게 본 증권과 상환으로 물품을 인도할 것을 약속한 유가증권이다. 즉, 선하증권은 선박회사가 물품을 수령한 것을 확인한 후, 양륙항에서 그 선하증권의 소지인에게 선하증권과 교환하여 물품을 인도할 것을 약속한 수령증이며, 선박회사와 화주간의 운송계약서이다. 이는 화물운송과 관련하여 선하증권의 이면에 기재되어지는 운송조건이 적용되며, 이 운송조건을 승낙한 것을 전제로 화주는 화물운송을 의뢰하는 것으로 된다.

(2) 선하증권의 법적 성질

선하증권은 증권면에 기재된 물품의 소유권을 표창하고 있어, 선하증권을 유상으로 취득한 자 또는 선의의 소지인(bona fide holder) 등은 동 물품에 대한 지배권을 갖는다. 따라서 일단 선하증권이 발행되면 그에 명시된 물품의 처분은 전적으로 선하증권에 의해서 행해지며, 또한 선하증권의 인도는 물품의 인도와 동일한 효력을 갖는 것이다.

선하증권의 법적 성질을 살펴보면 다음과 같다.

첫째, 선하증권은 유통성 선하증권으로서의 일정요건을 갖추게 되면 권리증권(document of title)으로서의 성격을 지닌다. 따라서 선하증권은 선의의 소지인에 대하여 그것과 상환으로 선적화물을 인도할 것을 확약한 권리증권이다.

둘째, 선하증권은 운송계약의 성립을 전제로 하여 선박회사가 발행한 선적화물의 수령증이다. 선적화물에 대하여 본선으로부터 교부된 본선수령증(mate's receipt : M/R) 그 자체가 선박회사의 화물수령에 대한 충분한 증거가 되며, 선하증권은 이와 상환으로 발행되므로 선박회사가 화물을 본선상에서 수령하였음을 입증하는 증권이다.

셋째, 선하증권은 운송계약에 의해 화물의 선적을 전제로 하여 발행되는 것이므로 법률상 요인증권이 된다.

넷째, 선하증권은 운송화물을 대표하는 증권으로서, 선하증권의 소지인은 화물의 인도를 청구할 수 있기 때문에 채권효력을 갖는 채권증권이며, 운송화물의 처분에는 반드시 선하증권을 사용하여야 하므로 처분증권의 성질도 갖게 된다.

다섯째, 선하증권은 상법에 규정된 법정기재사항의 기재를 필요로 하는 요식증권이다.

여섯째, 해상운송계약에 따른 선박회사와 화주의 의무이행이나 권리주장은 이 증권상에 기재된 문언에 따르게 되는 문언증권이다.

일곱째, 선하증권은 화물을 표창하는 유가증권으로서 배서 또는 양도에 의해 소유권이 이전되는 유통증권이다.

여덟째, 선하증권은 선하증권발행인이 배서금지의 뜻을 기재하지 않는 한 배서에 의해 양도될 수 있으므로 지시증권의 성질도 가진다.

(3) 선하증권의 기재사항

선하증권면의 내용은 우리나라 상법 제814조에 의하면, 반드시 기재되어야 할 법정기재사항과 계약 당사자간에 임의로 정하여 기재할 수 있는 임의기재사항이 있다.

① 법정기재사항

선하증권상의 법정기재사항은 다음과 같다.

- 운송품명(Description of Commodity)
- 중량(Weight)
- 용적(Measurement)
- 개수(Number of Packages)
- 화물의 기호(Marks & Nationality)
- 선적항(Port of Shipment)
- 양륙항(Port of Destination)
- 선박명과 국적(Name of the Ship & Nationality)
- 선장명(Name of the Master of Vessel)
- 화인(Name of the Shipper)
- 수화인(Name of the Consignee)

〈서식〉 선하증권

Bill of Lading

① Shipper/Exporter
ABC TRADING CO. LTD.
1 PIL-DONG, JUNG-KU, SEOUL, KOREA

⑪ B/L No. : But 1004

②Consignee
TO ORDER OF XYZ BANK

③Notify Party
ABC IMPORT CORP.
P.O.BOX 1, BOSTON, USA

Pre-Carrage by

⑥Place of Receipt
BUSAN, KOREA

④ Ocean Vessel
WONIS JIN

⑦Voyage No.
1234E

⑫Flag

⑤Port of Loading	⑧Port of Discharge	⑨ Place of Delivery	⑩ Final Destination(For the Merchant Ref.)
BUSAN, KOREA	BOSTON, USA	BOSTON, USA	BOSTON, USA

⑬Container No. ⑭Seal No. Marks & No	⑮No. & Kinds of Containers or Packages	⑯Description of Goods	⑰Gross Weight	Measurement
ISCU1104	1 CNTR	LIGHT BULBS (64,000 PCS)	4,631 KGS	58,000 CBM
Total No. of Containers or Packages(in words)				

⑱Freight and Charges	⑲Revenue tons	⑳Rate	㉑Per	㉒Prepaid	㉓Collect

㉔Freight prepaid at	㉕Freight payable at	㉖Place and Date of Issue May 21, 2007, Seoul Signature
Total prepaid in	㉗No. of original B/L	

㉘Laden on board vessel
Date Signature
May 21, 2000

㉙ABC Shipping Co. Ltd.
as agent for a carrier, zzz Liner Ltd.

- 운송비(Freight Amount)
- 선하증권의 작성 통수(Number of B/L lssued)
- 선하증권 작성지 및 작성 연월일(Place Date of B/L Issued)

② 임의기재사항

임의기재사항이란 운송인과 송하인간의 특약사항으로 대부분 선주의 책임면제에 관한 것이며, 이 책임면제사항을 면책약관(Negligence Clause)이라고 한다. 이 면책약관은 선주가 자기 책임을 한정하여 후일 화주로부터의 손해배상청구를 면하기 위하여 기재하는 사항이다.

선하증권통일조약 제3조 및 제4조에 의하면, 면책약관에 대한 효력은 그 면책사항을 입증할 수 있어야 발생한다고 규정하고 있다. 면책약관은 보통 선하증권의 표면약관이나 이면약관 중에 명백히 인쇄되어 있는데, 이러한 면책약관을 일반약관(general clause)이라 하며, 이 외에 선하증권의 여백에 기입되거나 고무인으로 기입되는 것은 특별약관(Special Clause)이라고 한다.

2) 선하증권의 종류

(1) 선적선하증권과 수령선하증권

선적선하증권(Shipped B/L)은 화물이 실제로 본선에 적입된 후에 발행되는 것으로서 가장 많이 이용되고 있다. Shipped B/L은 증권면에 "shipped … ", "shipped on board … ", 또는 "received on board … "와 같이 기입함으로써 선적선하증권임을 표시하고 있다.

그러나 선적 전이라도 화물이 선박회사의 창고에 반입되면 화주의 요청에 따하 선박회사는 선하증권을 발행할 수 있는데, 이때에 발행되는 B/L은 형식적으로는 증권면에 "received for shipment…", 또는 "received to be transported by streamer" 등으로 기입되므로, 이를 수령선하증권(Received B/L)이라 한다. 그러나 Received B/L이 발행되어도 화물이 선적되었다는 사실과 선적일을 기입하고(본선적재부기) 운송인이나 그의 대리인이 서명하면 Shipped B/L과 동일하게 취급된다.

(2) 무사고선하증권과 사고부선하증권

선적화물의 상태가 양호하여 약정 수량의 전부가 그대로 선적되면 선박회사는 선하증권면에 사고문언(Remarks)이 없는 선하증권을 발행한다. 이와 같은 B/L을 무사고선하증권(Clean B/L)이라 하며, B/L면에는 "Shipped on board in apparent good order and condition"이라고 기재되어 있다.

이에 반해서 선적된 화물이 포장이나 수량 또는 기타 화물의 외견상 불완전한 상태라면 선박회사는 B/L면에 이에 관하여 사고문언을 기재하여 B/L을 발행한다. 이와 같이 B/L의 적요(Remarks)란에 사고문언을 기재되어 있는 B/L을 사고부선하증권(Foul or Dirty B/L)이라 한다. 이러한 사고부선하증권은 은행에서 수리되지 않기 때문에 수출자는 대금회수에 어려움을 겪게 된다. 이때 수출자는 선박회사 앞으로 파손화물 보상장(letter of indemnity : L/I)을 발행하고 무사고선하증권(Clean B/L)을 교부받을 수 있다. 이러한 파손화물보상장을 발급받은 후에 발생하는 모든 문제는 수출자가 부담하며, 파손화물에 대한 선박회사와 보험회사의 책임이 면제된다.

(3) 기명식선하증권과 지시식선하증권

기명식선하증권(Straight B/L)은 수하인란에 수하인(Consignee)의 성명이 명백히 기입된 것으로서 수하인으로 기명된 수입업자만이 물품인도를 청구할 수 있을 뿐, 수출업자는 아무런 권리가 없으므로 화환어음에 의한 결제가 아니고 현금판매나 청산계정판매에 한하여 이용되고 있다.

이에 반하여 지시식선하증권(Order B/L)은 선하증권의 수하인으로 "Order", "Order of Shipper", "Order of … (Buyer)", "Order of … Negotiation Bank"로 표시하여 발행되는 선하증권을 말하는 것이다.

지시식선하증권은 이들 Shipper, Buyer, Negotiation bank 등이 배서하면 유통시킬 수 있는 B/L이다

(4) 통선하증권

통선하증권(Through B/L)은 화물의 운송이 해운과 육운의 양경로를 통과하는 경우에 최초의 운송인과 화주간에 체결되는 운송계약에 의거하여 발행되는 선하증권인 동시에 철도의 화물수령증(Way Bill ; Railroad Bill of Lading)을 적용한 것으로서 주요 경로가 해운이므로 선하증권이라고 한다.

(5) 환적선하증권

Through B/L에서는 최초의 운송인만이 서명하여 그가 수하인 또는 B/L 소지자에 대하여 운송상의 모든 책임을 지지만 이 환적선하증권(Transhipment B/L)은 목적지까지 운송 도중 중간항에서 화물을 다른 선박에 환적하여 최종목적지까지 운송하는 경우 발행되는 선하증권이다.

신용장통일규칙 제23조는 신용장상에 특별히 환적을 금지하지 않는 한 은행은 이러한 Transhipment B/L도 수리할 수 있도록 규정하고 있다.

(6) 약식선하증권

약식선하증권(Short Form B/L)은 최근 미국계 선박회사를 중심으로 사용하고 있는 B/L의 일종이며, 보통 사용되는 Long form B/L상의 선주와 화주의 권리와 의무에 따르도록 규정하고 있다.

(7) 기간경과선하증권

기간경과선하증권(Stale B/L)은 선적 후 상당일수가 경과된 선하증권이다. 신용장통일규칙 제43조 a항에 의하면, 운송서류를 요구하는 모든

신용장은 운송서류 발행일자 이후에 지급, 인수 또는 매입을 위하여 서류를 제시하여야 할 특정기간을 명시하여야 하며, 만일 그러한 기간이 약정되어 있지 않은 경우 은행은 운송서류의 발행일자 이후 21일 경과한 후 제시된 서류는 거절할 수 있기 때문에 은행은 특별히 신용장면에 'Stale B/L Acceptable'이란 조항이 없이는 이를 수리하지 않는다.

(8) Red B/L

Red B/L은 보통의 선하증권과 보험증권을 결합한 것으로서 이 증권에 기재된 화물이 항해 중에 사고가 발생하면 이 사고에 대하여 선박회사가 보상해주는 선하증권이다. 이 경우 선박회사는 모든 Red B/L 발행 화물을 일괄부보하게 되므로 궁극적으로 손해부담은 보험회사가 진다. 그러나 운임에 보험료가 포함되므로 결과적으로 보험료는 운송계약자의 부담이 된다.

(9) 용선계약부선하증권

용선계약부선하증권(Charter Party B/L)은 선주와 용선계약을 체결한 용선자가 제3자의 화물을 운송하면서 하주 앞으로 발행해 주는 선하증권이다. 용선계약부 선하증권인 경우 용선자와 하주간에 운송계약과 선주와 용선자간의 용선계약이 동시에 존재하게 된다. 이 경우 운송계약은 상위계약인 용선계약에 영향을 받을 수 있으므로 과거에는 신용장거래에서 은행이 지급거절하는 대표적인 운송서류였다. 그러나 현행 UCP 600 제22조에서는 용선계약부선하증권의 수리요건을 규정하고 있다.

3) 선하증권의 발행형식과 배서

(1) 선하증권의 발행형식

선하증권은 그 자체가 권리증권이며 유가증권이기 때문에 누구를 수하인으로 하느냐 하는 것이 중요한 문제로서, 일반적으로 다음의 네 가지로 나눌 수 있다.

첫째, 기명식은 수하인란에 특정인의 상호, 주소를 기입하는 방식으로서, 예를 들면 수하인란에 "A & B Inc., New York"으로 기재된다.

둘째, 지시식은 단순지시식, 기명지시식 및 선택지시식이 있는데, 단순지시식의 경우 "Order"로만 표시하는 것이며, 기명지시식은 "Order of Mr. ABC"으로 표시하는 경우이며, 선택지시식은 "Mr. ABC or Order"로 표시한다.

셋째, 소지인식은 수하인란에 단순소지인, 즉 "Bearer" 또는 선택소지인식 "Mr. ABC or bearer"로 표시하는 것이다.

넷째, 무기명식은 일명 백지식이라고 하여 수하인란을 공란(blank)으로 두는 것을 말하며, 이 경우 선하증권은 소지인식처럼 취급된다.

(2) 선하증권의 배서

유통증권인 선하증권의 양도는 화물의 양도와 같아 배서의 형식과 방법도 상당히 중요하다. 즉, "Order" 또는 "Order of Shipper"로 발행하여 송하인이 백지배서(blank endorsement)를 하면 그 다음부터는 증권을 인수받는 사람에게 실질적 소유권이 이전하게 되어 무기명식 발행과 똑같은 효과를 가진다.

그러나 상대방의 성명이나 상호를 기입하여 배서인이 서명하면 최초의 배서인은 증권상에 수하인으로 기명된 자가 되며 이런 기명식 배서 방법을 취하면 배서가 연속되어 있어야 한다.

4) 선하증권관련 신용장조건

선하증권의 발행과 그 내용에 관한 통상적인 신용장상의 조건은 "Full set clean on board ocean bills of lading made out to order of shipper(or opening bank) and endorsed in blank, marked freight prepaid/collect"로 표시되어 있는데, 이를 구체적으로 설명하면 다음과

같다.

① Full Set : 선하증권은 운송 중 사고나 분실에 대비하여 일반적으로 원본 3통을 1조(Set)로 하여 발행된다. 이 3통(original, duplicate, triplicate)은 그 각각이 다 정식의 선하증권으로서의 독립적인 효력을 가지므로 그 중 1통이 사용되면 나머지 2통은 무효가 된다.

이와 같이 선박회사가 각각 서명하여 발행된 선하증권의 전통을 "full set"이라 하며, 신용장취급은행은 3통의 선하증권을 모두 제시받아야 담보권이 확보되었다고 볼 수 있다.

② Clean B/L : 선적할 화물 및 포장상태가 양호한가 아니면 불량한가에 따라서 B/L은 Clean B/L과 Foul B/L로 구분된다.

Clean B/L은 화물을 양호한 상태로 수령하였음을 증명하는 선하증권이며, Foul 또는 Dirty B/L은 "Two packages short in dispute" 같이 선박회사가 화물인수시 하자가 있다는 것을 증권상에 표시한 선하증권을 말한다. Foul B/L은 Claim문제가 발생할 우려가 있어 매입은행에서 수리가 거절된다.

③ On Board B/L : 선하증권은 Shipped B/L과 Received B/L로 구분되는데, 먼저 선적선하증권은 화물이 특정선박에 선적이 완료된 후 송하인의 요청에 따라 발행되는 증권을 말하며, 증권면에는 "Shipped in apparent good order and condition … "이라는 문언이 기재되어 있다.

한편 수령선하증권은 화물이 본선에 적재되지 않고 선박회사가 화물을 수령한 사실만을 나타내는 것이다. 증권면에는 "Received in apparent good order and condition from … (shipper's name) to be transported by … "로 기재되어 있다.

매입은행은 수령선하증권은 신용장상에 별도의 표시가 없는 한 매입에 응하지 않으므로 선적이 완료된 후 반드시 본선적재부기(on board notation)를 받으면 Shipped B/L과 동일한 효력을 갖는다.

④ Ocean B/L : 이는 범선(sailing vessel)이 아닌 대양을 항해하는 선박이 발행한 B/L을 말한다.

⑤ Consignee : 이는 수하인(consignee)의 표시로서 그 기재방식과 관련하며 신용장조건에 "order", "order of・" 또는 "・or order"로 표시되어 있는 경우는 지시식 선하증권을 발행토록 한 것으로, 수화인은 개설은행이나 매수인이 된다. "order of shipper blank endorsed" 또는 "order endorsed on blank" 또는 "order blank"인 경우는 송하인이 백지배서를 하게 되며, 수하인란에 "order of shipper"라는 문언이 있어야 한다.

⑥ Notify Party : 서류상의 수화인이 실제 수입업자(accountee)인 경우에는 수입업자 혹은 수입업자의 대리인인 항구의 통관사가 통지인이 되고 수입업자는 착화통지처(notify party)가 된다.

만일 Consignee와 Notify Party가 다 같이 수입업자로 되어 있는 Air Waybill인 경우 신용장 발행은행은 전혀 개입되지 않고 화물이 수입업자에게 인도될 가능성이 많다. 사후에 은행이 운송서류를 받아 보았자 이미 화물은 수입업자에 의해서 처분되어 버리면 채권 확보에 차질이 생길 수도 있다.

⑦ Freight : 운임은 계약조건이 CFR이나 CIF인 경우에는 B/L상에 "Freight Paid" 혹은 "Freight Prepaid"로 표시되고, FOB인 경우에 "Freight Prepayable" 혹은 "Freight to be Prepaid"로 표시된 경우에는 운임이 지불되지 않은 것으로 간주된다.

5) 선하증권의 수리요건

선하증권의 수리요건과 관련하여 UCP 600(제20조)에서 다음과 같이 규정하고 있다.

첫째, 운송인의 명칭을 표시하고 운송인 또는 운송인을 위한 또는 운송인을 대리하는 지정대리인 또는 선장 또는 선장을 위한 또는 선장을 대리하는 지정대리인에 의하여 서명된 것으로, 운송인, 선장 또는 대리인의 모든 서명은 운송인, 선장 또는 대리인의 서명으로 확인되어야 한다. 대리인의 모든 서명은 대리인이 운송인을 위하여 또는 운송인을 대리하여 또는 선장을 위하여 또는 선장을 대리하여 서명한 것인지를 표시하여야 한다.

둘째, 미리 인쇄된 문언 또는 물품이 본선에 선적된 일자를 표시하는 본선적재 표기에 의하여 물품이 신용장에 명시된 적재항에서 지정선박에 본선적재되었음을 표시하고 있어야 한다.

선하증권의 발행일은 선하증권이 선적일을 표시하는 본선적재 표기를 포함하지 아니하는 경우 선적일로 본다. 이 경우, 본선적재 표기상에 명시된 일자는 선적일로 본다. 선하증권이 선박명과 관련하여 "예정된 선박" 또는 이와 유사한 제한의 표시를 포함하고 있는 경우, 선적일 및 실제 선박명을 표시하고 있는 본선적재 표기가 요구된다.

셋째, 신용장에 명시된 적재항으로부터 양륙항까지의 선적을 표시하고 있어야 한다.

선하증권이 적재항으로서 신용장에 명시된 적재항을 표시하지 아니한 경우 또는 적재항과 관련하여 "예정된" 또는 이와 유사한 제한의 표시를 포함하는 경우에는, 신용장에 명시된 대로 적재항, 선적일 및 선박명을 표시하는 본선선적표기가 요구된다. 이 규정은 비록 지정된 선박에의 본선 적재 또는 선적이 선하증권상에 미리 인쇄된 문언에 의하여 표시된 경우일지라도 적용된다.

넷째, 단일의 선하증권 원본 또는 2통 이상의 원본으로 발행된 경우에는, 선하증권상에 표시된 대로 전통이어야 한다.

다섯째, 운송조건을 포함하거나 또는 운송조건을 포함하는 다른 자료를 참조하고 있는 것(약식/배면백지식 선하증권 등)은 운송조건의 내용으로 심사되지 아니한다.

여섯째, 용선계약에 따른다는 어떠한 표시도 포함하지 아니하여야 한다(제20조 a항 vi호).

여기서 환적이라 함은 신용장에 명시된 적재항으로부터 양륙항까지의 운송과정 중에 한 선박으로부터 양화 및 다른 선박으로 재선적하는 것을 말한다.

선하증권은 전 운송이 하나의 동일한 선하증권에 의하여 커버된다면 물품이 환적될 것이라거나 또는 환적될 수 있다고 표시할 수 있다. 신용장이 환적을 금지하는 경우에도, 물품이 컨테이너, 트레일러 또는 래쉬 바지(LASH barge)에 선적되었다는 것이 선하증권에 의하여 증명된 경우, 환적이 행하여질 것이라거나 또는 행하여질 수 있다고 표시하는 선하증권은 수리될 수 있다. 그러나 운송인이 환적할 권리를 유보한다고 명시하고 있는 선하증권의 조항은 무시된다.

2 해상화물운송장

1) 해상화물운송장의 의의

해상화물운송장(Sea Waybill : SWB)은 B/L과 마찬가지로 해상운송인 앞으로 발행하는 운송서류로서, 운송계약의 증거서류이며 화물의 영수증이라는 점에서는 B/L과 같지만, 권리증권이 아니므로 제3자에게 유통시킬 수 없다.

이러한 해상화물운송장은 해상운송의 고속화로 인하여 화물이 B/L보다 먼저 목적지에 도착한 경우, 만일 수입업자가 B/L 도착 전에 화물을 수령하려면 화물선취보증장(Letter of Guarantee : L/G)을 은행으로부터 발급받아 운송회사에 제출하여야 한다. 그러나 이러한 L/G발급에 따른 까다로운 절차와 비용 및 L/G의 위조문제 등 여러 가지 문제가 제기될 수 있다. 이러한 문제점을 해결하기 위하여 운송 중 전매될 가능성이 없는 화물의 경우에 해상화물운송장을 이용하게 되었다.

2) 해상화물운송장의 장단점

해상화물운송장의 장점으로는 ① 화물인도의 신속성, ② 서류의 분실에 따른 위험 해소, ③ 화물처리업무의 합리화 촉진, ④ 경비절감 등을 들 수 있다.

실무적으로는 이를 이용하고자 하면 신용장에 B/L 대신 해상화물운송장을 수리하도록 명기하여야 한다. UCP 제21조에서도 해상화물운송장의 수리요건을 규정하고 있다. 또한 INCOTERMS 2020에서도 매도인이 매수인에게 인도의 증빙서류로 해상화물운송장을 제시할 수 있도록 규정하고 있다.

해상화물운송장에 관한 국제규칙으로는 "해상화물운송장에 관한 CMI 통일규칙"(CMI Uniform Rules for Sea Waybill)이 있다. 동 규칙은 총 8개 조항으로 구성되어 있는데, 제6조에서는 화물 도착 후 수하인이 화물인도를 청구하기 전까지는 언제라도 송하인이 수하인을 변경할 권리가 있음을 규정하고 있다.

현재 유럽에서는 선하증권보다 해상화물운송장을 많이 이용하고 있으나, 우리나라에서는 사용이 많지 않다.

〈표 6-1〉 Sea Waybill 과 B/L의 비교

구분	Sea Waybill	B/L
화물수령증거	O	O
운송계약증서	O	O
화물권리증권	X	O
인도와 원본상환	불필요	B/L 상환 필요
수하인 기재방식	기명식	지시식 및 기명식
정당한 수하인	SWB상 기명수하인	B/L 소지인
화물권리이전	운송계약상에 지정된 자가 권리취득	B/L 교부로 권리 취득
적용법규	CMI 통일규칙	상법(해상편), Hague Rule, Hague · Visby Rule, Hamburg Rule, Rotterdam Rule, COGSA 등

3) 비유통성 해상화물운송장의 수리요건

비유통성 해상화물운송장의 수리요건과 관련하여 UCP 600(제21조)에서 다음과 같이 규정하고 있는데, 선하증권의 수리요건과 유사하다.

첫째, 운송인의 명칭을 표시하고 운송인 또는 운송인을 위한 또는 운송인을 대리하는 지정대리인 또는 선장 또는 선장을 위한 또는 선장을 대리하는 지정대리인에 의하여 서명된 것으로, 운송인, 선장 또는 대리인의 모든 서명은 운송인, 선장 또는 대리인의 서명으로 확인되어야 한다. 대리인의 모든 서명은 대리인이 운송인을 위하여 또는 운송인을 대리하여 또는 선장을 위하여 또는 선장을 대리하여 서명한 것인지를 표시하여야 한다.

둘째, 미리 인쇄된 문언 또는 물품이 본선적재된 일자를 표시하는 본선적재 표기에 의하여, 물품이 신용장에 명시된 적재항에서 지정선박에 본선 적재되었음을 표시하고 있는 것이어야 한다. 비유통 해상화물운송장의 발행일은 선적일로 본다. 비유통성 해상화물운송장이 선적일을 표시하는 본선 적재표기를 포함하지 아니하는 경우 선적일로 본다. 이 경우, 본선적재 표기상에 명시된 일자는 선적일로 본다. 그리고 비유통 해상화물운송장이 선박명과 관련하여 "예정된 선박" 또는 이와 유사한 제한의 표시를 포함하고 있는 경우, 선적일 및 실제 선박명을 표시하고 있는 본선적재 표기가 요구된다.

셋째, 신용장에 명시된 적재항으로부터 양륙항까지의 선적을 표시하고 있어야 한다. 비유통 해상화물운송장이 적재항으로서 신용장에 명시된 적재항을 표시하지 아니한 경우 또는 적재항과 관련하여 "예정된" 또는 이와 유사한 제한의 표시를 포함하는 경우에는, 신용장에 명시된 대로 적재항, 선적일 및 선박명을 표시하는 본선적재 표기가 요구된다. 이 규정은 비록 지정된 선박에의 본선적재 또는 선적이 비유통 해상화물운송장에 미리 인쇄된 문언에 의하여 표시된 경우일지라도 적용된다.

넷째, 단일의 비유통 해상화물운송장 원본 또는 2통 이상의 원본으로 발행된 경우에는, 비유통 해상화물운송장상에 표시된 대로 전통이어야 한다.

다섯째, 운송조건을 포함하거나 또는 운송조건을 포함하는 다른 자료를 참조하고 있는 것(약식/배면백지식 비유통 해상화물운송장 등)은 운송조건의 내용으로 심사되지 아니한다.

여섯째, 용선계약에 따른다는 어떠한 표시도 포함하지 아니하여야 한다. 여기서 환적이라 함은 신용장에 명시된 적재항으로부터 양륙항까지의 운송과정 중에 한 선박으로부터 양화 및 다른 선박으로 재적재하는 것을 말한다. 비유통 해상화물운송장은 전운송이 하나의 동일한 비유통 해상화물운송장에 의하여 커버된다면 물품이 환적될 것이라거나 또는 환적될 수 있다고 표시할 수 있다. 신용장이 환적을 금지하는 경우에도, 물품이 컨테이너, 트레일러 또는 래쉬 바지(LASH barge)에 선적되었다는 것이 비유통 해상화물운송장에 의하여 증명된 경우, 환적이 행해질 것이라든지 또는 행해질 수 있다고 표시하는 비유통 해상화물운송장은 수리될 수 있다. 그러나 운송인이 환적할 권리를 유보한다고 명시하고 있는 비유통 해상화물운송장의 조항은 무시된다.

3 항공화물운송장

1) 항공화물운송장의 의의

항공운송서류에는 항공화물운송장(Air Way Bill : AWB)과 항공화물수탁서(Air Consignment Note)가 있는데, 보통 미국에서는 전자로, 유럽에서는 후자로 부르고 있다. 이는 모두 화물을 항공로로 운송하는 경우에 항공운송인(air carrier)이 발행하는 운송장으로 선하증권(B/L)과 같은 권리증권이 아니고 단순한 수령증에 불과하다. 이러한 항공화물운송장(AWB)은 선하증권과는 달리 유통증권이 아니므로, 이 서류가 작성되지 않거나 분실된 경우에도 운송계약의 유효성에는 아무런 영향을 미치지 못한다.

2) 항공화물운송장의 기능

항공화물운송장(AWB)의 기능으로는 ① 운송계약체결의 증거서류, ② 화물에 대한 수령증, ③ 운임 등의 명세서 및 청구서, ④ 세관신고서류의 일종이며, ⑤ 운송인에 대한 운송물품의 인도 등에 관한 지시서이고, ⑥ 송하인이 화주보험에 부보한 경우 보험가입증명서로서의 기능을 지니고 있다.

〈표 6-2〉 AWB과 B/L의 비교

구 분	Air Waybill	Bill of Lading
유통성 여부	유통성이 없음(Non・Negotiable)	유통성이 있음(Negotiable)
발행방식	창고에 반입 후 AWB발행(수령식)	선적 후 B/L 발행(선적식)
기명여부	기명식	기명식, 무기명식, 지시식
발행주체	항공화물대리점 송하인이 작성해서 항공사에 교부 (송하인 작성원칙)	선박회사가 화주 앞으로 발행 (운송인이 작성)

3) 항공운송장의 발행

항공화물운송장(AWB)은 국제항공운송협회(IATA)의 표준양식과 발행방식에 따라 전세계 항공사가 동일한 운송장을 사용하도록 의무화하고 있다. 항공화물운송장은 유통이 금지된 비유통증권으로만 발행된다.

항공화물운송장은 화주가 작성하여 제출하는 것이 원칙이나 항공사나 항공사의 권한을 위임받은 대리점에 의하여 이행되는 것이 관례이다. 대리점은 화주가 가져 온 상업송장 등 선적서류와 화물운송 화주지시서에 의해 운송장을 발행하며 화물전량을 인수한 후에 발행함이 원칙이다. 항공화물운송장은 원본 3장과 부본 6장을 1셋트로 발행하는 것이 원칙이나, 항공사에 따라서는 부본을 5장까지 추가할 수도 있다. 이 중 원본은 항공사, 송하인・수화인용으로 사용하고 부본은 항공사의 운임

〈서식〉 항공화물운송장

Shipper's Name and Address | Shipper's Account Number

Not negotiable
Air Waybill
issued by
KOREAN AIR

Copies 1, 2 and 3 of this Air Waybill are originals and have the same validity.

Consignee's Name and Address | Consignee's Account Number

Telephone :

It is agreed that the goods described herein are accepted in apparent good order and condition (except as noted) for carriage SUBJECT TO THE CONDITIONS OF CONTRACT ON THE REVERSE HEREOF. THE SHIPPER'S ATTENTION IS DRAWN TO THE NOTICE CONCERNING CARRIER'S LIMITATION OF LIABILITY. Shipper may increase such limitation of liability by declaring a higher value for carriage and paying a supplemental charge if required.

Issuing Carrier's Agent Name and City

Accounting Information

Agent's IATA Code | Account No.

Airport of Departure(Addr. of First Carrier) and Requested Routing

TO	By First Carrier	Routing and Destination	to	by	to	by	Currency	CHGS Code	WT/VAL (PPD / COLL)	Other (PPD / COLL)	Declared Value for Carriage	Declared Value for Customs

Airport of Destination	Flight/Date	For Carrier Use Only	Flight/Date	Amount of Insurance	INSURANCE-If Carrier offers insurance, and such insurance is requested in accordance with conditions on reverse hereof, indicate amount to be insured in figures in box marked 'amount of insurance'.

Handling Information

No. of Pieces RCP	Gross Weight	kg / lb	Rate Class / Commodity item No.	Chargeable Weight	Rate / Charge	Total	Nature and Quantity of Goods (Incl. Dimensions or Volume)

Prepaid	Weight Charge	Collect	Other Charges
	Valuation Charge		
	Tax		
	Total Other Charges Due Agent		Shipper certifies that the particulars on the face hereof are correct and that insofar as any part of the consignment contains dangerous goods, such part is properly described by name and is in proper condition for carriage by air according to the applicable Dangerous Goods Regulations.
	Total Other Charges Due Carrier		Signature of Shipper or his Agent
Total Prepaid		Total Collect	
Currency Conversion Rates		CC Charges in Dest. Currency	Executed on(date) at(place) Signature of Issuing Carrier or its Agent
For Carrier's Use Only at Destination		Charges at Destination	Total Collect Charges

ORIGINAL 3(FOR SHIPPER)

정산 및 대리점용으로 활용한다.

4) 항공운송서류의 수리요건

항공운송서류의 수리요건과 관련하여 UCP 600(제23조)에서 다음과 같이 규정하고 있다.

첫째, 운송인의 명칭을 표시하고, 운송인 또는 운송인을 대리하는 지정대리인에 의해 서명된 것으로 운송인 또는 대리인에 의한 모든 서명은 운송인 또는 대리인의 것이라는 것을 확인하고 있어야 한다. 그리고 대리인에 의한 모든 서명은 그 대리인이 운송인을 대리하여 서명하였음을 표시하여야 한다.

둘째, 물품이 운송을 위하여 수령되었음을 표시하고 있어야 한다.

셋째, 발행일을 표시하고 있어야 한다.

넷째, 신용장에 명기된 출발공항과 목적공항을 표시하고 있어야 한다.

다섯째, 신용장이 원본의 전통을 명시하고 있는 경우에도, 탁송인 또는 송하인용 원본이어야 한다.

여섯째, 운송의 제조건을 포함하고 있거나 또는 운송의 제 조건을 포함하는 다른 자료를 참조하고 있어야 한다.

4 철도화물수탁증과 도로화물수탁증

1) 의의

육상운송의 경우에는 철도운송과 도로운송을 이용하게 되는데, 철도화물수탁증(railway consignment Note)이나 도로화물수탁증(Road Consignment Note)은 운송인이 화물을 수령한 것을 확인하고 탁송한 화물의 청구권을 표시한 유가증권을 말한다.[21)]

21) 다만, 한국의 경우 철도법의 규정미비로 인하여 철도화물수탁서가 유가증권이 아니다.

이들 서류는 운송인이 송하인과 운송계약에 의해 탁송화물수령을 증명하고 목적지에서 이것과 상환으로 화물인도의무를 진다는 취지가 표시되어 있으며, 매매나 금융에 이용될 뿐만이 아니라 운송의 중지·운송화물의 반환 및 기타의 처분을 청구할 수 있으며, 법률적 성질이나 경제적 기능도 선하증권과 동일하다.

2) 도로, 철도 또는 내륙수로운송서류의 수리요건

도로, 철도 또는 내륙수로운송서류의 수리요건과 관련하여 UCP 600(제24조)에서 다음과 같이 규정하고 있다.

첫째, 운송인의 명칭을 표시하고 있는 것. 운송인 또는 운송인을 대리하는 지정대리인에 의하여 서명되어 있는 것 또는 운송인 또는 운송인을 대리하는 지정대리인에 의하여 행해진 서명, 스탬프 또는 표기에 의하여 물품의 수령을 표시하고 있는 것으로 물품의 수령에 관한 운송인 또는 대리인에 의한 모든 서명, 스탬프 또는 표기는 운송인 또는 대리인의 것이라는 것을 확인하고 있어야 한다. 물품의 수령에 관한 대리인에 의한 모든 서명, 스탬프 또는 표기는 그 대리인이 운송인을 대리하여 서명 또는 행동하였음을 표시하여야 한다.

둘째, 선적일 또는 물품이 신용장에 명기된 장소에서 선적, 발송 또는 운송을 위하여 수령된 일자를 표시하여야 한다.

셋째, 신용장에 명기된 선적지 및 목적지를 표시하여야 한다.

넷째, 발행된 원본의 통수에 관하여 운송서류상에 표시가 없는 경우에는, 제시된 통수는 전통을 구성하는 것으로 본다.

다섯째, 신용장이 환적을 금지하고 있는 경우에도, 환적이 행해질 것이라거나 또는 행해질 수 있다고 표시하고 있는 도로, 철도 또는 내륙수로운송서류는 수리될 수 있다.

5 복합운송증권

1) 복합운송의 개념

(1) 복합운송의 의의

복합운송(multimodal transport)에 대하여 1991년 UNCTAD/ICC의 복합운송증권에 관한 규칙(UNCTAD/Rules for Multimodal Transport Documents)에 의하면, 복합운송은 "적어도 두 가지 이상의 다른 운송수단에 의하여 물품을 운송하기 위한 단일계약(single contract)에 의해 이루어지는 물품운송"으로 규정하고 있다.

또한 1980년 UNCTAD의 유엔국제물품복합운송조약(United Nations Convention on International Multimodal Transport of Goods)에 의하면 "국제복합운송이란 복합운송계약에 기초하여 적어도 두 가지 이상의 운송방법에 의한 운송으로서 복합운송인이 운송물품의 수령지와 인도지가 다른 두 나라 사이의 운송"이라고 규정하고 있다.

이처럼 복합운송이란 특정화물을 육상・해상・내수・항공・철도・도로운송 중에서 적어도 두 가지 이상의 운송형태를 복합적으로 이용하여 출발지에서 목적지까지 운송구간을 일관운송하는 것을 말한다.

(2) 복합운송의 요건

복합운송의 요건은 다음과 같다.

① 운송에 대한 모든 책임이 복합운송인에게 집중되는 단일운송계약과 단일책임(uniform liability)을 진다.

② 최초의 운송인이 전 구간의 운송(through carriage)을 인수한다.

③ 다양한 운송수단(different modes of transport)이 이용된다.

④ 복합운송인은 운송되는 전 구간에 대해 단일운임(through rate)의 청구권을 갖는다.

⑤ 복합운송증권(multimodal transport documents : MTD)을 발행하여야 한다.

2) 복합운송인

(1) 복합운송인의 의의

복합운송인(combined transport operator : CTO)은 이종 및 동종 수송수단을 조합하여 수송하는 운송인으로서 Multimodal Transport Operator(MTO), International Transport Operator(ITO)라고도 한다.

UN국제복합운송조약에 의하면 복합운송인이란 스스로 또는 대리인을 통해서 운송계약을 체결하고 송하인이나 운송인의 대리인이 아닌 운송계약의 주체로서 계약이행에 대해 책임을 지는 자로 정의하고 있다.

따라서 복합운송인은 자기의 명의와 계산으로 화주를 상대로 복합운송계약을 체결한 계약당사자일 뿐만 아니라 운송전반을 계획하며 운송기간 중 여러 운송구간을 적절히 연결하고 총괄하여 운송이 원활하게 이루어지도록 조정하고 감독할 지위에 있는 자이다.

복합운송인은 선사, 항공회사, 트럭회사, 창고업자, 철도회사, 포워더 등 유통기능을 담당하는 자 가운데 화주에 대하여 단일책임을 지며, 복합운송증권을 발행할 수 있는 자이면 누구나 상관이 없다.

1980년 UN국제복합운송조약의 정의에 의하면, 국제복합운송(international multimodal transport)이란 복합운송인이 화물을 자기책임하에 인수하여 어떤 국가의 일정한 지점으로부터 다른 국가의 인도예정지점(a place designated for delivery)까지 복합운송계약에 의거하여 적어도 두 종류 이상의 운송수단을 이용하여 행하는 운송"을 뜻한다.

따라서 국제간의 이동, 복합운송계약의 체결, 복합운송인에 의한 전구간운송의 책임인수, 운송수단 이종복수성을 포함하여야만 복합운송이라 할 수 있으며, 복합운송은 운송구간을 단순히 두 번 이상 반복하는 통운송(through carriage)과 구별된다.

복합운송인은 운송인 기능을 수행하기 때문에 비록 운송수단을 보유하고 있지는 않지만 실제 운송인과 똑같이 운송책임을 부담한다. 운송책임 부보에 대한 증거문서가 복합운송증권(CTD)이라 할 수 있고 우리나라 복합운송업체는 모두 FIATA B/L을 발행한다.

그런데 우리나라는 단순 포워딩과 복합운송이 분리되어 있지 않고 두 가지 기능을 동시에 수행하기 때문에 그 영업적 지위가 포워더인지 복합운송인인지는 각 경우에 따라 다르게 판단되어야 한다.

(2) 복합운송인의 요건

① 운송책임의 단일성

복합운송은 복합운송인이 전 구간에 걸쳐 화주에게 단일책임을 져야 한다. 복합운송은 하나의 계약으로 다수의 구간운송 행위가 결합되어 있으나 복합운송인은 자기의 명의와 계산으로 송하인을 상대로 복합운송계약을 체결한 계약당사자일 뿐만 아니라 전체운송을 계획하고 여러 운송구간을 적절히 연결하고 운송이 원활하게 이루어지도록 총괄하여 조정하며 감독할 지위에 있기 때문에 복합운송인에게 책임을 집중시킴으로써 복합운송 본래의 기능이 발휘될 수 있는 것이다.

② 복합운송증권의 발행

복합운송이 되기 위해서는 복합운송인이 화주에 대하여 전 운송구간을 담당하는 유가증권으로서의 복합운송증권이 발행되어야 한다. 이러한 증권의 발행은 법적으로 운송책임을 단일화시킨 것이며, 운송책임의 단일성과 표리의 관계이다.

③ 일관운임의 설정

복합운송인의 서비스 대가로서 운임을 각 운송구간마다 분할하지 않고 전 구간 단일화된 운임을 설정하여야 한다. 이는 전 운송구간에 대한 책임이 복합운송인에게 집중되어 있으므로 이에 대한 반대급부도 하나로 통합하는 것이다.

(3) 복합운송인의 책임

① 복합운송인에 대한 책임원칙

UN국제복합운송조약 제16조에 의하면 “복합운송인은 자기 또는 그 이행보조자가 손해의 원인이 된 사고 및 그 결과를 회피하기 위하여 합리적으로 요구되는 모든 조치를 취하였다는 것을 증명하지 못하면 운송물에 관한 손해에 대하여 책임을 져야 한다”고 규정하고 있다.

이는 복합운송인의 책임이 과실책임주의에 의하지만 물건의 멸실·손상·지연에 의한 손해의 발생에는 운송인의 과실이 추정됨을 규정한 것으로서, 복합운송인이 자신의 무과실을 입증하지 못하는 한 손해배상 책임을 면할 수 없다는 이른바 과실추정주의를 취하고 있다.

② 복합운송인의 책임체계

복합운송인은 화주에 대하여 단일책임을 부담하지만, 각 운송구간에 대하여 어떠한 책임을 지느냐에 따라 다음의 세 가지 이론이 있다.

ⓐ 단일책임론(uniform liability system)

운송물의 멸실, 훼손, 지연손해가 복합운송의 어느 구간에서 발생하였느냐를 가리지 않고, 복합운송인은 하나의 동일한 기준에 따라서 책임을 부담하여야 한다는 이론이다.

ⓑ 이종책임론(network liablilty system)

손해구간이 확인된 경우에는 그 구간의 기존 국내법이나 국제조약을 적용하고, 미확인된 경우에는 그 손해가 운송구간이 가장 긴 해상구간에서 발생한 것으로 추정하여 Hague Rule을 적용한다. 1975년의 ICC 복합운송증권통일규칙 및 FIATA CT B/L의 이면약관에서 채택하고 있다.

ⓒ 절충형책임론(modified uniform liability system)

원칙적으로 손해발생 구간의 확인 여부와 관계없이 동일한 책임규정을 적용하나 예외적으로 손해발생구간이 확인되고 그 구간에 적용될 법규의 책임한도액이 UN조약의 책임한도액보다 높은 경우에는 그 구간법을 적용한다는 이론이다. 1980년 UN국제복합운송조약, 1992년 UNCTAD/ICC 복합운송증권규칙 및 1978년 Hamburg Rules에서 채택하고 있다.

③ 복합운송인의 책임제한

운송에 관한 국제조약에는 예외없이 운송인의 손해배상책임이 금액적으로 제한되고 있는 이른바 책임제한조항(liability limitation clause)을 두고 있다.

UN국제물건복합운송조약하의 복합운송인의 책임제한은 포장물 또는 적재단위당 920SDR과 킬로그램당 2.75SDR로서 함부르크규칙보다도 10퍼센트 증가되어 있다. 그러나 UN국제물건복합운송조약에서 내수로운송 및 해상운송을 포함하지 않는 복합운송의 경우에는 복합운송인의 책임제한을 킬로그램당 8.33SDR로 중량에 의해서만 규정하고 있다.

그리고 인도지연의 경우 복합운송인의 책임한도액은 함부르그규칙의 경우와 같이 복합운송계약상의 운임총액을 상한으로 하여, 지연된 운송물에 대하여 지급되는 운임의 2.5배에 상당하는 금액으로 제한된다. 또한 지연손해와 일부 멸실·훼손 손해가 같이 발생하더라도 복합운송인의 책임한도액의 총액은 해당 운송물의 전손(total loss)의 경우에 인정되는 한도액을 초과하지 않는다.

〈표 6-3〉 주요 조약(규칙)별 책임한도액 비교

조 약 명	운송구간	책임한도액	
		포장당	KG당
Hague 규칙 Hague-Visby 규칙 Hamburg 규칙 Rotterdam 규칙 CIM 1970 CMR Warsaw 조약 UN 복합운송조약 UNCTAD/ICC 규칙	해상 해상 해상 철도 도로 항공 복합운송 복합운송	100 Pound 666 SDR 835 SDR 875 SDR - - - 920 SDR 666.67 SDR	- 2 SDR 2.5 SDR 3 SDR 17 SDR 8.33 SDR 19 SDR 2.75 SDR 2 SDR

3) 복합운송증권

(1) 복합운송증권의 의의

복합운송증권(Multimodal Transport Documents or Combined Transport Documents : MTD, CTD)이란 선박·철도·항공기·자동차에 의한 운송방식 중 적어도 두 가지 이상의 다른 운송방식에 의하여 운송물품의 수탁지와 인도지가 상이한 국가의 영역간에 이루어지는 복합운송계약을 증명하기 위해서 복합운송인(Multimodal Transport Operator : MTO)이 발행한 증권을 말한다. 즉, 복합운송증권이란 복합운송에 의하여 물품이 인수된 사실과 계약상의 조항에 따라 물품을 인도할 것을 약속한 복합운송계약을 증명하는 증권이다.

복합운송증권은 운송물품의 인수(taking in charge)에 의해 발행되는 서류로서, 현재 복합운송증권은 선하증권형식으로 발행하고 있다.

(2) 복합운송증권의 특징

복합운송인이 발행하는 복합운송증권은 다음과 같은 특징을 가지고 있다.

첫째, 도로·철도·내수로·해상 또는 항공운송이 결합된 복합운송이 상이한 운송인에 의하여 이루어지더라도 복합운송증권은 처음부터 끝까지 전운송구간을 커버하는 서류이다.

둘째, 복합운송증권은 본선적재 전에 복합운송인이 수탁 또는 수령한 상태에서 발행되는 서류이다.

셋째, 복합운송증권은 실질적인 운송인(actual carrier)에 의해서만 발행되는 선하증권과는 달리 운송인뿐만 아니라 운송주선인(freight forwarder)에 의해서도 발행된다.

넷째, 복합운송증권은 화주에게 통운송(through transport)의 전체적인 책임을 지고, 어느 구간에서 발생하였든 화물의 멸실이나 손상에 대해 책임을 지는 복합운송인이 발행한다. 그러나 통선하증권(Through

Bill of Lading)의 발행자는 통상 해상운송인이다.

(3) 복합운송증권의 형태

복합운송에 사용되는 운송서류로서의 복합운송증권에는 기존의 선하증권을 약간 변형한 선하증권형식의 복합운송증권과 복합운송에 관한 국제규칙에 따른 복합운송증권이 있다.

① 선하증권 형식의 복합운송증권

복합운송증권의 대부분은 "Bill of Lading"(B/L)이라는 말이 붙은 선하증권 형식의 "Combined Transport Bill of Lading"이 주로 사용되고 있다.

선하증권형식의 복합운송증권은 "Combined Transport B/L", "Multimodal Transport B/L", "Through B/L" 등의 다양한 명칭을 사용하고 있으며, 이러한 증권은 그 명칭에 복합운송을 의미하는 문언이 기재되어 있는 것이 특징이라 할 수 있다.

여기서 특히 Through B/L은 선적지로부터 도착지까지 하나의 운송계약에 여러 운송인이 서로 연결하여 운송하는 형태의 통운송계약에 의하여 발행되는 증권으로서, 최초의 운송인이 모든 운송구간에 대하여 책임을 부담하므로 그 책임이 분명하다.

② Combined Transport Document(CTD)

CTD는 ICC에서 1975년에 제정한 "복합운송증권에 관한 통일규칙"(Uniform Rules for a Combined Transport Document)에서 규정하는 복합운송증권이다. CTD는 모든 복합운송구간을 포괄하기 때문에 각 운송구간에 대한 별도의 운송서류가 필요없으며, 유통가능한(negotiable) 형태와 유통불가능한(non-negotiable) 형태로도 발행된다.

③ Multimodal Transport Document(MTD)

"UN국제복합운송조약"에 준거한 복합운송증권인데 그 조약이 아직까지 발효되지 못하고 있기 때문에 실제 사용되는 경우는 없다. 조약의 법체계가 화주 중심이기 때문에 MTD는 복합운송인에 대하여 엄격한 책임원칙을 정하고 있는 것이 특징이라 할 수 있다.

4) 복합운송증권의 수리요건

복합운송증권의 수리요건과 관련한 UCP 600(제19조)에서 다음과 같이 규정하고 있다.

첫째, 운송인, 선장 또는 운송인, 선장을 대리하는 지정대리인이 서명한 것으로 운송인, 선장 또는 대리인에 의한 모든 서명은 운송인, 선장 또는 대리인의 것이라는 것을 확인하고 있어야 한다. 대리인에 의한 모든 서명을 그 대리인이 운송인을 대리하여 서명하였는지 또는 선장을 대리하여 서명하였는지를 표시하여야 한다.

둘째, 물품이 신용장에 명기된 장소에서 발송, 수탁 또는 본선 적재되었음을 표시하고 있는 것으로, 사전인쇄된 문언 또는 물품이 발송, 수탁 또는 본선 적재된 일자를 표시하고 있는 스탬프 또는 표기되어도 무관하다.

셋째, 신용장에 명기된 발송, 수탁 또는 선적지 및 최종목적지를 표시하고 있는 것으로, 운송서류가 추가적으로 다른 발송, 수탁 또는 선적지 또는 최종목적지를 명기하고 있더라도, 또는 운송서류가 선박, 적재항 또는 양륙항에 관하여 “예정된” 또는 이와 유사한 제한의 표시를 포함하고 있더라도 무관하다.

넷째, 단일의 운송서류 원본 또는 2통 이상의 원본으로 발행된 경우에는 운송서류상에 표시된 대로 전통(full set)이어야 한다.

다섯째, 운송의 제 조건을 포함하고 있거나, 또는 운송의 제 조건을 포함하는 다른 자료를 참조하고 있는 것(약식/백지배면식 운송서류)은 심사하지 아니한다.

여섯째, 용선계약에 따른다는 어떠한 표시도 포함하지 않아야 한다.

〈서식〉 복합운송증권(Combined Multimodal Transport Document)

Shipper CHANG WON ELECTRONICS CO. LTD C.P.O. BOX 606 SEOUL, KOREA		B/L No. BURD2009
Consignee TO ORDER		**K.S. LINE**
Notify party OSIO INTERNATIONAL B.V. CONFECTIECENTRUM 3-1-15 WILHELMINAPLEIN 29, 1062HJ AMSTERDAM, THE NETHERLAND		Korea Shipping Corporation COMBINED TRANSPORT BILL OF LADING BETWEEN EUROPE AND FAR EAST
Pre-carriage by	Place of receipt BUSAN, CFS	RECEIVED in apparent good order and condition accept otherwise noted the total number of Containers of Packages or units enumerated below for transportation from the place of receipt to the place of delivery subject to the terms hereof. One of the international Bill of Lading must be surrendered duly endorsed in charges for the goods. On presentation of this document (duly endorsed).
Ocean vessel K.S. GLORY	Place of delivery BUSAN, KOREA	IN WITNESS whereof the number of Bill of Lading stated below have been signed one of which being accomplished the other(s) to be void.
Port of discharge ROTERDAM	Final destination ROTERDAM	

Container No.	No. of Container	Charges and Descriptions of Goods	Gross Weight (KGS)	Measurement (CBM)
KACU2115018/30167	2 CNTRS	SAID TO CONTAIN: 2PCS, OF SOUND MIXER MODEL: MX-1630 CHECK NO : AF830243 "LCL SERV, CHARGES ARE DUE AT THE DESTINATION"	51	0.488
Total number of Containers or Packages(in words) TWO(2) CONTAINERS ONLY				

Freight and Charges	Reverse Tons	Rate	Prepaid	Collect
U.S. 7600	0.488	100.00/MC		83.15
INTERIM BAF		-0.20 %		-0.17
CAF SURCHARGE		-14.50 %		-12.06
LCL SERVICE CHARGE(L)		TOTAL		70.92
WHARFAGE		$ 4.50	4.50	
		$ 0.22	0.22	

Freight amount As arranged	Freight payable at	Place and date of issue Seoul, Korea
	Number of Original FBL *THREE(3)*	Stamp and Signature As Multimodal Transport Operator **K.S. LINE** Korea Shipping Corporation

6 우편수령증 및 특송화물수령증

1) 우편수령증 및 특송화물 수령증의 의의

우편수령증(Post Receipt)이란 소화물을 소포우편으로 외국에 발송하는 경우 우체국에서 발행하는 것으로, 우송증명서(Cirtificate of Posting) 또는 우편소포수령증(Parcel Post Receipt)이라고도 한다. 이는 항공화물운송장과 같은 성질을 지닌 단순한 수령증이다.

한편 특송화물수령증(Courier Receipt)은 서류 및 소형의 경량물품을 항공기를 이용하여 문전에서 문전까지 수령・배달하여 주는 송・배달업자의 수령증이다.

이 우편수령증이나 특송화물수령증은 신용장상의 요구나 허용될 때 은행이 수리하며 수리될 경우의 그 적격성 요건으로는 우편수령증의 경우에는 그 전면에 스템프나 그 밖에 진위 확인사항 그리고 물품의 발송장소에서의 일자가 수령증상에 나타나야 하며 기타 모든 사항에서 신용장조건을 충족하여야 한다. 또한 특송화물수령증은 쿠리어의 이름 및 지정쿠리어의 스템프, 서명 또는 진위 확인사항을 문면에 나타내고 수령일자를 명시하는 등 신용장조건을 충족하여야 한다.

2) 특송화물수령증, 우편수령증 또는 우송증명서의 수리요건

특송화물수령증, 우편수령증 또는 우송증명서의 수리요건과 관련하여 UCP 600(제25조)에서 다음과 같이 규정하고 있다.

첫째, 운송물품의 수령을 입증하는 특송화물수령증은 특송업자의 명칭을 표시하고, 신용장에서 물품이 선적되어야 한다고 명기하고 있는 장소에서 지정된 특송업자에 의하여 스탬프 또는 서명된 것이어야 한다.

둘째, 접수일 또는 수령일 또는 이러한 취지의 문언을 표시하고 있는 것. 이 일자는 선적일로 본다.

셋째, 특송요금이 지급 또는 선지급되어야 한다는 요건은 특송요금이 수화인 이외의 당사자의 부담이라는 것을 입증하는 특송업자에 의하여 발행된 운송서류에 의하여 충족될 수 있다.

넷째, 운송물품의 수령을 입증하는 우편수령증 또는 우송증명서는 그 명칭에 관계없이 신용장에서 물품이 선적되어야 한다고 명기하고 있는 장소에서 스탬프 또는 서명되고 일자가 기재된 것으로 보여야 한다. 이 일자는 선적일로 본다.

Ⅲ 보험관계서류

보험서류에는 보험증권(Insurance Policy), 보험증명서(Certificate of Insurance), 보험승낙서(Cover Note)가 있으며, 또 보험증권도 예정보험증권(Open Policy)과 확정보험증권(Definite Policy)으로 나누어진다. 이들 제 서류 중 신용장거래에 있어서 제공될 수 있는 것은 신용장에 특별히 구체적으로 명시된 것과 일치해야 하며, 보험회사나 그 대리인 또는 보험인수업자가 발행 내지 서명한 것이어야 한다.

1 보험증권

1) 보험증권의 의의

보험증권(Marine Insurance Policy)이란 보험계약의 성립 및 그 내용을 명백히 기재하여 보험계약을 증명하는 배서 내지 인도에 의하여 양도되는 증권을 말한다. 보험증권은 피보험자(insured), 보험자(underwriter : insurer), 피보험목적물, 담보위험, 보험가액, 부보금액(보험금액), 위험의 시기와 종기, 피보험자에 대한 손해배상의 약속 등 보험계약의 내용에 관한 증거로서 보험자가 피보험자에게 교부하는 증서를 말한다.

보험증권(Insurance Policy)은 피보험자로 하여금 성립된 계약의 내용을 입증하여 이행을 요구하는 즉, 구상청구시에 필요하며 또한 CIF 계약에 있어서는 선하증권과 함께 기본적으로 제공하여야 할 주요 서류이다.

현재 사용되고 있는 해상보험증권의 약식은 기존의 해상보험증권에 기재되어 있던 본문약관 중 주요한 내용은 협회적화약관(Institute Cargo Clauses : ICC)에 포함시키고 나머지 본문약관(body clause)과 이탤릭 서체약관(italicized clause) 및 난외약관(marginal clause) 등은 모두 삭제되어 그 내용이 매우 간단・명료하게 되어 있다. 따라서 새로운 해상보험증권은 반드시 협회적화약관(ICC)을 첨부하여야만 그 효력을 다할 수가 있다.

2) 신용장통일규칙상의 보험증권관련 해석기준

(1) 부보일자

신용장에 별도의 명시가 없는 한 보험서류의 부보일자가 운송서류에 의하여 입증하는 선적일자, 즉 선하증권의 발행일 내지는 B/L면의 "on board notation"의 일자보다 늦을 때에는 양 일자 사이에 당해 화물이 보험으로 커버되지 못하는 경우가 발생하게 되며 이때에 원칙적으로 수리될 수 없다.

그러나 다음과 같은 경우에는 비록 부보일자가 선적일보다 늦었다 하더라도 수리될 수 있다.

① 일부가 늦은 것이라도 선적일 이전에 발행된 예정보험증권에 의거하여 발행된 것은 선적일로부터 커버되기 때문에 수리된다. 따라서 이와 같이 수리가 가능하려면 보험서류에 예정보험증권의 번호와 일부가 명시되어 있어야 한다.

② 늦어진 일부의 보험서류에 선적일과 같은 날 또는 그 전일자의 일부를 넣어 이날부터 보험자가 담보하겠다고 표시하고 있을 경우에도 수리된다.

③ 보험증권에 'lost or not lost'(멸실여부를 불문하고)라는 소급약관이 들어 있는 경우에는 보험자는 선적시점부터 위험을 담보하고 있기 때문에 부보일자에 관계없이 수리된다.

(2) 보험금액

보험서류에는 만일 사고가 발생했을 경우에 그 손해에 대하여 보험자가 전보할 금액의 한도를 표시하는 보험금액(insurance amount)이 표시되어 있지 않으면 안된다. 따라서 부보를 요하는 최저금액은 당해 상품의 CIF가격이 되는데, 희망이익을 고려하여 최저 부보금액에 희망이익 10%를 가산하여 부보금액을 지시해 오므로 그 금액을 커버하는 보험서류라야 수리될 수 있다. 그리고 신용장에 보험서류가 요구되어 있을 때에는 이에 표시할 통화는 원칙적으로 신용장면에 표시된 통화와 일치하지 않으면 안된다. 신용장에 표시된 통화 이외의 통화로 부보하려면 신용장에 그 취지가 명시되어 있어야 한다.

(3) 담보위험

일반적으로 보험서류에는 당해 거래관습으로 되어 있는 약관이 들어 있어야 하며 신용장에서 지시된 보험조건, 담보되어야 할 추가위험 등에 대하여 부보되어 있어야 한다.

그런데 보험계약의 기본조건 중 ICC(B) 및 (C)의 경우 열거책임주의를 취하고 있으므로 동 조건상에 규정된 담보위험으로 인하여 발생한 손해에 대해서만 보험자가 보상책임을 진다. 따라서 그러한 담보위험 이외의 위험에 대하여 보험의 보호를 받기 위해서는 특약을 필요로 한다. 이와 같이 보험증권에 열거된 위험은 아니지만 특약에 의하여 추가보험료를 지급하고 특별히 담보되는 위험을 부가위험(Extraneous Risks)

이라 한다.

이와 같이 제공되는 보험증권에는 반드시 수입업자가 지시한 일반적인 담보조건은 물론 이 이외에 전술한 바의 지시된 위험도 담보되어 있지 않으면 안된다.

2 보험증명서

보험증명서(Certificate of Insurance)는 보험회사 또는 그 대리인이 자사발행의 원보험증권(Original Policy)에 의거하여 그 보험계약의 존재 및 피보험물에 보험이 부보되어 있다는 사실을 증명하는 서류이다. 이러한 보험증명서의 요건으로는 ① 평판이 좋고 신용이 있는 보험회사가 발행하는 것이어야 할 것, ② 선하증권 기재화물에 관한 보험계약의 주요 조항을 전제한 것이어야 할 것, ③ 선하증권과 같이 완전한 유통성을 갖고 있을 것, ④ 원보험증권에서 인정되고 있는 일체의 권리를 그 증명서의 정당한 소지인에게 부여하는 것 등이다.

3 보험승낙서

보험승낙서(Cover Note)는 특정화물에 대해 보험부보를 하고 보험료를 수령하였음을 보험중개업자(broker)가 증명하는 일종의 각서를 의미한다.

보험승낙서는 그 화물에 보험이 부보되어 있다는 것만을 입증하는 보험서류로서의 보험증권을 대용하는 기능이 없다. 포괄예정보험(open cover)이 체결되어 있는 경우는 개개의 적화에 대하여 포괄보험에 부보되어 있음을 증명하는 보험승낙서가 발행된다.

〈서식〉 보험증명서

CERTIFICATE OF MARINE CARGO INSURANCE

<table>
<tr><td colspan="2">Assured(s), etc ② THE SAMWON CORPORATION</td><td></td></tr>
<tr><td colspan="2">Certificate No.① 002599A65334</td><td>Ref. No.③ Invoice No. DS-070228
L/C No. IOMP20748</td></tr>
<tr><td colspan="2">Claim, if any, payable at : ⑥
GELLATLY HANKEY MARINE SERVICE
842 Seventh Avenue New York 10018
Tel(201)881-9412
Claims are payable in</td><td>Amount insured ④
USD 65,120.-
(USD59,200 XC 110%)</td></tr>
<tr><td colspan="2">Survey should be approved by ⑦
THE SAME AS ABOVE</td><td rowspan="5">Conditions ⑤
* INSTITUTE CARGO CLAUSE(A) 1982
* CLAIMS ARE PAYABLE IN AMERICA IN THE CURRENCY OF THE DRAFT.</td></tr>
<tr><td>⑧ Local Vessel or Conveyance</td><td>⑨From(interior port or place of loading)</td></tr>
<tr><td>Ship or Vessel called the
⑩ KAJA-HO V-27</td><td>Sailing on or abount
⑪ MARCH 3, 2007</td></tr>
<tr><td>at and from
⑫ PUSAN, KOREA</td><td>⑬ transshipped at</td></tr>
<tr><td>arrived at
⑭NEW YORK</td><td>⑮ thence to</td></tr>
<tr><td colspan="2">Goods and Merchandiese ⑯
16,000YDS OF PATCHWORK COWHIDE LEATHER</td><td>Subject to the following Clauses as per back hereof institute Cargo Clauses Institute War Clauses(Cargo)
Institute War Cancellation Clauses(Cargo)
Institute Strikes Riots and Civil Commotions Clauses
Institute Air Cargo Clauses(All Risks)
Institute Classification Clauses
Special Replacement Clause(applying to machinery)
Institute Radioactive Contamination Exclusion Clauses
Co-Inssurance Clause Marks and Numbers as</td></tr>
</table>

Place and Date signed in ⑰ SEOUL, KOREA MARCH 2, 1999 No. of Certificates issued. ⑱ TWO

⑳ This Certificate represents and takes the place of the Policy and conveys all rights of the original policy-holder

(for the purpose of collecting any loss or claim) as fully as if the property was covered by a Open Policy direct to the holder of this Certificate.

This Company agrees lossed, if any, shall be payable to the order of Assured on surrender of this Certificate.

Settlement under one copy shall render all otehrs null and viod.

Contrary to the wording of this form, this insurance is governed by the standard from of English Marine Insurance Policy.

In the event of loss or damage arising under this insurance, no claims will be admitted unless a survey has been held with the approval of this Compay's office or Agents specified in this Certificate.

SEE IMPORTANT INSTRUCTIONS ON REVERSE

⑲ LG Insurance Co., Ltd.

AUTHORIZED SIGNATORY

This Certificate is not valid unless the Declaration be signed by an authorized representative of the Assued.

〈서식〉 신·구 통합 적하보험증권

DAEHAN FIRE & MARINE INSURANCE CO., LTD.

HEAD OFFICE : #51-1, NAMCHANG-DONG, CHUNG-KU, SEOUL, KOREA
TEL : 82-2-3455-3114 / FAX : 82-2-774-7059 / E-mail : marine@daeins.co.kr

대한민국정부
인 지 세
1 0 0 원
남대문세무서
인쇄승인 제2005-96호

MARINE CARGO INSURANCE POLICY

Assured(s). etc.	Ref. No.
Policy No.	Amount Insured hereunder
Claim, if any, payable at :	
Survey should be approved by :	Conditions
Ship or Vessel	
Sailing on or about / Local vessel or Conveyance	
From (interior place)	
At and from (port of loading) / Transshipped at	
Arrived at (port of discharge)	
Thence to (final destination)	
Goods and Merchandises	

Subject to following Clauses as per back hereof.
Institute Radioactive Contamination Exclusion Clause
Institute Classification Clause
On-Deck Clause
Special Replacement Clause(applying to machinery)
Replacement Clause(For second hand machinery)
Excluding the risk of Mortality
Excluded:Natural Withering
Computer Millennium Clause(cargo)

Place and Date signed in

No. of Policies issued

For use only with the Old Marine Policy Form

Warranted free of capture, seizure, arrest restraint or detainment, and the consequences there of or any attempt there at; also from the consequences of hostilities or warlike operations, whether there be a declaration of war or not; but this warranty shall not exclude collision, contact with any fixed or floating object(other than a mine or torpedo), stranding, heavy weather or fire unless caused directly(and independently of the nature of the voyage or service which the vessel concerned or, in the case of a collision, and other vessel involved there in, is performing)by a hostile act by or against a belligerent power, and for the purpose of this warranty "power" includes any authority maintaining naval, military or air forces in association with a power.

Further warranted free from the consequences of civil war, revolution, rebellion, insurrection, or civil strife arising therefrom, or piracy.

Warranted free of loss or damage
(a) Caused by strikers, locked-out workmen, or persons taking part in labour disturbances riots or civil commotions;
(b) resulting from strikes, lock-outs, labour disturbances, riots or civil commotions.
(a) Should the risks excluded by Clause 1(F.C. & S.Clause)be reinstated in this Policy by deletion of the said Clause, or should the risks or any of them mentioned in that clause or the risks or mines, torpedoes, bombs or other engines of war be insured under this Policy, Clause(b) below shall become operative and anything contained in this contract which is inconsistent with Clause(b) or which affords more extensive protection against the aforesaid risks than that afforded by the Institute War Clause relevant to the particular form of transit covered by this insurance is null and void.
b) This policy is warranted free of any claim based upon loss of, or frustration of, the insured voyage or adventure caused by arrests restraints or detainments of Kings Princes Peoples Usurpers or persons attempting to usurp power.
This insurance does not cover any loss or damage to the property which at the time of the happening of such loss or damage is insured by or would but for the existence of this Policy be insured by any fire or other insurance policy or policies except in respect of any excess beyond the amount which would have been payable under the fire or other insurance policies had this insurance not been effected

The descriptions to be inserted in the follwing clauses are shown as above. **Be it known That** as well in his or their own Name, as for and in the Names and Names of all and every other Person or persons to whom the same doth, may, or shall appertain, in part or in all, doth make Assurance, and cause himself or themselves and them and every of them, to be Assured, lost or not lost, at and from upon any kind of Goods and Merchandises, in the good Ship or Vessel called the whereof is Master, for this present Voyage, or whosoever else shall go for Master in the said Ship, or by what so ever other Name or Names the said ship, or the Master thereof, is or shall be named or called, beginning the Adventrue upon the said Goods and Merchandises from the loading thereof aboard the Adventure upon the said during her abode there, upon the said Ship, & C. and further, until the said ship, with all her Goods and Merchandises whatsoever, shall be arrived at and upon the Goods and Merchandises until the same be there discharged and safely landed; and is shall, be lawful for the said Ship, & C., in this voyage to proceed and sail to and touch and stay at any Ports or Places whatsoever without Perjudice to this Assurance. The said Goods and Merchandises, & C., for so much as concerns the Assured by Agreement between the Assured and Assurers in this Policy are and shall be valued at TOUCHING the Adventures and Perils which the said Company are contented to bear and do take upon themselves in this voyage, they are, of the Seas, Men-of-War, Fire, Enemies, Pirates, Rovers, Theives, Jettisons, Letters of Mart and Countermart, Surprisals, Takings at Sea, Arrests, Restraints and Detainments of all Kings, Princes and People, of what Nation, Condition, or Quality soever, Barratry of the Master and Mariners, and of all other Perils, Losses and *Misfortunes that* have or shall come to the Hurt, Detriment or Damage of the said Goods and Merchandises, or any part thereof; and in case of any Loss or Misfortune, it shall be lawful to the Assured, his or their Factors, Servants and Assigns, to sue, labour and travel for, in and about the Defence, Safeguard and Recovery of the said Goods and Merchandises, or any part thereof, without Prejudice to this Assurer; to the Charges whereof the said Company will contribute. And it is especially declared and agreed that no acts of the Assurer or Assured in recovering, saving, or preserving the property assured, shall be considered as a waiver or acceptance of abandonment. And it is agreed that this writing or Policy of Assurance shall be of as much Force and Effect as the surest Writing or Policy of Assurance made in London. And so the said Company are contented, and do hereby promise and bind themselves to the Assured, his or their Executors, Administrators, or Assigns, for the true Performance of the Premises; confessing themselves paid the Consideration due unto them for this Assurance, at and after the rate of as arranged Per Cent.
N.B.-Corn, Fish, Salt, Fruit, Flour and Seed are warranted free from Average, unless general, or the Ship be stranded;Sugar, Tobacco, Hemp, Flax, Hides and Skins are warranted free from Average, under Five Pounds per cent.; and all other goods, also the Ship and Freight, are warranted free from Average, under Three Pounds per cent., unless general, or the Ship be stranded, sunk or burnt.
All questions of liability arising under this policy are to be governed by the laws and customs of England.
IN WITNESS whereof, I the Undersigned of Daehan Fire & Marine Insurance Co.,Ltd. on behalf of the said Company have subscribed my name in to Policies of the same tenor and date, one of which being accomplished, the others to be *void, as of the date specified as above.*

For use only with the New Marine Policy Form

Notwithstanding anything contained herein or attached hereto to the contrary, this insurance is understood and agreed to be subject to English law and practice only as to liability for and settlement of any and all claims.
This insurance does not cover any loss or damage to the property which at the time of the happening of such loss or damage is insured by or would but for the exsistence of this Policy be insured by and fire or other insurance policy or policies except in respect of any excess beyond the amount which would have been payable under the fire or other insurance policy or policies had this insurance not been effected.
We, DAEHAN FIRE & MARINE INSURANCE CO.,LTD. hereby agree, in consideration of the payment to us by or on behalf of the Assured of the premium as arranged, to insure against loss damage liability or expense to the extent and in the manner herein provided.
In witness whereof, I the Undersigned of **DAEHAN FIRE & MARINE INSURANCE CO.,LTD.** on behalf of the said company have subscried my Name in the place specified as above to the policies, the issued numbers thereof being specified as above, of the same tenor and date, one of which being accomplished, the others to be void, as of the date specified as above.

the event of loss or damage arising under this Policy. no claims e admitted unless a survey has been held with the approval of ompany's Office or Agents specified in this Policy.

ise of loss or damage, please follow the "IMPORTANT" clause printed ne back hereof.

For DAEHAN FIRE & MARINE INSURANCE CO., LTD.

이상의 보험서류는 신용장통일규칙에 의하면 보험회사(Insurance Company)나 보험인수업자(Underwriters) 또는 이들의 대리인에 의해 발행되어야 하며 중개업자가 발행한 보험승낙서(Cover Note)는 신용장에 별도 허용하지 않는 한 은행이 수리하지 않는다.

4 보험서류의 수리요건

보험서류의 수리요건과 관련하여 UCP 600(제28조)에서 다음과 같이 규정하고 있다.

첫째, 보험증권, 포괄예정보험에 의한 보험증명서 또는 통지서와 같은 보험서류는 보험회사, 보험업자 또는 이들 대리인 또는 이들 대리업자에 의하여 발행되고 서명된 것으로 보여야 한다. 대리인 또는 대리업자에 의한 모든 서명은 그 대리인 또는 대리업자가 보험회사를 대리하여 서명하였는지 또는 보험업자를 대리하여 서명하였는지를 표시하여야 한다.

둘째, 보험서류가 2통 이상의 원본으로 발행되었다고 표시하고 있는 경우에는, 모든 원본은 제시되어야 한다.

셋째, 보험승낙서(cover notes)는 수리되지 아니한다.

넷째, 보험증권은 포괄예정보험에 의한 보험증명서 또는 통지서를 대신하여 수리될 수 있다.

다섯째, 보험서류에서 담보가 선적일보다 늦지 않은 일자로부터 유효하다고 보이지 아니하는 한, 보험서류의 일자는 선적일보다 늦어서는 아니된다.

여섯째, 보험서류는 보험담보의 금액을 표시하여야 하고 신용장과 동일한 통화이어야 하며, 보험담보가 물품가액 또는 송장가액 등의 비율이어야 한다는 신용장상의 요건은 최소담보금액이 요구된 것으로 본다.

요구된 보험담보에 관하여 신용장에 아무런 표시가 없는 경우에는, 보험담보의 금액은 적어도 물품의 CIF 또는 CIP 가격의 110%이어야 한다.

CIF 또는 CIP 가격이 서류로부터 결정될 수 없는 경우에는, 보험담보금액은 지급이행 또는 매입이 요청되는 금액 또는 송장에 표시된 물품 총가액 중에서 보다 큰 금액을 기초로 하여 산정되어야 한다. 그리고 보험서류는 위험이 적어도 신용장에 명기된 대로 수탁 또는 선적지와 양륙 또는 최종목적지간에 담보되었음을 표시하여야 한다.

일곱째, 신용장은 요구된 보험의 종류를 명기하여야 하고 만일 부보되어야 하는 부가위험이 있다면 이것도 명기하여야 한다. 신용장이 "통상적 위험(usual risks)" 또는 "관습적 위험(customary risks)"과 같은 부정확한 용어를 사용하는 경우에는, 보험서류는 부보되지 아니한 어떠한 위험에 관계없이 수리되어야 한다.

여덟째, 신용장이 "전위험"(all risks)에 대한 보험을 요구하고 있는 경우, "전위험"이라는 표제를 기재하고 있는지의 여부와 관계없이 "전위험"의 표기 또는 조항을 포함하고 있는 보험서류가 제시된 경우에는, 그 보험서류는 어떠한 위험이 제외되어야 한다는 명시에 관계없이 수리되어야 한다.

아홉째, 보험서류는 모든 면책조항(exclusion clause)의 참조를 포함할 수 있으며, 보험서류는 담보가 소손해면책률 또는 초과(공제)면책률을 조건으로 한다는 것을 표시할 수 있다.

Ⅳ 송장

송장(Invoice)에는 용도에 따라서 여러 종류가 있는데, 대체로 상거래로 작성되는 상업송장(Commercial Invoice)과 영사관이나 세관 등의 관계부서용으로 작성되는 공용송장(Official Invoice)으로 분류된다.

1 상업송장

1) 상업송장의 의의

상업송장(Commercial Invoice)은 수출업자인 송하인(shipper)이 수입업자인 수화인 앞으로 작성하는 선적화물의 내용을 표시하는 출하안내서이며 동시에 화물의 가격 등을 명확히 한 계산서(statement of account)이고 또한 대금청구서의 역할을 하는 문서이다. 따라서 상업송장에는 ① 상품명, ② 하인, ③ 수량, ④ 단가, ⑤ 금액, ⑥ 적재 선박명, ⑦ 선적항, ⑧ 목적지, ⑨ 출항일 등이 상세하게 기입되며 수출입의 통관시에 신고서류의 일부로서 반드시 세관에 제출하도록 되어 있다.

상업송장에는 선적화물에 대해서 작성하는 선적송장(Shipping Invoice)과 수출업자가 상품가격의 견적을 의뢰받고 작성하는 견적송장(Pro-Forma Invoice)이 있다.

견적송장은 수출업자가 견적의뢰를 받고 작성하는 견적서(Estimate) 대신에 이용된다. 견적송장은 상품을 판매할 것을 가정하고 작성되므로 매수인에게 구매심을 유발시킬 수 있으나, 운송서류로서의 구실을 못한다.

한편 선적송장은 거래형태에 따라서 매매계약이 본인 대 본인에 의하여 체결될 때 작성되는 매매송장(Sales Invoice)과 매매계약이 본인 대 대리인 또는 대리인 대 본인에 의해서 체결되는 경우에 작성되는 위탁판매송장(Consignment Invoice)과 위탁매입송장(Indent Invoice) 등으로 분류되고, 견본송부시에 발송되는 견본송장(Sample Invoice)도 있다. 또한 매매송장에는 가격조건, 즉 가격의 구성요소에 따라서 송장가격의 산출내용이 달라지며, 이것에는 CIF Invoice, FOB Invoice 등을 들 수 있다.

2) 상업송장의 수리요건

상업송장은 수익자에 의하여 발행된 것으로 보여야 하며(제38조에 규정된 경우를 제외한다), 발행의뢰인 앞으로 작성되어야 하며(제38조 g항에 규정된 경우를 제외한다), 신용장과 동일한 통화로 작성되어야 하고, 서명될 필요는 없다(UCP 제18조 a항).

그리고 지정은행, 확인은행(있는 경우) 또는 발행은행은 신용장에 의하여 허용된 금액을 초과한 금액으로 발행된 상업송장을 수리할 수 있으며, 그러한 결정은 모든 당사자를 구속한다. 다만 문제의 은행은 신용장에 의하여 허용된 금액을 초과한 금액으로 지급이행 또는 매입하지 아니하여야 한다(UCP 제18조 b항).

그리고 상업송장상의 물품, 용역 또는 이행의 명세는 신용장에 보이는 것과 일치하여야 한다(UCP 제18조 c항).

2 공용송장

공용송장에는 영사송장과 세관송장이 있다.

1) 영사송장

수입국이 수입세의 탈세방지, 수입업자의 외화도피, 수출국의 덤핑(Dumping)방지, 수입과세가격의 사정 등의 목적으로 송장 기재사항의 정확성에 대해서 수출국주재 수입국영사의 증명을 필요로 하는 경우가 있다. 이러한 목적하에 작성되는 것이 영사송장(Consular Invoice)이며 주로 중남미국가에서 요구되고 있다. 특히 외화도피는 매매당사자가 의도적으로 송장금액을 과다하게 책정하여 외화의 부당수수를 하고 있는 사례가 있어 이를 방지하기 위하여 영사송장을 필요로 할 때가 있다.

영사송장의 서식은 각국 특정의 양식을 사용하므로 수출자는 그것을 취득하여 소정사항을 기입하고 영사의 증명을 받는다. 또 국가에 따라

〈서식〉 상업송장

COMMERCIAL INVOICE

①Shipper/Seller Hansol Automobile Tire Inc. C.P.O. Box No.7917 Seoul, Korea		⑧No. & date of invoice HS-070613 June 13, 2007 ⑨No. & date of L/C IMP20748 March 15, 2007
②For account & risk of Messers. Wilson & Company, Limited 50 Liberty Street New York, N. Y. 10001		⑩L/C issuing bank CHASE LINCOLN FIRST BANK N.A.
③Notify party Same as above		⑪Remarks : Details are as per P/O No.DIC-07-03-10 Dated March 10, 2007 to be issued by Wilson & Company, Limited. Origin : Republic of Korea
④Port of loading Busan, Korea	⑤Final destination New York, U.S.A.	⑫Payment Terms Letter of Credit, At sight
⑥Carrier m.s. Brown 709E	⑦Sailing on or about June 15, 2007	⑬Price Term : CIF Busan, Korea

⑭Marks & numbers of Pkg	⑮Description of Goods	⑯Quantity	⑰Unit-price	⑱Amount
"WS" IN TRIANGLE C/NO : 1-2500 USD 171,500.00 ITEM : AUTO TUBE SIZE : Q'TY :	AUTOMOBILE TUBE SIZE VALVE 500R13 TR13	50,000PCS	USD3.43	USD171,500.00

//

P.O.Box :
E-mail :
Telefax No. :
Telephone No. :

⑲ Signed by ____________________
Manager

서는 특정서식을 사용하지 않고 상업송장에 영사가 사증(Visa)한 것을 대용하며, 이것을 영사사증부 상업송장(Visaed Commercial Invoice, Legalized Commercial Invoice)이라고 한다.

2) 세관송장

세관송장(Customs Invoice)도 같은 목적으로 작성되는데 수입업자가 수입화물의 통관시에 특히 세관용으로 제출하기 위하여 수출업자가 작성하는 송장이다. 현재는 미국, 호주, 뉴질랜드, 기타 영연방국가 앞으로 수출하는데 필요하다.

V 기타서류

1 원산지증명서

원산지증명서(Certificate of Origin)는 두개의 종류로 구분된다. 그 하나는 수출국 주재의 수입국 영사 또는 수출지의 상공회의소가 송화물의 원산국 또는 제조원산지를 증명하는 양식(Form No. CCI-1)이고 다른 하나는 UNCTAD의 일반특혜관세제도(GSP)에 의거하여 발행되는 원산지증명서(GSP C/O Form A)이다.

이 원산지증명서에는 상품의 가치와 수량뿐만 아니라 상품이 제조되거나 생산된 장소가 기재된다. 일부국가가 상품의 원산국을 나타내는 원산지증명서를 요구하는 이유는 주로 수입품에 부과할 관세액을 결정하는 데 도움이 되기 때문이다. 일부국가는 원산지증명서가 발급되는 국가의 상공회의소가 이를 확인할 것을 요구하기도 한다.

〈서식〉 일반 원산지증명서 양식

<table>
<tr><td rowspan="3">1. Exporter(Name, address, country)</td><td>ORIGINAL</td></tr>
<tr><td>CERTIFICATE OF ORIGIN
issued by
THE KOREA CHAMBER OF COMMERCE & INDUSTRY
Seoul, Republic of Korea</td></tr>
<tr><td></td></tr>
<tr><td>2. Consignee(Name, address, country)</td><td>3. Country of Origin</td></tr>
<tr><td>4. Transport details</td><td>5. Remarks</td></tr>
<tr><td>6. Marks & numbers : number and kind of packages : description of goods</td><td>7. Quantity</td></tr>
<tr><td rowspan="2">8. Declaration by the Exporter
The undersigned, as an authorized signatory, hereby declares that the avove-mentioned goods were produced or manufactured in the country shown in box 3.

(Signature)

(Name)</td><td>9. Certification
The undersigned authority hereby certifies that the goods described above originate in the country shown in box 3 to the best of its knowledge and belief.

Authorized Signatory</td></tr>
<tr><td>Certificate No.</td></tr>
</table>

〈서식〉 GATT 원산지증명서(TNDC)

1. Goods consigned from(Exporter's business name, address, country)	Reference No.
2. Goods consigned to(consignee's name, address, country)	**PREFERENTIAL ARRANGEMENTS AMONG DEVELOPING COUNTRIES NEGOTIATED IN GATT** **CERTIFICATE OF ORIGIN** (Combined declaration and certificate) Issued in ______________ (Country) See Notes overleaf
3. Means of transport and route(as far as known)	4. For official use

5. *Tariff* Item No.	6. marks and numbers of packages	7. Number & kind of packages ; description of goods	8. Origin criterion (see instructions overleaf)	9. Gross weight or other quantity	10. Number and date of invoices

11. Certification	12. Declaration by the exporter
It is hereby certified, on the basis of control carried out, that the declaration by the exporter is correct. ______________ Place and date, signature and stamp of certifying authority	The undersigned gerby declares that the above details and statements are correct : that all the goods were produced in______________ (Country) and that they comply with the origin requirements specified for those goods in the generalized system of preferences for goods exported to ______________ (importing country) ______________ Place and date, signature of authorized signatory

2 포장명세서

포장명세서(Packing List)는 선적화물의 포장방법, 각 포장단위별 내용명세, 순중량, 총중량, 용적 등을 명시한 것으로서 송장의 내용을 보완하여 주는 서류이다.

즉, 선적화물을 조회하는 경우에 상업송장이나 용적중량증명서로서는 순중량이나 상자안의 내용이 분명하지 않기 때문에 송장의 보조서류로서 포장명세서를 필요로 하게 되는데, 특히 수입통관시에 반드시 필요한 서류이다. 따라서 선적 후 수출업자가 수입업자에게 보내는 운송서류의 사본에는 반드시 이 포장명세서를 동봉하지 않으면 안된다.

실무적으로 포장명세서는 포장단위당 1부씩 작성이 되어 도착지에서 화물을 포장단위별로 구분하는데 사용된다.

3 검사증명서

수입업자가 신용장상에서 검사증명서(Inspection Certificate)를 요구해 오는 경우는 주로 매매계약조건 중 품질조건이 수입업자가 지정한 세계적으로 권위있는 검사기관의 검사에 합격할 것을 조건으로 하여 결정된 경우이다.

사전에 특정검사기관에 대하여 합의해 두지 않은 경우에는 계약상품이 우리나라의 수출검사법의 지정물품이라면 지정검사기관이 발행하는 검사합격증이나 또는 제조업체가 자체로 검사한 증명서라야 된다.

4 용적 · 중량증명서

상업송장에는 화물의 개수가 기재되지만 화물의 중량이나 용적은 지면관계상 생략되는 경우가 있으며, 기재되어도 총괄적인 기재에 그친다. 그래서 수출화물의 각 단위별 총중량, 총용적, 순중량의 명세에 관한 증명이 필요하며 이 서류가 용적중량증명서(Certificate and List of Measurement and/ or Weight)이다.

따라서 이 서류에는 각 화물마다 총중량과 순중량 및 높이·가로·세로의 길이와 용적이 명시되어 있어 상업송장의 보조서류로서 이용된다. 이 증명서는 화물의 선적시에 공인검량인(Public Weighter)에 의하여 화물검량의 결과를 발급한다.

5 위생증명서

위생증명서(Certificate of Health)는 식료품, 화장품, 육류, 약품 등을 수출하는 경우에 수입국에서 지정한 기준에 합치된다는 것과 무균, 무해임을 증명하는 서류이다.

6 검역증명서

위생증명서의 일종으로 특히 식물이나 동물 또는 동물의 부산물 등을 수출하는 경우 전염병 등 세균의 침입을 예방하기 위하여 수출국에서 소독 등 방역·검역을 실시하고 발급하여 주는 서류를 검역증명서(Quarantine Certificate)라고 한다.

7 차변표와 대변표

차변표(Debit Note)는 전표의 발행자가 그 상대방에 대하여 전표에 기재된 금액을 청구할 권리가 있음을 표시한 전표이다. 예를 들어 매수인이 부담해야 할 영사송장의 사증료를 매도인이 부담할 경우에는 수출업자가 매수인 앞으로 차변표를 발행한다.

〈서식〉 포장명세서

PACKING LIST

<table>
<tr><td colspan="2" rowspan="2">①Shipper/Seller
Hansol Automobile Tire Inc.
C.P.O. Box No.7917
Seoul, Korea</td><td colspan="3">⑧No. & date of invoice
HS-070613 June 13, 2007</td></tr>
<tr><td colspan="3">⑨No. & date of L/C
IMP20748 March 15, 2007</td></tr>
<tr><td colspan="2">②For account & risk of Messers.
Wilson & Company, Limited
50 Liberty Street
New York, N. Y. 10001</td><td colspan="3">⑩Consignee
CHASE LINCOLN FIRST BANK N.A.</td></tr>
<tr><td colspan="2">③Notify party
Same as above</td><td colspan="3">⑪Remarks :
Details are as per P/O
No.DIC-07-03-10
Dated March 10, 2007 to be issued by Wilson & Company, Limited.
Origin : Republic of Korea</td></tr>
<tr><td>④Port of loading
Busan, Korea</td><td>⑤Final destination
New York, U.S.A.</td><td colspan="3">⑫Payment Terms
Letter of Credit, At sight</td></tr>
<tr><td>⑥Carrier
m.s. Brown 709E</td><td>⑦Sailing on or about
June 15, 2007</td><td colspan="3">⑬Price Term :
CIF Busan, Korea</td></tr>
<tr><td>⑭Marks & numbers of Pkg</td><td>⑮Description of Goods</td><td>⑯Quantity/Net wt</td><td>⑰Gross wt</td><td>⑱Measure</td></tr>
<tr><td>"WS"
IN TRIANGLE
C/NO : 1-2500
ITEM : AUTO TUBE
SIZE :
Q'TY :</td><td>AUTOMOBILE TUBE
SIZE VALVE
500R13 TR13</td><td colspan="3">50,000PCS 12,810KGS 15,370KGS 148CBM</td></tr>
<tr><td colspan="5">//</td></tr>
<tr><td colspan="2">P.O.Box :
E-mail :
Telefax No. :
Telephone No. :</td><td colspan="3">⑲ Signed by ____________________
Manager</td></tr>
</table>

〈서식〉 품질 · 수량 · 용적증명서

CERTIFICATE OF QUALITY/QUANTITY/WEIGHT

DATE :

WE, THE MANUFACTURER,

HEREBY CERTIFY THAT QUALITY/QUANTITY/WEIGHT MENTION BELOW ARE IN GOOD CONDITION AFTER ARE FULLY INSPECTED AT OUR FACTORY.

L/C NO. :

INVOICE NO. :

COMMODITY :

QUANTITY :

QUALITY

INSPECTION	SPEC	JUDGEMENT	REMARKS

SIGNED BY ____________________

한편 대변표(Credit Note)는 차변표와는 반대로 전표의 발행자가 그 상대방에 대하여 지급계정에 있는 경우, 전표에 기재된 금액을 지급해야 할 경우에 그 내용과 금액을 상대방에게 통지하는 전표이다. 수출업자가 매수인에게 지불해야 하는 대리점 수수료를 이 대변표에 기재하여 통지하기도 하고 혹은 매수인이 수입지에서 수출업자를 위해 대신 지불한 비용을 수출업자가 나중에 지급하기로 약속한 경우 등에 발행한다.

Ⅵ 환어음의 매입과 결제

1 환어음의 의의

1) 환어음의 개념

환어음은 국제상거래에서 발행인인 채권자가 지급인인 채무자에 대하여 그 채권금액을 지명인 또는 소지자에게 일정한 기일 및 장소에서 지급할 것을 무조건 위탁하는 요식증권이며, 유가증권이다.

환어음의 효력은 원칙적으로 행위지의 법률에 의해 처리되고, 보통 2통이 발행되어 하나가 결제되면 나머지는 무효로 된다.

이러한 환어음을 이용하는 대금결제방식을 추심이라고 하는데 추심은 은행이 사전에 미리 접수된 지시에 따라 인수 또는 지급을 받기 위하여 또는 인수 또는 지급과 상환으로 서류를 인도하기 위하여 또는 기타의 조건으로 서류를 인도하기 위하여 서류를 취급하는 것을 말한다. 즉, 수입자가 신용장을 개설하지 않아도 수출업자가 수입자에게 신용을 제공하는 거래로써 수출업자는 물품을 선적한 후 환어음과 선적서류를 첨부하여 이를 은행을 통하여 추심하여 수출대금을 회수하는 거래로 수입자은행은 대금지급을 약속하지 않고 단순히 어음을 추심하는 업무만 수행한다.

2) 환어음의 당사자

(1) 신용장을 근거로 한 환어음의 당사자

① 발행인(Drawer) : 환어음을 발행하고 서명하는 자, 즉 수출업자인 채권자.

② 지급인(Drawee = Accountee) : 환어음의 지급을 위탁받는 채무자, 즉 발행은행 또는 수입업자

③ 수령인(Payee) : 환어음의 지급을 받는 자로서 발행인이 될 수도 있고 발행인이 지정하는 제3자도 될 수 있다.

(2) D/P, D/A 에 근거한 환어음의 당사자

① 추심의뢰인(Principal)은 "seller", "exporter", "drawer", "consignor", "customer"를 의미한다.

② 추심의뢰은행(Remitting bank)은 의뢰인으로부터 추심을 의뢰받은 수출국의 은행을 의미한다.

③ 추심은행(Collecting bank)은 추심의뢰은행 이외에 추심과정에 참여하는 은행을 의미한다.

④ 제시은행(Presenting bank)은 지급인에게 제시를 하는 수입국의 추심은행을 말한다.

⑤ 지급인(Drawee)이 있는바, 이는 수입업자, 즉 "buyer", "importer", "consignee"를 말한다.

⑥ D/P, D/A를 반드시 명시하여야 하며 명시하지 않은 경우 D/P로 간주한다. D/P는 유럽형 CAD이라고도 한다.

3) 환어음의 종류

(1) 화환어음(documentary bill of exchange)과 무담보어음(clean bill of exchange)

① 화환어음은 다른 운송서류와 함께 발행되는 것이고, 무담보어음은 운송서류가 첨부되지 않고 환어음 단독으로 결제 가능하다.

② 물품대금결제는 운송서류가 첨부되므로 화환어음이 쓰이고 수수료, 보험료, 운임 등에는 무담보어음이 쓰인다.

(2) 일람불어음(sight draft, demand draft)과 기한부어음(usance bill, time draft, after sight draft)

① 만기일(tenor)에 따라, 어음이 제시(present)되면 즉시 지급되는 일람불어음과 일정기간 경과 후 지불되는 기한부어음이 있다.

② 기한부어음은 다시 일람 후 정기불(After Sight : d/s)과 일부 후 정기불(After Date : d/d)로 구분된다.
ex) at 00 days after sight(00d/s), at 30 days after date(30d/d)

(3) 상환청구가능(with recourse)과 상환청구불능(without recourse)

환어음에 대한 지급거절이 있는 경우 환어음을 매입한 선의의 소지인(bona fide holder)이 어음발행인에게 대금상환을 청구할 수 있느냐에 따라 상환청구가능어음과 불능어음으로 구분할 수 있다. 다만, 한국의 어음법상 상환청구불능어음은 인정하지 않고 있다.

2 환어음과 기재사항

1) 필수기재사항

① 환어음표시 : Bill of exchange라는 표시

② 무조건 위탁문언(unconditional order in writing) : 지급에 조건을 붙

이거나 지급자금, 방법을 한정시키는 문언이 없음.

③ 지급인(Drawee) : "the person to whom the bill is addressed"

④ 지급기일 : 일람출급(at sight), 일람후 정기출급/일부후 정기출급, 확정일출급(on a fixed date)

⑤ 수령인의 표시 : 기명식(payable to a specified person), 지시식(payable to order, payable to the order of specified person), 무기명식(payable to bearer)

⑥ 지급지의 표시

⑦ 발행일 및 발행지의 표시

⑧ 발행인(drawer)의 기명날인

2) 임의기재사항

어음번호, 신용장번호, 신용장 발행일자, D/A・D/P어음의 표시, 환율 및 이자문언 등

3 환어음의 작성

〈서식〉 환어음

①BILL OF EXCHANGE

② No. ____________ ④ Date : ____________

③ For ____________ ⑤ Place : ____________

⑥ At __________ sight of this FIRST of Exchange(Second of the same tenor and date being unpaid) ⑦ pay to ⑧ ______________ or order the sum of ⑨ ____________________

⑩ 'Value received and charge the same to account of __________________

⑪ Drawn under __________________________

⑫ L/C No.__________ ⑬ Dated ____________

⑭ To ____________ ⑯ ____________

⑮ ____________ ____________

____

____

① 환어음의 표시

어음문언 중에 "환어음"(Bill of Exchange)의 표시가 있어야 한다.

② 환어음 번호

환어음 유통과정에서 필요한 단순한 참조사항으로써 기재하지 않는 경우도 많다.

③ 환어음 발행금액

환어음 발행금액은 상업송장 금액과 일치해야 한다. 특히 분할방식거래에서 어느 한 분할분의 이행지체 또는 불일치가 있으면 그 부분을 포함하여 그 이후 분까지 모두 지급거절 사유가 됨에 주의하여야 한다. 환어음은 외국환어음이므로 반드시 화폐의 종류를 명시하여야 한다. 그리고 일정한 화폐단위로 인쇄된 환어음을 지워서(cross out) 다른 화폐단위로 기재하면 무효가 된다.

④ 발행일

환어음 발행일은 선적완료일로부터 신용장의 유효기일 사이의 어느 날이라도 좋으나 보통 환어음을 은행에 제시하는 날짜를 기입한다.

⑤ 발행지

환어음의 발행지는 발행인 주소지의 도시명을 기입한다.

⑥ 지급만기일의 표시

지급만기일은 매매계약서의 결제조건에서 결정되어 신용장상에 나타난다. 대금지급의 만기일에 관하여 일람출급(at sight), 일람 후 정기출급(at xx days after sight), 일부 후 정기출급(at xx days after date), 확정일출급(on a fixed date) 등을 표시하여야 한다.

일람출급인 경우에는 "at x x x sight"와 같이 표시하고, 일람 후 30일인 경우 "at 30 days after sight"와 같이 표시한다. 단, 만기일의 표시가 없는 것은 일람출급어음으로 간주하며, 어음금액의 분할지급은 우리나라에서는 무효이나 지급지에서 허용하고 있으면 유효하다.

⑦ 무조건 위탁문언

"pay to … the of US$ FIVE HUNDRED THOUSAND ONLY"와

같이 지급금액을 단일통화로 일정 금액의 무조건 지급위탁의 문언(unconditional order in writing)을 표시하여야 한다. 즉, 지급에 조건을 붙이거나 지급자금 또는 지급방법을 한정하는 문언이 기재되어 있는 경우에는 어음이 무효가 된다.

⑧ 수령인의 표시

수령인(payee)의 표시는 어음금액의 지급을 받을 사람의 표시인데 기명식, 지시식, 무기명식 등으로 표시할 수 있다. 통상 환어음의 매입은행을 기입하며, 실무에서는 수출업자가 거래은행의 환어음 양식을 사용하기 때문에 매입은행이 인쇄되어 있다.

⑨ 환어음 문자금액

앞서 기재한 숫자금액을 문자로 표시한다. 문자와 숫자를 병기하는 경우 양자 간에 차이가 나면 문자로 표시된 금액을 어음금액으로 간주하며, 문자 또는 숫자로 중복하여 기재할 경우 그 금액에 차이가 있을 때는 최소금액을 어음금액으로 한다.

그리고 다음에 있는 "value received"란 문구는 보통 대가문언이라고 하는데, 이것은 "환어음발행인이 대금을 수령했다"고 하는 뜻으로 환어음면의 상투적인 문구로서 기재하는데 실질적으로는 유통어음이 아니라 상거래의 결정임을 표시하는 것이다.

⑩ 지급청구문언

어음발행인이 지급인에게 지급을 지시하는 것으로서 지급인이 환어음을 결제하면 그 대금은 "account of~" 이하에 기재하는 자에게 청구하라는 문구이다. 따라서 "account of~" 이하는 "accountee"(채무자)가 기재한다. 즉, 신용장거래의 경우에는 개설의뢰인(수입업자)가 D/A, D/P거래의 경우에는 수입업자를 기재한다. 이 문구는 법적인 필수기재사항은 아니나 상관습상 오랫동안 사용되어 왔다.

⑪ 신용장 발행은행

"drawn under" 이하에는 신용장 발행은행을 기재하며, 추심결제방식인 어음지급서류인도(D/P) 또는 어음인수서류인도(D/A)거래의 경우에는 실제로 환어음의 지급인이 되는 수입업자를 기재한다.

⑫ 신용장번호

환어음 발행의 근거가 되는 신용장의 번호를 기재하며, 어음지급서류인도(D/P) 또는 어음인수서류인도(D/A)거래의 경우에는 계약서 번호를 기재한다.

⑬ 신용장 발행일자

환어음 발행의 근거가 되는 신용장의 발행일자를 기재한다. 통지은행의 양식으로 통지된 신용장의 경우에는 통지일자와 발행일자를 구분하여야 한다.

⑭ 지급인(drawee)

어음 문언 중의 지급인은 지급행위를 위탁받은 자로서 신용장방식거래의 경우에는 발행은행을 기재하며, 어음지급서류인도(D/P) 또는 어음인수서류인도(D/A)거래 등 무신용장방식거래의 경우에는 수입업자를 기재한다.[22] 즉, 신용장의 어음발행요령에서 "value on" 또는 "drawn on" 뒤에 수입업자가 기재되어 있으면 수입업자를 기입하고, 'us' 또는 발행은행명이 기재되어 있으면 발행은행을 기재한다.

⑮ 지급지

추심에 관한 통일규칙 제8조에 지급인의 주소가 정확히 기재되어야 한다고 규정하고 있는데, 신용장에 별도 명시가 없는 한 수입지 지명의 표시만으로도 충분하다.

⑯ 발행인의 기명날인

환어음의 발행인인 수출업자의 회사명, 대표자 또는 대리인의 자격을 명시하고 기명날인한다.

영국 환어음법 제55조에 "매입은행은 발행인에 대해서 상환청구권을 갖는다"(Bank has recourse against the drawer of the bill)고 되어 있다. 발행인은 만일 그 발행어음이 지급거절(dishonored)되면 그 어음

22) 추심에 관한 통일규칙 제13조.

소지인 또는 배서인(endorser)에게 보상해 주어야 한다.

5) 추심거래 절차

① 수출업자와 수입업자가 신용장 없이 추심방식의 대금결제조건으로 매매계약을 체결한다.

② 수출업자는 수입업자의 선적지시를 받는 대로 매매계약에 일치한 물품을 기한 내에 선적한 후 선적서류를 구비한다.

③ 선적서류를 구비한 수출업자(추심의뢰인)는 수입업자를 지급인으로 한 추심환어음을 발행하여 선적서류와 함께 자신의 거래은행에 제시하면서 수입업자의 거래은행에 어음대금을 추심의뢰하여 줄 것을 요청한다.

④ 수출업자로부터 추심요청을 받은 거래은행(추심의뢰은행)은 추심에 필요한 모든 지시사항을 기재한 추심의뢰서(collection order)를 발송하고 환어음 대금을 지급 또는 인수할 것을 요구한다.

⑤ 수입업자의 거래은행(추심은행)은 추심환어음과 선적서류를 접수하는 즉시 수입업자에게 선적서류가 도착하였다는 통지서(arrival notice)를 발송하고 환어음 대금을 지급 또는 인수할 것을 요구한다.

⑥ 은행으로부터 추심을 받은 수입업자(지급인)는 추심환어음이 D/P 조건인 경우에는 일람 후 즉시 대금을 지급하고 D/A 조건인 경우에는 제시된 어음에 "Accpted by～"라고 배서한다.

⑦ 동시에 수입업자로부터 환어음의 지급 또는 인수의 서명을 받은 추심은행은 선적서류를 인도해 준다.

⑧ 대금을 결제한 수입업자는 선적서류를 가지고 운송업자로부터 물품을 수령한다.

⑨ 한편 추심은행은 수입업자로부터 지급받은 추심대금을 추심의뢰서에 명기된 대로 추심의뢰은행에게 송금한다.

⑩ 추심은행으로부터 대금을 송금받은 추심의뢰은행은 최종적으로 수출업자에게 이를 지급함으로써 거래가 끝난다.

7장 화환신용장통일규칙

I 신용장통일규칙의 개요

1 신용장통일규칙의 의의

신용장(letter of credit : L/C)은 그동안 국제무역의 결제수단으로써 국제무역의 발전에 크게 기여를 해 왔지만, 1980년대 이후 신용장거래가 크게 감소함에 따라 신용장거래에 대한 위기감이 높아지고 있다. 신용장 이용감소의 원인으로는 세계화의 진전에 따른 본지사간의 거래가 크게 늘고 있으며, 대기업의 신용장 이용비중이 크게 감소했다는 점과 신용장통일규칙 규정의 불명확성에 따른 신용장거래에 대한 신뢰감 저하의 문제 등을 들 수 있다.

UCP는 ICC가 국제무역거래시 신용장에 관한 법률의 상충문제를 극복하고 신용장분야의 통일성을 기하기 위해 1933년에 처음 제정한 이래 대략 10년 주기로 개정과정을 거치면서 수정·보완되어 왔는데, 2006년에 제6차 개정이 이루어졌다. 정식명칭은 화환신용장에 관한 통일규칙 및 관례(Uniform Customs and Practice for Documentary Credits, 2007 Revision, ICC Publication No. 600 : UCP 600, 이하 UCP 600이라 한다)이다.

그동안 ICC 은행위원회는 2002년에 국제표준은행관행(International Standard Banking Practice : ISBP)을 제정하여 발표하였으며,

또한 2002년에 전자무역거래에 부응하여 "전자적 제시를 위한 화환신용장 보충규칙"(Supplement to Uniform Customs and Practices for Electrionic Presentation : e-UCP)을 제정하였다.

UCP 600은 운송업, 보험업, 은행업 및 전자상거래 분야에서의 새롭게 발전하고 있는 관행을 수용하고, 동 규칙상에 있는 애매한 표현을 제거함으로써 불일치 서류의 건수를 줄이고자 하는 ICC의 노력의 결과이다.

2003년 5월부터 시작된 개정작업은 2006년 9월 최종 초안이 완성되었고, 2006년 10월 25일 ICC의 은행위원회에 의해 만장일치로 채택되어 2007년 1월 1일부터 시행되었다.

UCP 600의 개정 이유는 첫째, 종전의 다른 개정과 마찬가지로 은행업, 운송업 및 보험업의 발전을 반영하기 위한 것을 들 수 있다.

둘째, 일관성이 없는 적용과 해석을 초래할 수 있는 문언을 제거하기 위해 UCP에서 사용된 언어와 문제를 살펴 볼 필요성을 들 수 있다.

셋째, 국제무역에서 인정되는 결제수단으로서의 신용장의 시장점유율을 유지하거나 증대하는데 심각한 결과를 초래할 만큼 높다고 간주되는 거절비율을 줄이기 위해서라 할 수 있다.

2 UCP 600의 주요 개정내용 및 구성

UCP 600은 UCP 500 이래 변화되어 온 수많은 국제무역관행을 반영하고 조문의 불명확성의 제거를 위해 조문 문언에 대한 대대적인 개편을 단행하였다.

첫째, 외형적인 변화내용을 살펴보면, 조문 내용이 전반적으로 수정 · 보완되었다는 점을 들 수 있다. UCP 조문을 기존의 47개조에서 39개조로 통폐합하여 재배치하였다. 또한 대부분의 기존 조항의 내용이 전부 또는 부분적으로 통합하거나 조항간 이동을 통하여 재배치함으로써 조항구조의 체계화를 도모하였다. 그리고 시대적 변화에 따라 불필요해진 기존의 조항은 삭제하고, 새로운 조항을 신설하여 보완하였다. 그 결과 외형적으로는 UCP 500의 조항과 대조하기 힘들 정도의 대폭적인 개정이 이루어졌다.

둘째, 내용면에서는 기존의 UCP 500과 차별화될 정도의 대폭적인 개정이 이루어진 것은 아니며, UCP 500의 각 조문이 의도하고 있는 기본 취지는 대부분 그대로 유지되고 있다. 그러나 이번 개정에서 상당한 정도의 내용변경을 가져왔는데, 이를 살펴보면 다음과 같다.

〈표 7-1〉 UCP 500과 UCP 600의 주요내용 비교

구분	주요 변경내용	비고
서류심사기간 단축 (제14조)	선적서류 내도일 다음날부터 7 은행영업일 → 5 은행영업일	2일 단축 "상당한 기간" 표현 삭제
신용장의 취소불능성 (제2조, 제3조)	신용장은 그 명칭이나 기술에 관계없이 모두 취소불능	취소가능신용장 문구 완전삭제
용어의 정의조항 신설(제2조)	정의조항 신설	용어의 일관성을 증대시키고 조문의 간결화
기준일자에 관한 해석변경(제3조)	기간계산시 당해일자 포함여부 • 선적기간 : from(포함), after(미포함) • 만기일 : from, after 모두 미포함(신설)	선적에만 적용되던 일자를 만기일 등 모든 일자에 적용되도록 함
일치하는 제시 (제15조)	"in compliance with L/C terms"를 "complying presentatioin"으로 변경하고 그 개념을 명확히 함	신용장 조건/UCP/ISBP에도 일치하는 서류의 제시가 필요함
연지급신용장의 할인허용 (제7조)	개설은행의 확약에 포함 반영되어 연지급 신용장도 만기일 전 할인 허용	연지급 신용장의 선구매, 매입조항신설

지정은행개념 신설 (제12조)	available with any bank란 명시하지 않는 한 지정은행만 개설은행에 권리행사가능	확인, 지급, 인수, 매입은행을 반드시 지정함
거절통지횟수, 내용 및 방법의 명확화	1회에 한함. 지급거절의 사실 명시, 서류의 행방을 명시해야 함	서류의 행방명시방법이 2가지 → 4가지

이러한 UCP 600의 주요구성 및 내용을 살펴보면 다음과 같다.

〈표 7-2〉 UCP 600의 구성 및 내용

장	조항 및 내용
A. 총칙	제1조 신용장통일규칙의 적용범위 제2조 정의 제3조 해석 제4조 신용장과 원인계약 제5조 서류와 물품, 서비스 또는 의무이행
B. 은행의 의무 및 책임	제6조 이용가능성, 유효기일 그리고 제시장소 제7조 개설은행의 의무제 8 조 확인은행의 의무 제9조 신용장 및 이에 대한 조건변경의 통지 제10조 조건변경 제11조 전신과 사전 통지된 신용장 및 그 조건변경 제12조 지 정 제13조 은행간 대금상환 약정
C. 서류의 심사와 거절	제14조 서류심사의 기준 제15조 일치하는 제시 제16조 하자 있는 서류, 권리포기 및 통지 제17조 원본서류와 사본
D. 서류	제18조 상업송장 제19조 적어도 두 개 이상의 다른 운송방법을 포괄하는 운송서류 제20조 선하증권 제21조 비유통성 해상운송장 제22조 용선계약부 선하증권 제23조 항공운송서류 제24조 도로, 철로 또는 내수로 운송서류 제25조 특송배달수령증, 우편수령증 또는 우편증명서 제26조 갑판적재, 내용물 부지약관과 운임에 대한 추가비용

	제27조 무고장 운송서류 제28조 보험서류와 부보범위
E. 기타조항	제29조 유효기일 또는 최종제시일의 연장 제30조 신용장 금액, 수량, 단가의 과부족 제31조 분할청구 또는 분할선적 제32조 할부청구 또는 할부선적 제33조 제시시간
F. 면책	제34조 서류의 유효성에 대한 면책 제35조 전송과 번역에 대한 면책 제36조 불가항력 제37조 지시 받은 당사자의 행위에 대한 면책
G. 양도	제38조 양도가능 신용장 제39조 대금의 양도

Ⅱ UCP 600의 주요 내용[23)]

1 총칙

1) UCP 600의 적용범위

2007년 개정 국제상업회의소 간행물 제600호의 화환신용장통일규칙 및 관례, 즉 UCP 600은 적용가능한 범위 내에서 보증신용장(stand-by credit)을 포함하여 모든 화환신용장(documentary credit)에 적용되며, 신용장에 별도의 명시가 없는 한 모든 관계 당사자를 구속한다(제1조).

23) 운송서류의 수리요건과 관련한 내용(UCP 600 제18조 내지 제28조)은 본서 제6장 신용장과 무역결제서류 II. 운송관계서류 부분을 참고하세요. 그리고 은행의 의무 및 책임과 관련한 내용 중 은행의 확약(UCP 600 제7조 및 제8조)과 신용장 조건변경 통지(UCP 600 제10조 및 제11조)에 관한 내용은 본서 제5장 신용장거래 실무 III. 신용장조건변경 및 취소부분을 참조하세요.

2) 용어의 정의

통지은행(advising bank), 발행의뢰인(applicant), 수익자(beneficiary), 확인은행(confirming bank), 발행은행(issuing bank), 지정은행(nominated bank), 제시인(presenter), 신용장(credit), 인수·지급(honour), 매입(negotiation), 제시(presentation), 은행영업일(banking day) 등의 용어에 대하여 정의하고 있다(제2조).

① 통지은행(advising bank)이란 발행은행의 요청에 따라 신용장을 통지하는 은행을 말한다.

② 발행의뢰인(applicant)이란 신용장이 발행되도록 요청하는 당사자를 말한다.

③ 은행영업일(baking day)이란 이 규칙에 따라 업무가 이행되는 장소에서 은행이 정상적으로 영업을 하는 일자를 말한다.

④ 수익자(beneficiary)란 그 자신을 수익자로 하여 신용장을 발행받는 당사자를 말한다.

⑤ 일치하는 제시(complying presentation)란 신용장의 제조건, 신용장통일규칙 및 국제표준은행관행의 적용가능한 규정에 따른 제시를 말한다.

⑥ 확인(confirmation)이란 발행은행의 확약에 추가하여 일치하는 제시를 지급이행 또는 매입할 확인은행의 확약을 말한다.

⑦ 확인은행(comfirming bank)이란 발행은행의 수권 또는 요청에 따라 신용장에 확인을 추가하는 은행을 말한다.

⑧ 신용장(credit)이란 그 명칭이나 기술에 관계없이 취소불능이며 일치하는 제시서류에 대하여 지급하겠다는 분명히 확약하는 모든 약정을 말한다.

⑨ 결제(honour)는 다음과 같은 내용을 말한다.

a. 신용장이 일람지급에 의하여 사용될 수 있는 경우 일람 후 지급하는 것.

b. 신용장이 연지급에 의하여 사용될 수 있는 경우 연지급확약의무를 부담하고 만기일에 지급하는 것.

c. 신용장이 인수에 의하여 사용될 수 있는 경우 수익자에 의하여 발행된 환어음("어음")을 인수하고 만기일에 지급하는 것.

⑩ 발행은행(issing bank)이란 발행의뢰인의 요청에 따르거나 또는 그 자신을 위하여 신용장을 발행하는 은행을 말한다.

⑪ 매입(negotiation)이란 상환이 지정은행에 행해져야 할 은행영업일에 또는 그 이전에 수익자에게 대금을 선지급하거나 또는 선지급하기로 약정함으로써 일치하는 제시에 따른 환어음(지정은행이 아닌 은행을 지급인으로 하여 발행된) 및/또는 서류의 지정은행에 의한 매입하는 것을 말한다.

⑫ 지정은행(nominated bank)이란 신용장이 사용될 수 있는 은행 또는 모든 은행에서 사용될 수 있는 신용장의 경우에는 모든 은행을 말한다.

⑬ 제시(presentation)란 발행은행 또는 지정은행에 신용장에 의한 서류를 인도하는 행위 또는 그렇게 인도된 서류를 말한다.

⑭ 제시인(presenter)이란 제시를 행하는 수익자, 은행 또는 기타 당사자를 말한다.

3) 용어의 해석

UCP 500의 각 조항에 규정되어 있었던 용어의 해석에 관한 조항을 제3조에서 통합하여 정리하고 있다.

① 신용장(credit)은 비록 취소불능이라는 표시가 없다 하더라도 취소불능(irrevocable)으로 취급하며, 서류(document)는 수기(handwriting), 모사 서명(facsimile signature), 천공 서명(perforated signature), 스탬프(stamp), 상징(sybol) 또는 모든 기타의 기계적 또는 전자적 인증방법(other mechanical or electronic method of authentication)에 의하여 서명될 수 있다. 그리고 공인(legalized), 사증(visaed),

증명(certified) 또는 유사한 서류의 요건은 그러한 요건을 충족하는 것으로 보이는 서류상의 모든 서명(any signature), 표지(mark), 스탬프(stamp) 또는 라벨(label)에 의하여 충족된다.

② 다른 국가에 있는 어떠한 은행의 지점은 독립된 은행으로 본다.

③ 서류의 발행인을 설명하기 위하여 사용되는 "일류의(first class)", "저명한(well known)", "자격 있는(qualified)", "독립적인(independent)", "공인된(official)", "유능한(competent)" 또는 "국내의(local)"와 같은 용어는 서류발행을 위한 수익자 이외의 모든 발행인에게 허용한다.

④ 서류에 사용되는 것으로 요구되지 아니하는 한, "신속히(prompt)", "즉시(immediately)" 또는 "가능한 빨리(as soon as possible)"와 같은 단어는 무시된다.

⑤ "~에 또는 ~경에"(on or about) 또는 이와 유사한 표현은 어떠한 일이 명시된 일자 이전 역일(calendar days) 5일부터 명시된 일자 이후 역일 5일까지의 기간 동안에 발행되도록 약정하는 것으로 해석되며 초일 및 종료일이 포함되는 것으로 한다.

⑥ 선적기간을 결정하기 위하여 사용된 경우 "to", "until", "till", "from" "between"이라는 단어는 언급된 일자 및 일자들을 포함하며, "before" 및 "after"라는 단어는 언급된 일자를 제외한다.

⑦ 만기일을 결정하기 위하여 사용된 경우 "from" 및 "after"라는 단어는 언급된 일자를 제외한다.

⑧ 어느 개월의 "전반"(first half) 및 "후반"(second half)이라는 용어는 모든 일자를 포함하여 당월의 1일부터 15일까지, 16일부터 말일까지로 각각 해석된다. 그리고 어느 개월의 "상순"(beginning), "중순"(middle) 및 "하순"(end)이라는 용어는 양쪽 일자를 포함하여 당월의 1일부터 10일까지, 11일부터 20일까지, 21일부터 말일까지로 각각 해석된다.

4) 신용장 독립 · 추상성원칙

(1) 신용장과 계약과의 관계

신용장은 그 성질상 그것이 근거될 수 있는 매매계약 또는 기타 계약과는 독립된 거래이다. 은행은 그러한 계약에 관한 어떠한 참조사항이 신용장에 포함되어 있다 하더라도 그러한 계약과는 아무런 관계가 없으며 또한 이에 구속되지 아니한다. 결과적으로 신용장에 의하여 지급이 행하거나, 매입하거나 또는 기타 모든 의무를 이행한다는 은행의 확약은 발행은행 또는 수익자와 발행의뢰인과의 관계로부터 생긴 발행의뢰인에 의한 클레임 또는 항변을 받지 아니한다.

그리고 수익자는 어떠한 경우에도 은행상호간 또는 발행의뢰인과 발행은행간에 존재하는 계약관계를 원용할 수 없다(제4조 a항 : 신용장의 독립성의 원칙).

발행은행은 신용장의 필수적인 부분으로서 근거계약의 사본, 견적송장 등을 포함시키지 않도록 해야 한다(제4조 b항).

(2) 서류와 물품 · 용역 · 이행

은행은 서류를 취급하는 것이며 그 서류와 관련될 수 있는 물품, 용역 또는 이행을 취급하는 것은 아니다(제5조, 신용장의 추상성의 원칙).

2 은행의 의무 및 책임

1) 사용 가능성, 유효기일 및 제시장소

(1) 신용장의 사용가능성에 대한 명시

신용장은 그 신용장이 사용가능한 특정은행이나 모든 은행에서 사용가능한지의 여부를 명시하여야 하며(제6조 a항), 또한 일람지급, 연지급, 인수 또는 매입(sight payment, deferred payment, acceptance or negotiation) 중 어느 유형으로 사용가능한지를 명시하여야 한다(제6조 b항).

그리고 신용장은 발행의뢰인을 지급인으로 발행된 환어음에 의하여 사용가능하도록 발행되어서는 아니 된다(제6조 c항).

(2) 신용장 유효기일과 제시장소

신용장은 제시를 위한 유효기일(expiry date for presentation)을 명시하여야 하는데, 인수·지급 또는 매입(honour or negotiation)을 위하여 명시된 유효기일은 제시를 위한 유효기일로 본다(제6조 d항 i호).

신용장의 제시는 유효기일 또는 그 이전에 행하여져야 한다(제6조 e항). 다만, 신용장의 유효기일 또는 제시를 위한 최종일이 은행의 휴업일에 해당하는 경우에는, 그 유효기일 또는 제시를 위한 최종일은 경우에 따라 최초의 다음 은행영업일까지 연장된다(제29조 a항).

그리고 신용장의 제시장소(place for presentation)는 사용가능한 모든 은행이다. 발행은행 이외의 서류제시장소는 발행은행이라는 장소에 추가적인 것이다(제6조 d항 ii호).

2) 지정

지정은행(nominated bank)이 확인은행이 아닌 한, 인수·지급 또는 매입하기 위한 수권은 지정은행이 명시적으로 합의하고 이를 수익자에게 통보하는 경우를 제외하고, 지정은행에게 인수·지급 또는 매입에 관한 어떠한 의무도 부과되지 아니한다(제12조 a항).

발행은행은 어느 은행을 환어음을 인수 또는 연지급확약서를 발행하도록 지정함으로써, 발행은행은 지정은행에게 인수한 환어음 또는 부담한 연지급확약을 선지급 또는 매입할 수 있는 권한을 부여한다(제12조 b항).

확인은행이 아닌 지정은행이 서류의 수령 또는 심사 및 발송은 인수·지급 또는 매입할 의무를 그 지정은행에게 부담시키는 것은 아니며,

그것으로 인수·지급 또는 매입을 구성하는 것은 아니다(제12조 c항).

3) 은행간 상환약정

신용장이 지정은행(청구은행 : claiming bank)이 다른 당사자(상환은행 : reimbursing bank) 앞으로 상환청구 받는 것으로 명시하고 있는 경우, 그 신용장은 상환이 신용장의 발행일에 유효한 은행간 대금상환에 관한 국제상업회의소 규칙에 따르는지를 명시하여야 한다(제13조 a항).

신용장이 상환이 은행간 대금상환에 관한 국제상업회의소 규칙(the ICC rules for bank-to-bank reimbursements)에 따른다고 명시하고 있지 아니한 경우에는 발행은행은 신용장에 명시된 사용가능성에 따르는 상환수권을 상환은행에 반드시 제공하여야 한다. 상환수권은 유효기일에 영향을 받지 아니하여야 한다(제13조 a항 i호).

청구은행은 상환은행에게 신용장의 조건과의 일치증명서를 제공하도록 요구되어서는 아니 된다(제13조 a항 ii호).

상환이 최초의 청구시에 신용장의 조건에 따라 상환은행에 의하여 상환 받지 못한 경우, 발행은행은 발생된 모든 경비와 함께 이자손실의 책임을 부담하여야 한다(제13조 a항 iii호).

상환은행의 수수료는 발행은행의 부담으로 한다. 그러나 그 수수료가 수익자의 부담으로 하고자 하는 경우, 발행은행은 이를 신용장 및 상환수권서 상에 표시할 책임이 있다(제13조 a항 iv호). 상환은행의 수수료가 수익자의 부담으로 하는 경우, 그 수수료가 상환이 이루어질 때 청구은행에 주어야 할 금액으로부터 공제되어야 한다. 상환이 이루어지지 아니한 경우, 상환은행의 수수료는 발행은행의 의무로 남는다(제13조 b항).

발행은행은 최초의 상환 청구시에 상환은행에 의하여 이루어지지 아니하는 경우에도 자신의 상환의무가 면제되는 것은 아니다(제13조 c항).

3 서류의 심사와 거절

1) 서류심사의 기준

지정에 따라 행동하는 지정은행, 확인은행(있는 경우) 및 발행은행은 서류가 문면상 일치하는 제시를 구성하는지 여부를 결정하기 위하여 서류만을 기초로 하여 제시를 심사하여야 한다(제14조 a항).

지정에 따라 행동하는 지정은행, 확인은행(있는 경우) 및 발행은행은 제시가 일치하는지 여부를 결정하기 위하여 제시일의 다음날부터 최대 제5 은행영업일을 각각 가진다. 이 기간은 제시를 위한 모든 유효기일 또는 최종일의 제시일 또는 그 이후 발생하는 사건에 의하여 단축되거나 또는 별도로 영향을 받지 아니한다(제14조 b항).

제19조 내지 25조에서 규정하고 있는 하나 또는 그 이상의 운송서류의 원본을 포함한 서류는 선적일 이후 21일보다 늦지 않게 수익자 또는 그 대리인에 의하여 제시되어야 한다. 그러나 어떠한 경우에도 신용장의 유효기일보다 늦지 않아야 한다(제14조 c항).

신용장 문맥을 읽을 때, 서류의 데이터, 서류의 자체 및 국제표준은 행관행은 서류의 데이터 또는 신용장과 동일성을 요하지 않지만 서류의 데이터, 모든 기타 규정된 서류 또는 신용장과 상충되어서는 아니 된다(제14조 d항).

상업송장 이외의 서류에서 물품, 서비스 또는 이행의 명세는 (명시된 경우) 신용장상의 명세와 상충되지 아니하는 일반용어로 기재될 수 있다(제14조 e항).

신용장이 서류가 누구에 의하여 발행된 것임을 또는 서류의 자료내용을 명시하지 않고 운송서류, 보험서류 또는 상업송장 이외의 서류제시를 요구하는 경우, 은행은 그 서류의 내용이 요구된 서류의 기능을 충족하는 것으로 보이고 그 밖에 제14조 d항과 일치하는 경우, 제시된 대로 서류를 수리한다(제14조 f항).

신용장에 의하여 요구되지는 아니하였으나 제시된 서류는 무시되며 제시인에게 반송될 수 있다(제14조 g항).

신용장이 조건과의 일치성을 표시하기 위하여 서류를 명기하지 아니하고 조건만을 포함하고 있는 경우, 은행은 그러한 조건을 명시되지 아니한 것으로 보고 이를 무시한다(제14조 h항).

서류는 신용장의 발행일자보다 이전의 일자가 기재될 수 있으나, 그 서류의 제시일보다 늦은 일자가 기재되어서는 아니 된다(제14조 i항).

수익자 및 발행의뢰인의 주소가 모든 명기된 서류상에 보이는 경우 이들 주소는 신용장 또는 명기된 모든 기타 서류에 명시된 것과 동일할 필요는 없으나, 신용장에 언급된 각각의 주소와 동일한 국가 내에 있어야 한다. 수익자 및 발행의뢰인의 주소의 일부로서 명기된 연락처 명세(모사전송, 전화, 전자우편 등)는 무시된다. 그러나 발행의뢰인의 주소 및 연락처 명세가 제19조, 제20조, 제21조, 제22조, 제23조, 제24조 또는 제25조에 따라 운송서류상의 수화인 또는 착하통지처 명세의 일부로써 보이는 경우, 이러한 주소 및 연락처명세는 신용장에 명시된 것과 같아야 한다(제14조 j항).

모든 서류상에 표시된 물품의 송하인 또는 탁송인은 신용장의 수익자일 필요는 없다(제14조 k항).

운송서류가 본 규칙의 제19조, 제20조, 제21조, 제22조, 제23조 또는 제24조의 요건에 충족되는 경우, 운송서류는 운송인, 선주, 선장 또는 용선자 이외의 모든 당사자에 의하여 발행될 수 있다(제14조 l항).

2) 일치하는 제시

발행은행이 제시가 일치한다고 결정하는 경우, 발행은행은 인수·지급하여야 한다(제15조 a항).

확인은행이 제시가 일치한다고 결정하는 경우, 확인은행은 인수·지급 또는 매입하고 발행은행에게 서류를 발송하여야 한다(제15조 b항).

지정은행이 제시가 일치한다고 결정하고 인수·지급 또는 매입하는 경우, 지정은행은 확인은행 또는 발행은행에게 서류를 발송하여야 한다(제15조 c항).

3) 불일치서류, 권리포기 및 통지

지정에 따라 행동하는 지정은행, 확인은행(있는 경우) 또는 발행은행은 제시가 일치하지 아니한 것으로 결정하는 경우, 인수·지급 또는 매입을 거절할 수 있다(제16조 a항).

발행은행은 제시가 일치하지 아니한 것으로 결정하는 경우, 발행은행은 독자적인 판단으로 발행의뢰인과 불일치에 관한 권리포기의 여부를 교섭할 수 있다. 그러나 이로 인하여 제14조 b항에서 언급된 기간(5 은행영업일)이 연장되지 아니한다(제16조 b항).

지정에 따라 행동하는 지정은행, 확인은행(있는 경우) 또는 발행은행은 인수·지급 또는 매입을 거절하기로 결정한 경우, 제시인에게 그러한 취지를 단순통지 하여야 한다(제16조 c항).

제16조 c항에서 요구되는 통지는 전신(telecommunication)으로 또는 그 이용이 불가능한 경우 기타 신속한 수단으로 제시일의 다음날로부터 제5은행영업일의 마감시간을 경과하지 아니하는 범위 내에서 반드시 행하여져야 한다(제16조 d항).

지정에 따라 행동하는 지정은행, 확인은행(있는 경우) 또는 발행은행은 제16조 c항 iii호(a) 또는 (b)에 의하여 요구된 통지를 행한 후에, 언제라도 제시인에게 서류를 반송할 수 있다(제16조 e항).

발행은행 또는 확인은행은 본 조항의 규정에 따라 행동하지 아니한 경우, 은행은 서류가 일치하는 제시가 이루어지지 아니하였다는 클레임을 제기할 수 없다(제16조 f항).

발행은행이 인수·지급을 거절한 경우 또는 확인은행이 인수·지급 또는 매입을 거절한 경우 및 은행이 본 조항에 일치하는 취지의 통지를 행하였을 경우, 은행은 이미 지급한 모든 상환금에 이자를 포함하여 반환 청구할 권리를 갖는다(제16조 g항).

4) 원본서류 및 사본

적어도 신용장에 명기된 각 서류의 1통의 원본은 반드시 제시되어야 한다(제17조 a항). 은행은 서류 그 자체가 원본이 아니라고 표시하고 있지 아니하는 한, 명백히 서류발행인의 원본서명, 표기, 스탬프, 또는 부전을 기재하고 있는 서류를 원본으로서 취급한다(제17조 b항).

서류가 별도로 표시하지 아니하는 한 서류에 ⅰ.서류발행인에 의하여 수기, 타자, 천공 또는 스탬프된 것으로 보이는 것 : 또는 ⅱ.서류발행인의 원본용지 상에 기재된 것으로 보이는 것 : 또는 ⅲ.제시된 서류에 적용되지 아니하는 것으로 보이지 아니하는 한, 원본이라는 명시가 있는 것일 경우에는 은행은 서류를 원본으로서 수리 한다(제17조 c항).

신용장이 서류의 사본의 제시를 요구하는 경우, 원본 또는 사본의 제시는 허용된다(제17조 d항).

신용장이 "2통(in duplicate)", "2부(in two fold)" 또는 "2통(in two copies)"과 같은 용어를 사용함으로써 수통의 서류제시를 요구하는 경우, 이것은 서류자체에 별도의 표시가 있는 경우를 제외하고, 적어도 원본 1통 및 사본으로 된 나머지 통수의 제시에 의하여 충족된다(제17조 e항).

4 기타조항

1) 유효기일 또는 제시를 위한 최종일의 연장

신용장의 유효기일 또는 제시를 위한 최종일이 제36조에 언급된 사유 외의 이유로 제시를 받아야 하는 은행이 영업을 하지 아니하는 날인 경우, 유효기일 또는 제시를 위한 최종일은 경우에 따라 그 다음 첫 은행영업일까지 연장된다(제29조 a항).

제시가 그 다음 첫 은행영업일에 이루어지는 경우, 지정은행은 발행은행 또는 확인은행에게 제시가 제29조 a항에 따라 연장된 기간 내에 이루어졌음을 표지서류상에 설명과 함께 제공하여야 한다(제29조 b항).

선적을 위한 최종일은 제29조 a항의 결과로서 연장되지 아니한다(제29조 c항).

2) 신용장금액, 수량 및 단가의 과부족 허용

신용장에 명시된 신용장의 금액 또는 수량 또는 단가와 관련하여 사용된 "약" 또는 "대략"(about or approximately)이라는 단어는 이에 언급된 금액, 수량 또는 단가의 10%를 초과하지 아니하는 과부족을 허용하는 것으로 해석된다(제30조 a항).

신용장이 수량을 규정된 포장단위 또는 개별 품목의 개수로 명시하지 아니하고 어음발행 총액이 신용장금액을 초과하지 아니하는 경우, 물품수량은 5%를 초과하지 아니하는 범위 내에서 과부족이 허용된다(제30조 b항).

물품의 수량이 신용장에 명시된 경우 전량 선적되고 단가는 신용장에 명시된 경우 감액되지 아니한 때, 또는 제30조 b항이 적용될 수 없을 때에는, 분할선적이 허용되지 아니하는 경우에도, 신용장금액의 5%를 초과하지 아니하는 과부족은 허용된다. 이 과부족은 신용장이 특정 과부족을 규정하거나 또는 제30조 a항에 언급된 표현을 사용하는 경우에는 적용되지 아니한다(제30조 c항).

3) 분할어음발행 또는 선적

분할어음발행 또는 분할선적(partial drawings or shipments)은 허용된다(제31조 a항).

동일한 운송수단으로 개시되고 동일한 운송구간을 위한 선적을 증명하는 2세트 이상의 운송서류를 구성하는 제시는, 운송서류가 동일한 목적지를 표시하고 있는 한 서류가 상이한 선적일 또는 상이한 적재항,

수탁지 또는 발송지를 표시하더라도 분할선적으로 보지 아니한다. 그 제시가 2세트 이상의 운송서류를 구성하는 경우에는, 운송서류의 어느 한 세트에 증명된 대로 최종선적일은 선적일로 본다. 동일한 운송방식에서 2개 이상의 운송수단상의 선적을 증명하는 하나 또는 2세트 이상의 운송서류를 구성하는 제시는 그 운송수단이 동일한 일자에 동일한 목적지를 향하여 출발하는 경우에도 분할선적으로 본다(제31조 b항).

2개 이상의 특사수령증, 우편수령증 또는 우송증명서로 구성하는 제시는 그 특사수령증, 우편수령증 또는 우송증명서가 동일한 장소 및 일자 그리고 동일한 목적지를 위하여 동일한 특사업자 또는 우편서비스에 의하여 스탬프 또는 서명된 것으로 보이는 경우에는 분할선적으로 보지 아니한다(제31조 c항).

4) 할부어음발행 또는 선적

신용장에서 일정기간 내에 할부에 의한 어음발행 또는 선적(instalment drawings or shipments)이 명시되어 있는 경우 어떠한 할부분이 할부분을 위하여 허용된 기간 내에 어음발행 또는 선적되지 아니하였다면, 그 신용장은 해당 할부분과 이후의 모든 할부분에 대하여 효력을 상실한다(제32조).

5) 제시시간

은행은 자신의 은행영업시간 외의 제시를 수리할 의무가 없다(제33조).

6 면책

1) 서류효력에 대한 면책

은행은 모든 서류의 형식, 충분성, 정확성, 진정성, 위조 또는 법적 효력에 대하여, 또는 서류상에 규정되거나 또는 이에 부기된 일반조건 또는 특별조건에 대하여 어떠한 의무 또는 책임을 부담하지 아니한다. 또한 은행은 모든 서류에 표시되어 있는 물품의 명세, 서비스 또는 기타 이행의 명세, 수량, 중량, 품질, 상태, 포장, 인도, 가치 또는 존재에 대하여, 또는 물품의 송하인, 운송인, 운송주선인, 수화인 또는 보험자, 또는 기타 당사자의 성실성 또는 작위 또는 부작위, 지급능력, 이행 또는 신용상태에 대하여 아무런 의무 또는 책임을 부담하지 아니한다(제34조).

2) 송달 및 번역에 대한 면책

은행은 모든 통신, 서신 또는 서류가 신용장에 명시된 요건에 따라 송달 또는 송부된 경우, 또는 은행이 신용장에 그러한 지시가 없으므로 인도서비스의 선택에 있어서 주도적 역할을 하였다 하더라도, 은행은 그러한 통신의 송달 또는 서신이나 서류의 인도 중 지연, 분실, 훼손 또는 기타 오류로 인하여 발생하는 결과에 대하여 아무런 의무 또는 책임을 부담하지 아니한다. 지정은행이 제시가 일치하는 것으로 결정하고 그 서류를 발행은행 또는 확인은행에 발송하는 경우, 서류가 지정은행과 발행은행 또는 확인은행간, 또는 확인은행과 발행은행간 송달 중에 분실된 경우라 하더라도, 지정은행이 인수·지급 또는 매입하였는지의 여부에 관계없이, 발행은행 또는 확인은행은 인수·지급 또는 매입하거나, 또는 그 지정은행에 상환하여야 한다. 은행은 전문용어의 번역 또는 해석상의 오류에 대하여 아무런 의무 또는 책임을 부담하지 아니하며 신용장의 용어를 번역함이 없이 송달할 수 있다(제35조).

3) 불가항력(Force Majeure)

은행은 천재, 폭동, 소요, 반란, 전쟁, 테러행위에 의하거나 또는 동맹파업 또는 직장폐쇄에 의하거나 또는 기타 은행이 통제불능의 원인에 의한 은행업무가 중단됨으로 인하여 발생하는 결과에 대하여 아무런 의무 또는 책임을 부담하지 아니한다. 은행은 업무가 재개되어도 업무중단 동안에 유효기일이 경과된 신용장에 의한 인수·지급 또는 매입을 행하지 아니한다(제36조).

4) 피지시인의 행위에 대한 면책

발행의뢰인의 지시를 이행하기 위하여 타은행의 서비스를 이용하는 은행은 발행의뢰인의 비용과 위험으로 이를 이행한다(제37조 a항).

발행은행 또는 통지은행이 타은행의 선택에 있어서 주도적 역할을 하였다 하더라도, 그 은행이 타은행에게 전달한 지시가 이행되지 아니하는 경우, 발행은행 또는 통지은행은 아무런 의무 또는 책임을 부담하지 아니한다(제37조 b항).

타은행에게 서비스를 이행하도록 지시하는 은행은 그 지시와 관련하여 타은행이 부담한 모든 수수료, 요금, 비용 또는 경비("비용")에 대하여 부담하는 의무를 진다. 신용장에 비용이 수익자의 부담이라고 명시하고 있고 그 비용이 대금으로부터 징수 또는 공제될 수 없는 경우, 발행은행은 비용지급에 대하여 부담하는 의무를 진다. 신용장 또는 조건변경은 수익자에 대한 통지가 통지은행 또는 제2통지은행이 자신의 비용을 수령하는 조건으로 한다고 규정하여서는 아니 된다(제37조 c항).

발행의뢰인은 외국의 법률 및 관행에 의하여 부과되는 모든 의무와 책임에 구속되며 이에 대하여 은행에게 보상할 책임이 있다(제37조 d항).

8장 전자신용장

I 전자신용장의 개요

1 전자신용장의 개념

신용장(Letter of Credit : L/C)이란 수입업자인 발행의뢰인(applicant)의 지시와 요청으로 또는 은행이 자신을 위하여 행동하는 한, 발행은행(issuing bank)이 신용장의 제조건에 일치하는 소정의 서류와 상환으로 제3자인 수익자(beneficiary) 또는 그 지시인에게 지급을 이행하거나 수익자가 발행하는 환어음을 지급·인수하거나, 타은행에게 이러한 지급을 이행하도록 또는 그러한 환어음을 매입하도록 수권하거나, 타은행으로 하여금 매입하도록 수권하는 모든 약정을 의미한다. 즉, 신용장이란 신용장 발행은행이 신용장에 기재된 조건을 충족하는 서류를 제시하는 경우에 수출업자인 수익자 또는 그의 대리인에게 대금을 지급하겠다는 확약을 말한다.

전자무역거래가 확산되면서 기존의 종이서류에 기반을 둔 신용장도 데이터 메시지를 활용한 전자적 형식의 전자신용장이 활용되고 있다. 즉, 전자신용장(Electronic Letter of Credit : e-L/C)이란 전자적인 형태로 발행되는 신용장으로서, 신용장의 발행 및 통지뿐만 아니라 그것에 의하여 제시되어야 하는 서류가 전자적 형태를 이루고, 서류 불일치에 관한 비용과 불확실성을 감소시키기 위하여 제시된 서류가 자동으로

점검되는 신용장이라 할 수 있다.

전자신용장의 도입배경은 기존의 신용거래과정에서 서류작성과 관련된 비효율성, 선적서류의 지연에서 오는 문제점의 해결과 더불어 정보통신기술의 발달로 인한 무역거래절차 및 무역서류의 전자화에 기인한 것이라 할 수 있다. 그러나 이러한 전자신용장이 원활하게 활용되기 위해서는 기존의 종이 신용장의 여러 가지 기능, 결제시스템, 발행에서 통지까지 신용장의 역할들과 부수적인 연결시스템들의 전자화가 이루어져야 한다.

2 전자신용장의 특성과 거래원칙

1) 전자신용장의 특성

현재 국제무역거래에서 신용장 발행 및 통지는 SWIFT System을 이용하는 것이 보편화되어 있는데, 현재 SWIFT System에 의한 전송방식이 은행간의 통신네트워크로서의 기능을 수행하고 있기 때문이다. 이러한 전자신용장은 신용장 통지, 조건변경, 양도, 매입업무를 온라인으로 처리할 수 있으며, 언제 어디서나 처리내역을 인터넷으로 조회할 수 있다. 또한 유관기관에 신용장을 제출할 때 전자문서보관소에 보관된 전자신용장을 온라인으로 제출할 수 있다.

전자신용장의 특성을 살펴보면, 첫째, 신용장과 관련한 전반적인 업무가 전자적으로 이루어진다는 점을 들 수 있다.

둘째, 대금결제 관련서류가 전자적으로 제시되어야 하는데, 전자신용장 거래 자체가 전자화되는 것뿐만 아니라 이에 부수하는 대금결제 관련서류도 전자적으로 제시됨으로써 전자신용장거래가 실질적으로 전자화된다는 점이다.

셋째, 대금결제 관련서류가 전자적으로 제시되는 등 신용장관련 전반적인 업무가 전자화됨으로써 서류심사작업이 자동화된다는 점이다.

넷째, 대금결제관련 서류 전달뿐만 아니라 대금결제도 전자자금이체(Electronic Funds Transfer : EFT)화 된다는 점이다. 즉, 신용장 결제 대금은 전자자금이체로 인수되어야 하며, 서류전달과 대금결제 업무 모두 전자화되어야 전자신용장은 제기능을 수행할 수 있다.

다섯째, 전자신용장 거래가 이루어질 경우 별도의 법률적 체계를 요구한다. 기존의 신용장거래와 달리 전자적 서류를 근거로 한 전자신용장 거래에는 기존의 법률체계를 적용하기에는 한계가 있다.

2) 전자신용장의 거래원칙

전자신용장 거래에서도 기존의 신용장 거래에 적용되던 독립성의 원칙, 추상성의 원칙, 엄밀일치의 원칙 등이 그대로 적용될 수 있다.

첫째, 전자신용장의 독립성의 원칙을 들 수 있다. 신용장은 명백하게 매매계약 등에 의거하여 발행되는 것이지만, 신용장 거래 그 자체는 이들 계약과는 별개로 독립된 거래를 하는 신용장거래의 독립성의 원칙은 전자신용장에서도 역시 마찬가지로 적용된다. 즉, 일단 전자신용장이 개설되면 그 신용장이 발행된 근거가 되는 매매계약이나 기타의 계약관계로부터 완전히 독립되어 자체적으로 별도의 법률관계를 형성하게 된다. 물론 전자신용장에서 그러한 계약에 관한 참조사항을 포함하고 있다고 하더라도 전자신용장 당사자는 여기에 구속되지 않고 영향을 받지 않는다는 것이다.

둘째, 전자신용장의 추상성의 원칙을 들 수 있다. 신용장거래의 추상성의 원칙이란 신용장거래에 있어서 모든 당사자는 매매계약서에서 언급한 물품이나 서비스 또는 기타의 거래와 관계없이 서류에 의해 거래하는 것으로, 은행은 신용장에서 요구하는 서류만으로 대금지급여부를 판단한다는 원칙을 말한다. 전자신용장거래는 신용장 자체의 업무가 모두 전자화되고 대금결제서류도 모두 전자서류에 의해 제시되어야 비로소 실현될 수 있다. 따라서 전자신용장거래에서도 전자서류에 의한 거래원칙이 성립된다고 하겠다.

셋째, 전자신용장의 엄밀일치의 원칙을 들 수 있다. 신용장거래에서 엄밀일치의 원칙이란 은행이 신용장조건과 엄격하게 일치하지 않는 서류를 거절할 수 있는 권리를 말한다. 전자신용장 거래에서는 문서작성에 있어서 입력자료의 누락이나 오류가 발생할 가능성이 줄어들기 때문에 상당일치의 원칙을 배제하고 엄밀일치의 원칙을 더욱 더 적용할 수 있을 것이다.

3 전자신용장의 효과

전자신용장의 도입으로 무역거래는 전자화됨으로써 관련 당사자들에게 상당한 이점을 줄 수 있는데, 전자신용장의 효과를 살펴보면 다음과 같은 것을 들 수 있다.

첫째, 전자기록의 제시를 통하여 서류작성시간을 단축하고, 서류의 전달시간의 단축이 가능함에 따라 서류거래에 따른 지연요인을 상당부분 제거할 수 있다. 종이서류에 비하여 전자기록의 경우에는 서류작성이 대부분 자동으로 작성되기 때문에 서류발행시간이 단축될 수 있으며, 사람에 의하여 직접적으로 이루어지던 서류의 전달시간도 상당히 단축될 수 있다. 그리고 서류의 하자가 있을 경우 하자점검이 신속하게 이루어지며 또한 하자의 수정도 역시 신속하게 이루어짐으로써 거래지연을 상당부분 해소할 수 있다.

둘째, 신용장거래에 따른 거래비용을 절감할 수 있다는 점이다. 은행이 신용장거래에 많은 부분에 가담하고 또한 이를 위하여 많은 업무비중을 담당하고 있어 은행은 신용장거래와 관련하여 대금지급에 대한 위험을 부담하고 있어 다른 결제수단에 비하여 수수료가 비싼 편이다. 은행의 입장에서 볼 때 전자신용장을 이용하더라도 금융비용과 위험부담에 따른 비용요소는 별다른 변화가 없을 것으로 생각되나, 서류작성 및 전달, 서류점검 등에 소요되는 비용은 전자신용장을 통하여 상당부분

절감할 수 있을 것이며, 또한 사람이 직접적으로 전달함으로써 발생되는 인건비, 교통비 등의 비용도 상당히 절감할 수 있을 것이다.

셋째, 전자적 업무처리로 인하여 각 은행을 연결하고 있는 시스템을 동시에 확인이 가능하기 때문에 사기거래의 예방과 이중 네고의 문제를 해결할 수 있다. 따라서 전자기록에 의한 서류제시가 보편화되면 제3자에 의해 발급되는 무역서류는 발행자가 직접 은행에 전송하거나 은행이 작성자의 외부시스템을 이용하여 직접 확인하는 방법을 활용할 수 있어 수익자에 의한 사기는 어느 정도 예방하는 것이 가능하다.

넷째, 인터넷 등 네트워크를 활용함으로써 정보전달이 신속하게 이루어지기 때문에 기업 등 국제무역관련 당사자들이 대금지급 불능 또는 불합리한 대금 미지급 등의 행위를 방지할 수 있을 뿐만 아니라 서류전달의 착오, 대금지급 절차상 수령인의 수령구좌 착오 또는 지급금액의 상이 등의 문제를 상당부분 해소할 수 있을 것이다.

다섯째, 서류심사의 자동화로 서류의 양식, 심사 등이 통일된 방법으로 신속하게 처리할 수 있게 됨으로써 인력 및 시간절약의 효과를 가져올 것이다.

Ⅱ e-UCP

1 e-UCP의 제정배경

신용장결제에서 전자서류에 대한 규정이 필요한가에 대해서는 무역거래가 대금결제를 필요로 하며, 대부분 무역거래가 신용장결제로 이루어진다는 점을 감안할 때 전자서류에 대한 규정이 시급하다고 하겠다. UCP 500개정시 서류거래를 기본으로 하는 신용장결제가 무서류거래

(documentless transaction)의 관행을 즉각적으로 받아들이기가 어려울 것이라는 점을 ICC 은행 기술실무위원회도 인정하였지만, 시대적인 변화의 흐름에 부응하여 선적서류를 전제로 하여 화환신용장에 적용하는 신용장 통일규칙에 대해서 서류의 송부없이 거래하는 EDI방식을 신용장 결제에도 적용할 수 있도록 합의하였다. 즉, EDI방식 또는 SWIFT 방식으로 신용장결제를 행할 경우 신용장 결제서류에 전신약어로 UCP의 준거문언을 삽입한다면 적용할 수 있도록 하였다.

그러나 UCP 500에서는 전자서류에 대한 사용가능성만 언급하였으며, 규정에는 명시하지 않았는데 이는 서류의 개념을 종이서류에 국한하여 해석함으로써 전자서류에 의한 무역거래는 아직 시기상조임을 나타내고 있어, 전자서류가 원본으로서 인정받고, 서명감을 교환하여 문제를 해결할 수 있다면 전자서류도 원본으로 가치가 있기 때문에 전자서류에 대한 규정을 삽입할 필요가 있다.

이에 ICC는 2000년 5월 24일 프랑스 파리에서 개최된 은행기술실무위원회의 미래에 관한 특별전문위원회에서 UCP 500과 종이신용장에서의 전자적 자료의 처리를 수용할 수 있는 가교를 개발할 필요성을 확인하였다. 이러한 취지 하에서 전자제시를 위한 화환신용장의 통일관습 및 관행에 대한 새 부칙(New Supplement to the Uniform Customs and Practice for Documentary Credits for Electronic Presentation), 즉 e-UCP를 개발하게 되었다. e-UCP는 신용장거래에서 전자적 제시(electronic presentation)가 있는 경우에 2002년 4월 1일부터 적용하게 되었다. 이러한 e-UCP Version 1.0은 UCP 500을 사용할 때 발생하는 전자적인 사항에 대하여 해석을 보충하기 위해 제정된 부칙이다. 그러나 2003년 5월 ICC는 UCP 500에 대해 개정작업에 착수하여 UCP 600을 2006년 10월 25일 ICC은행위원회의 승인을 받았다. 이에 따라 UCP 600을 보충하기 위하여 e-UCP Version 1.1을 2007년 2월 15일 제정하여 UCP 600과 함께 2007년 7월 1일부로 발효되어 사용되고 있다. 즉, 국제무역거래에서는 거래비용과 효율성의 제고를 위해 종이를 기반으로 하는 전통적인 화환신용장의 전 프로세스를 전자화된 전자신용장 제도를 도입하여 운용함에 따라 전자신용장을 거래하는데 있어서 전통적인 신용장 거래에 적용하고 있는 신용장 통일규칙(UCP)의 적용문제가 야기되기 때문에 그 '보완규칙'으로서, "전자적 제시를 위한 화환신용장 통일규칙(UCP 600)의 부칙(e-UCP)"(Supplement to the Uniform Customs and Practice for Documentary Credits for Electronic Presentation)을 제정하여 시행하고 있다.

e-UCP Version 1.1은 e-UCP의 적용범위(제e1조), UCP에 대한 e-UCP의 관계(제e2조), 용어의 정의(제e3조), 형식(제e4조), 제시(제e5조), 심사(제e6조), 거절통지(제e7조), 원본 및 사본(제e8조), 발행일자(제e9조), 운송(제e10조), 제시 이후 전자기록의 변형(제e11조) 및 e-UCP하의 전자기록 제시의무에 대한 추가적인 면책(제e12조)에 관하여 총 12개 조항으로 구성되어 있다. 각 조항의 주요 내용은 다음과 같다.

2 e-UCP의 적용범위

1) e-UCP의 적용

e-UCP는 전자기록(electronic records)만의 제시 또는 전자기록과 종이서류(paper documents)의 혼합제시를 수용할 수 있다. 이것은 전자서류 또는 종이서류와 전자서류를 동시에 제시할 경우에 이를 이용하기 위하여 기존의 UCP를 보완하는 내용으로서 전자신용장 자체의 형식에 관한 내용보다는 기존의 신용장 거래에서 전자방식으로 서류를 제시할 수 있도록 허용하는 경우에 적용되는 것이다. 즉, e-UCP Version 1.1은 전자기록이 단독으로 제시되는 경우뿐만 아니라 전자기록이 종이서류와 혼합되어 같이 제시되는 경우에도 수용할 목적으로 UCP 600을 보충하는 것이다.

따라서 e-UCP는 전자기록의 제시를 용이하게 하기 위하여 UCP

600을 수정하거나 확장할 필요가 있다고 간주되는 조항들만을 포함하고 있기 때문에 e-UCP Version 1.1의 조항들과 상응하는 UCP 600의 조항들과 연계시켜 이해할 필요가 있다.

2) e-UCP 적용요건

첫째, e-UCP는 신용장에 명시적으로 e-UCP가 적용된다고 기재되어 있는 경우에 UCP의 부칙으로써 적용되는 것이다. 반대의 경우로, e-UCP는 본 규정의 수정이나 배제에 관한 어떠한 언급도 하고 있지는 않지만, 이 또한 신용장에 명시적으로 규정되는 경우라면 적용 가능할 것이다.

둘째, 전자신용장 거래시 e-UCP를 적용시키기 위해서는 적용하고자 하는 e-UCP 버전(예를 들면, 버전 1.0 또는 1.1 등)을 신용장 본문에 명시하여야 한다.

그러나 e-UCP를 적용함을 명시하고는 있으나, 시행되는 버전(version)을 명시하고 있지 아니할 경우에는 동 신용장 발행일자에 시행되고 있는 버전이 적용된다.

또한 조건변경에 의해 e-UCP를 적용하게 되는 경우에는 동 신용장의 조건변경일자에 시행되고 있는 버전이 적용된다. 즉, e-UCP 규칙과 더불어 적용 가능한 e-UCP의 버전을 기재해야 되고, e-UCP의 버전은 신용장이 발행된 시기에 효력이 있는 것이어야 한다는 것이다.

따라서 전자신용장 거래 당사자인 수출업자와 수입업자가 전자신용장을 이용하고 e-UCP를 적용하기로 한 경우에는 발행된 신용장에 e-UCP의 준거문언과 e-UCP의 적용 가능한 버전을 반드시 명시하여야 한다.

3) e-UCP와 UCP의 관계

e-UCP의 기본원리는 신용장 거래의 원칙과 전자제시에 관한 현행

관습을 바탕으로 하고 있으므로, 전자거래에서 이미 폭넓게 수용하고 있다. 또한 e-UCP는 신용장 거래에 바탕을 둔 표준은행관행에 그 뿌리를 두고 있기 때문에 e-UCP를 해석하는데 있어서 UCP와 연계하여 그리고 UCP를 e-UCP 내에 규정된 국제신용관습의 견지에서 해석해야만 한다.

따라서 전자무역은 기존의 무역에서 과도기적인 단계에 있고 확고하게 정착되기 위해서는 어느 정도의 시간이 필요하기 때문에 상당기간 동안 전자서류와 종이서류는 혼합되어 사용될 것이다. 따라서 신용장에서 e-UCP가 적용된다는 준거문언을 명시적으로 약정한 경우, e-UCP는 서류의 완전한 전자적 제시는 물론이고 부분적인 전자제시에도 적용된다. 즉, e-UCP에 적용되는 신용장은 또한 UCP의 명시적인 삽입 없이도 UCP에 적용되고, e-UCP가 적용되는 경우, 그 규정이 UCP의 적용과 다른 결과를 발생시키는 범위까지 우선한다.

현행 "화환신용장 통일규칙 및 관례"(Uniform Customs and Practice for Documentary Credits, 2007 Revision, ICC Publication No. 600) (UCP 600)에서는 신용장 본문에 UCP 600에 관한 준거문언, 즉, "This credits … Subject to Uniform Customs and Practice for Documentary Credits, 2007 Revision, ICC Publication No. 600"이라는 명시가 있어야 UCP 600에 의거 관계당사자를 구속한다고 규정하고 있다. 이에 부칙으로 적용된 e-UCP 또한 신용장 본문에 e-UCP를 적용한다는 문언, 즉 " … Subject to the Supplement to Uniform Customs and Practice for Electronic Presentation(e-UCP) Version 1.1"과 같은 명시가 있어야 e-UCP가 적용된다.

또한, e-UCP 신용장이 수익자가 종이서류 또는 전자기록의 제시 중 어느 하나를 선택할 수 있도록 허용하고, 수익자가 종이서류만의 제시를 선택하는 경우, UCP만이 그러한 제시에 적용되어야 한다. 종이서류만이 e-UCP 신용장하에서 허용되는 경우, UCP만이 적용되어야 한다. 즉, e-UCP는 전자기록의 제시를 규율하기 위해서 제정된 규칙이기 때문에 신용장 거래에서 전자기록이 종이서류와 혼합되어 제시되는 경우까지만 e-UCP가 적용되는 것이다. 이것은 전자기록이 제시되기 때문에 e-UCP가 적용되는 것이지 함께 제시된 종이서류를 규율하고자 하는 것은 아니다.

따라서 e-UCP가 적용되는 것에서 전자기록만이 제시되거나 전자기록이 종이서류와 혼합되어 제시되는 경우에는 e-UCP와 UCP가 함께 적용될 수 있고, 종이서류만이 제시되거나 종이서류만을 허용하고 있는 경우에는 UCP만이 적용된다. 다시 말하면, e-UCP 신용장이 수익자가 종이서류 또는 전자기록의 제시 중 어느 하나를 선택할 수 있도록 허용하고 있을 때, 수익자가 종이서류만의 제시를 선택하는 경우 그리고 e-UCP 신용장이 종이서류만을 허용하고 있는 경우에는 UCP만이 적용된다.

e-UCP 제2조 c항은 최종안에서 추가된 것으로, 신용장에서 전자적인 제시만으로 제시해야 한다고 제한하지 않는다면, 수익자는 자신의 사정과 편리에 따라 전자적인 제시만으로 제시하거나 전자적인 제시와 함께 종이서류를 혼합(일부의 전자적 제시, 일부 종이서류)하여 제시할 수도 있는 것이다.

이와 같이 인터넷과 정보시스템을 기반으로 하는 전자신용장의 거래를 위해 신용장 통일규칙을 보완한 e-UCP의 제정과 시행으로 전자무역기반의 전자신용장 거래가 가능하게 되었다. 예컨대 볼레로의 경우에는 "e-UCP XML Guide"에서 "볼레로 서류는 신용장에 별도의 규정이 없는 한, 현재 시행중인 신용장 통일규칙과 그 보완규칙인 e-UCP를 준거법으로 적용한다."라고 규정하고 있다.

이와 같은 서류의 전자제시를 위한 e-UCP의 제정과 시행으로 전자신용장의 제도적 기반이 구축되었기 때문에 실질적으로 전자신용장 제도의 운용을 위한 기반을 갖추고 있다. 전자무역상의 최대 걸림돌로 작용하던 전자선하증권의 문제도 볼레로 선하증권의 도입으로 해결되었고, 전자신용장의 도입과 관련한 문제에 대해 전자제시에 대한 신용장

통일규칙의 부칙에서 그 해결책을 제시함으로써 실질적인 전자신용장이 이용될 것으로 예측된다.

3 e-UCP의 주요 내용

1) e-UCP의 범위

먼저 e-UCP는 UCP 600을 보충하며, 신용장이 e-UCP의 준수를 표시하고 있는 경우, e-UCP는 UCP의 보충판으로 적용된다. 그리고 신용장은 e-UCP의 적용 가능한 버전을 표시해야 하는데, 만일 버전을 표시하지 않은 경우, 신용장이 발행된 날짜에 유효한 버전의 적용을 받거나, 수익자에 의해 승낙된 조건변경에 의해 e-UCP의 적용을 받게 되는 경우 조건 변경일자에 유효한 버전이 적용된다.

2) e-UCP와 UCP의 관계

e-UCP를 준수하는 신용장(e-UCP 신용장)은 UCP 적용의 표시가 없어도 UCP를 준수한다. 만약 e-UCP를 적용하는 경우, UCP 적용결과와 다른 결과가 나와도 그것들은 e-UCP조항이 적용된다.

그리고 만일 e-UCP신용장이 수익자에게 전자기록과 종이서류의 제시를 선택할 수 있도록 허용하고 수익자가 종이서류의 제시만을 선택한 경우 그 제시에 대해서는 UCP만 적용된다. e-UCP신용장이 종이서류만을 허용한 경우 UCP만 적용된다.

3) 형식

e-UCP 신용장은 제시되어야 할 전자적 기록의 형식을 명시하여야 한다. 전자기록의 형식을 명시하지 않은 경우 전자기록은 어떤 형식으로든 제시될 수 있다.

4) 제시

e-UCP 신용장은 전자기록의 제시장소를 명기하여야 한다. 전자기록과 종이서류 모두는 전자기록과 종이서류의 제시장소를 각각 명기해야 한다. 또한 전자기록은 분리되어 제시될 수 있으며 동시에 제시될 필요는 없다. 여기서 전자적 기록의 제시장소는 전자주소를 의미하기 때문에 전자주소가 명시되어야 한다. 그리고 서류의 제시장소는 지급, 인수, 매입을 위하여 제시되어야 할 장소, 즉 은행을 말한다. 따라서 e-UCP에서 전자기록과 종이서류의 제시를 모두 허용한다면 전자기록의 제시를 위한 전자주소뿐만 아니라 종이서류의 제시를 위한 주소도 명시되어야 한다.

e-UCP 신용장이 하나 혹은 그 이상의 전자기록의 제시를 허용하는 경우, 수익자는 제시가 완료된 때 은행에 통지해야 할 의무를 가진다. 수익자의 통지가 접수되지 않은 경우에는 제시가 이루어지지 않은 것으로 간주된다. 완료통지는 전자기록으로 하며 또는 종이서류일 경우는 그 전자신용장(the e-UCP credit)과 관계된 것을 입증하여야만 한다.

e-UCP 신용장에서 전자기록과 종이서류의 제시는 제시근거가 되는 e-UCP 신용장을 밝혀야 한다. 만약 제시근거가 되는 e-UCP를 밝히지 않은 제시는 수신되지 않은 것으로 취급한다. 즉, e-UCP에서 전자기록의 제시 및 종이서류의 제시는 제시되는 e-UCP신용장과의 동일성을 반드시 확인하여야 하며, 이와 같은 동일성 확인을 하지 않은 채 이루어지는 제시는 수신되지 않은 것으로 간주된다.

제시가 이루어질 은행이 개점하였으나 지정된 유효기일 및/또는 선적일 이후 제시기간 최종일에 전자기록을 은행의 시스템이 수신할 수 없는 경우, 은행은 폐점한 것으로 간주되고, 제시일자 및/또는 유효기일은 그 은행이 전자기록을 접수할 수 있는 익영업일까지 연장된다. 만약 제시된 전자기록이 완료통지라고 할 경우에는, 그 통지는 정보통신 또는 종이서류에 의해서 할 수 있다. 그리고 그 은행이 전자기록을 수령할 수 있는 상태에서 보내어졌다면 적시에 통지한 것으로 간주된다.

만약 인증받을 수 없는 전자기록을 제시한 경우에는 제시되지 않았던 것으로 간주한다.

5) 심사

은행의 서류심사기준에 대해서는 e-UCP에서는 별도로 규정하고 있지 않기 때문에 기존의 UCP 규정에 따라서 은행은 상당한 주의를 기울여 문면상 신용장조건과 일치하는가를 심사하면 된다. 그리고 전자기록이 외부시스템과의 하이퍼링크를 포함하고 있거나 전자적 기록이 외부시스템에 대한 참조에 의하여 심사가 이루어져야 함을 정하고 있는 경우, 하이퍼링크 또는 참조시스템에 있는 전자기록은 심사전자기록으로 간주되어야 한다. 이 조사의 시점에서 지정된 시스템에서 요청된 전자기록의 접근을 제공하지 못하는 것은 하자를 구성한다.

지정은행이 전자기록을 송부하는 것은 전자기록의 인증을 확인하였음을 의미한다. 그리고 발행은행, 확인은행(확인은행이 있을 경우)의 e-UCP 신용장에 의해 요구된 형식의 전자기록 심사, 형식이 요구되지 않은 상태에서 제시된 형식대로의 전자기록심사불능은 거절의 근거가 되지 않는다.

6) 거절통지

서류의 심사기간은 수익자의 통지가 완료되었다고 접수된 날의 익영업일로부터 기산한다. 만약 서류제시 또는 완료통지의 시기가 연장되었을 경우 서류심사기간은 그 은행이 완료의 통지를 접수할 수 있는 날의 익영업일로부터 기산한다.

발행은행, 확인은행(확인은행이 있는 경우) 또는 그들과 지정되어 있는 업무를 행하는 지정은행이, 전자기록의 제시에 대해 거절통지를 하고, 그 거절통지일로부터 30일 이내에 거절통지를 받은 당사자로부터 전자기록의 처리에 대한 지시를 받지 못하면, 은행은 제시자에게 이전에 돌려주지 않았던 종이서류를 돌려주어야 한다. 그러나 어떤 책임없이 적절한 방법으로 전자기록을 임의처분할 수 있다.

7) 원본 및 사본

한통 또는 수통의 원본 또는 사본의 전자기록 제시를 위한 UCP나 e-UCP 신용장의 어떠한 요구도 한통의 전자기록 제시로 충족된다. 즉, e-UCP에서 제시되는 전자기록은 신용장에 하나 또는 그 이상의 원본과 사본을 요구하더라도 하나만 제시하여도 신용장조건을 충족하는 것으로 간주한다.

8) 발행일

전자기록이 특정발행일을 포함하지 않는 한 발행자로부터 송부되어진 날짜가 발행일로 간주된다. 입금일은 달리 명백한 일자를 정하지 않은 경우라면 송부된 일자를 입금일로 간주한다.

9) 운송

운송의 증거가 되는 전자기록에 선적일 또는 발송일이 표기되어 있지 않다면 전자기록의 발행일이 선적일 또는 발행일로 간주된다. 그러나 그 전자기록이 선적일 또는 발행일을 증명하지 않는 부기나 표시가 있는 경우 그 부기일이나 표시일이 선적일 혹은 발송일로 간주된다. 부가적인 자료를 보여 주는 부기나 표시는 별도의 서명이나 혹은 달리 인증되어질 필요가 없다. 즉, 전자기록이 선적 또는 발송일자를 부기하는 경우 부기일자는 선적 또는 발송일자로 간주하는데, 부가적인 일자내용을 나타내는 표기는 독립적으로 서명 또는 별도로 인증을 요구하지 않는다. 그리고 물품운송이 수반되는 전자기록, 즉 전자선하증권상에 선적일자나 발송일자가 명시되지 않는 경우에 전자선하증권의 발행일자가 선적 및 발송일자로 간주되며, 선적일자나 발송일자를 표기하고 있는 경우에는 그 표기일자가 선적 및 발행일자로 간주된다.

10) 전자기록의 오염

발행은행 또는 확인은행 또는 다른 지정은행에 의해 접수된 전자기록에 오염(Corruption)이 있는 경우 은행은 제시자에게 통지하고 전자기록의 재제시를 요구할 수 있다. 은행이 전자기록의 재제시를 요구한 경우, 심사기간은 일시 정지되며 제시인이 전자기록을 재제시한 때에 다시 시작된다. 그리고 지정은행이 확인은행이 아닌 경우 은행은 발행은행과 확인은행에 재제시 및 심사연기를 통지하여야 한다. 만일 동일한 전자기록이 30일 내에 재제시되지 않을 경우 은행은 전자기록이 제시되지 않은 것으로 취급한다. 그러나 마감일은 연장되지 않는다.

11) 전자기록 제시책임에 대한 추가면책

전자기록의 명백한 인증을 확인함으로써(satisfying itself as to), 은행은 전자기록의 수령, 인증 그리고 일치확인(identification)을 위하여 상업적으로 수용된 데이터 프로세스의 사용에 의해 나타나는 것을 제외하고는 송신자의 신원, 정보의 출처 혹은 완전하고 변조되지 않았음에 대한 책임을 지지 않는다.

3편

신용장 이외의 결제방식

제9장 송금방식에 의한 결제
제10장 추심방식에 의한 결제
제11장 국제팩토링결제
제12장 포페이팅결제
제13장 은행지급확약
제14장 블록체인 기술과 무역대금결제

9장 송금방식에 의한 결제

I 송금방식에 의한 결제

1 송금방식의 의의

송금결제방식(remittance basis)이란 수입업자가 물품을 받기 전 또는 받은 후에 물품대금의 전액을 외화로 송금하거나 수출업자가 물품 또는 서류를 인도할 때 수입업자가 물품대금을 송금하여 결제하는 방식을 말한다.

물품을 수출하기 전에 미리 대금전액을 외화로 지급하는 방식을 사전송금방식(advance remittance, payment in advance)이라 하며, 수출업자가 물품이나 서류를 인도할 때 또는 이를 인도한 후에 수입업자가 대금을 외화로 지급하는 방식을 대금상환도방식(COD와 CAD 등)이라 한다.

송금결제방식의 특징은 환어음을 사용하지 않으며, 서류 및 대금결제는 수출업자와 수입업자간의 개인적인 책임 하에 직접 처리한다. 그리고 일반적으로 소액·견본거래, 본·지사간 거래, 믿을 수 있는 거래선간에 주로 사용되는 결제방식이다.

이러한 송금결제방식을 통한 물품의 수출입은 결제자금의 금융적 편의와 안전성의 문제를 안고 있는 가장 단순한 결제방식이다.

2 송금수단

송금방식에는 당사자 간에 매매계약을 체결할 때 송금하는 방법을 우편으로 할 것인가, 전신으로 할 것인가에 따라 구분된다.

먼저 대금을 우편으로 송금하고자 할 경우에는 수입업자가 직접 송금수표를 보내는 방법, 은행을 통하여 우편송금환과 전신환을 보내는 방법 등이 있다. 즉, 송금수단으로 수표송금방식(demand draft : D/D), 우편송금환방식(mail transfer : M/T), 전신송금환방식(telegraphic transfer : T/T) 등이 이용되며, 이 중에서 전신송금환방식(T/T)이 가장 일반적으로 사용된다.

1) 수표송금방식

수표송금방식(demand draft : D/D)은 수입자가 결제대금에 해당하는 현금을 은행에 예치하고 은행으로부터 수표를 교부받은 후, 자기책임 하에 우편으로 수출업자(수령인)에게 보내는 방식이다. 이 방식은 송금수표 우송 과정에서 분실 또는 도난의 위험이 있는데, 그러한 위험은 수출업자가 전적으로 부담해야 하기 때문에 소액거래 등에 제한적으로 사용된다.

2) 우편송금환방식

우편송금환방식(mail transfer : M/T)은 수입업자의 요청에 따라 송금은행이 송금수표를 의뢰인에게 발행하는 대신에 일정한 금액을 수령인에게 지급하여 줄 것을 지급은행 앞으로 지시하는 지급지시서를 작성하여 이것을 지급은행에 직접 우편으로 지시하는 방식을 말한다. 즉, 수입업자 거래은행이 자기책임 하에 수출업자 거래은행에 지급지시서(payment order, 우편환)를 우편으로 송부하여 대금결제가 이루어지도록 하는 방식이다.

이러한 우편송금환방식은 수입업자가 대금결제 책임을 직접 부담하는 수표송금과 달리, 송금에 따른 분실 또는 도난위험을 은행이 부담하기 때문에 수입업자의 입장에서 보면 단순송금방식보다 안전한 결제방식이다.

그러나 이 방식은 지급지시서의 송부기간이 전신보다 길기 때문에 시급을 요하지 않는 결제에 사용되었으나 최근에는 거의 이용되지 않고 있다.

3) 전신송금환방식

전신송금환방식(telegraphic transfer : T/T)은 우편환송금방식과 마찬가지로 수입업자의 요청에 따라 외국환은행인 송금은행이 자행의 해외지점 또는 환거래은행인 지급은행에 대하여 일정한 금액을 수령인에게 지급하여 줄 것을 전신으로 지시하는 방식을 말한다.

이 방식은 전신(TELEX, SWIFT 등)으로 처리하기 때문에 신속한 송금이 가능하고, 환리스크에 노출되는 기간이 단축되는 장점이 있다. 이에 따라 무역거래 시 대부분의 송금은 전신환에 의해 신속성, 안전성, 정확성을 도모한다. 송금절차는 수출업자 거래은행이 우편환을 발행하여 송부하는 것과 달리 전신환으로 수출업자 거래은행에 지급지시를 한다는 점이 다르다.

Ⅱ 송금결제방식의 종류

송금결제에 의한 수출입에는 사전송금방식과 동시송금방식, 사후송금방식이 있다.

1 사전송금방식

사전송금방식(advanced remittance)이란 수입업자가 물품을 수령하기 전에 물품대금을 수출업자에게 송금하여 결제하는 방식을 말한다.

사전송금방식을 단순송금방식(advance payment) 또는 선지급방식(payment in advance or cash in advance)이라고도 하며, 수입업자가 수출업자 앞으로 물품을 주문하면서 미리 대금을 지급한다는 의미에서 주문지급(cash with order : CWO)이라고도 한다.

이 방식은 수출업자는 수출대금을 회수하지 못할 위험이 없어 안전한 데 비해, 수입업자는 수출업자가 선적하지 않거나 품질 혹은 규격이 다른 상품을 선적하는 데 따르는 위험을 부담해야 한다. 그리고 사전송금에 따른 자금관련 비용이 발생할 수 있어 수입업자에게는 상대적으로 불리한 결제방식이다.

사전송금방식이 비록 수입업자에게 일방적으로 불리한 방식임에도 불구하고 실무에서 빈번하게 활용되는 것은 수출업자와 수입업자간에 결제금액이 소액인 견본 등 인수위험이 적다고 판단되는 경우, 수출업자의 지명도 및 신용도가 높아 물품을 받는데 염려가 없다고 판단되는 경우, 고정 거래선, 본·지사간의 거래, 물품의 품귀현상으로 인하여 미리 송금하지 않으면 안 되는 경우 및 신용장의 발행이나 선적서류 준비 등의 복잡한 절차를 피하고자 하는 경우에 활용되고 있다.

2 동시송금방식

동시송금방식(concurrent payment)은 수출업자가 물품이나 서류를 인도하여 수입업자가 그것을 받음과 동시에 대금을 결제하는 방식을 말한다. 이 방식은 단순송금방식과는 달리 수입업자가 물품 또는 서류 인도시 또는 그 인도된 후에 대금을 외화로 지급하는 것을 조건부로 수출입하는 방식이다.

이 방식에는 현물인도결제방식(cash on delivery : COD)과 서류인도결제방식(cash against document : CAD)으로 구분된다. COD방식은 수출업자가 대금을 받기 위해 물건을 인도하는 경우를 말하며, CAD방식은 서류를 인도하고 대금을 회수하는 경우를 말한다.

두 가지 방식의 공통점은 수출업자가 물건을 제조하고 선적한 후에 대금회수 절차를 진행할 수 있기 때문에, 수입업자가 물건이나 서류인수를 거절할 경우 물건을 회수하거나 다른 수요처를 찾아 전매해야 하는 어려움이 뒤따른다.

1) 현물인도결제방식

현물인도결제방식(cash on delivery : COD)은 수입업자가 소재하는 국가에 수출업자의 지사나 대리인이 있는 경우, 수출업자가 물품을 지사 등에 송부하면 수입업자가 물품의 품질 등을 검사한 후 물품을 인도받으면서 현금으로 결제하는 방식이다.

일반적으로 B/L상 수하인(consignee)이 수입국에 있는 수출업자의 지사 등의 지시식으로 발행되는 것이 일반적이며, 대금결제와 동시에 B/L의 배서양도에 의해 물품을 인도하게 된다. 이러한 현물인도결제방식은 물품의 인도와 동시에 대금이 결제되는 동시결제방식이지만, 수출업자의 입장에서 보면 물품의 선적 후에 대금의 결제가 이루어지는 것이므로 사후송금방식으로 분류된다.

이 방식은 수입업자가 대금을 지급하기 전에 물품의 품질을 직접 확인할 수 있어 주로 귀금속 등 직접 물품을 검사하기 전에는 품질을 정확히 파악하기 어려운 경우에 활용된다.

이 방식은 수입업자 입장에서는 물품대금을 결제하기 전에 직접 물품의 품질을 검사할 수 있다는 이점이 있으며, 수출업자 입장에서는 자신의 지사나 대리점이 물품의 수하인으로 기재된 서류를 송부하여 수입업자가 대금을 지급하지 않고는 물품의 인수를 하지 못하게 함으로써 수출대금 미회수 위험을 방지할 수 있다. 즉, 만약 수입업자가 대금결제를 하지 않을 경우에는 물품을 반송하거나 제3자에게 판매할 수 있다.

2) 서류인도결제방식

서류인도결제방식(cash against document : CAD)은 수출업자가 물품을 선적하고 수출국에 소재하는 수입업자의 대리인이나 지사에게 선적서류를 제시하거나 해외의 수입업자에게 직접 서류를 송부하면, 서류와 상환으로 대금을 결제하는 방식의 거래이다. 통상 수입업자의 지사나 대리인 등이 수출국 내에서 물품의 제조과정을 점검하고, 수출물품에 대한 선적전검사(pre-shipment inspection : PSI)를 한 후 지급한다. 이 방식에서는 수입업자의 대리인은 수입업자를 대신하여 물품을 구매하는 것인데, 수출업자가 선적을 완료한 상태에서 수입업자가 대리인에게 지시하여 서류인수를 거절하게 되면 수출업자는 대금회수가 곤란하므로 계약 전에 상대방의 신용상태를 철저하게 확인하여야 한다.

이러한 CAD방식은 운송서류를 외국환은행을 통하여 송부하게 되면 형식적으로는 지급인도조건(document against payment : D/P)과 유사하다.

그러나 두 거래방식의 근본적인 차이점은 대금결제시 환어음을 발행하는지 여부에 있다. 즉, D/P거래는 어음결제방식으로써 환어음을 발행하여 「추심에 관한 통일규칙」에 의거 환어음을 추심하여 대금을 영수하고, CAD거래는 수출업자가 환어음을 발행하지 않는 송금방식으로써 수입업자는 수출업자가 은행을 통하여 직접 송부한 선적서류를 받은 후 외국환은행을 통하여 물품대금을 송금하여 대금을 결제하게 된다.

그리고 사후송금방식으로 보세창고인도거래(bonded warehouse transaction : BWT)방식을 들 수 있다. 이는 수출업자 측에서 상대방 수입국의 보세창고에 물품을 입고시킨 후에 수입국에 있는 수출업자의 대리인이나 지사가 견품을 가지고 현지 판매활동을 통하여 수입선을 정하고,

현지 수요에 필요한 만큼 통관하여 보세창고에서 출고하여 판매하는 방식을 말한다. 이러한 BWT거래는 수출업자가 자신의 책임과 비용으로 해외의 현지까지 물품을 운송하고 현지 보세창고에 물품을 장치한 후 매매계약을 체결하는 것이다. 따라서 수입업자의 입장에서는 필요한 물품을 현지에서 확인할 수 있으며, 신속하게 수입할 수 있어 시간과 노력이 절감된다.

반면 수출업자의 입장에서는 수출대금의 회수가 늦어지고 물품이 판매되지 않을 경우에는 손실을 감수해야 한다.

3 사후송금방식

사후송금방식(remittance payment)은 수출업자가 대금을 받기 전에 수입업자에게 물품과 선적서류를 발송하고, 수입업자가 물품을 인수한 후에 대금을 수출업자에게 송금하는 방식을 말한다.

수입업자는 계약물품을 인수한 후에 대금을 송금하여 결제하기 때문에 거래에 따른 위험부담이 없어 안전한 결제방식이지만, 수출업자는 수입업자가 정한 기간에 대금을 송금하지 않거나 부당한 클레임제기 등으로 대금회수에 따르는 위험을 부담하게 된다.

무역거래에서 사용되는 사후송금방식은 전신환(T/T)이나 우편환(M/T) 등을 통하여 거래가 마무리된 후에 지급하는 사후송금방식과 일정기간 대차거래가 있은 후에 잔액만 결제하는 청산계정방식을 들 수 있다.

청산계정(clearing account, open account : O/A)방식은 수출입업자 간에 물품매매계약을 체결한 후, 매 거래건별로 수출업자가 물품을 선적한 후에 선적서류를 수입업자에게 송부하면, 수입업자는 물품매매계약서상의 결제조건에 따라 선적일 기준으로 일정기간이 경과한 후 또는 일정기일에 수출업자가 지정한 은행의 계좌로 대금을 송금하는 결제방식을 말한다. 우리나라 외국환거래법에서는 이러한 청산계정거래를 상호계산방식이라 한다.

이는 본지사간 혹은 신용이 확실한 거래처간에 지속적으로 수출입거래를 하는 경우 거래할 때마다 대금을 결제하지 않고 3개월 내지 6개월 단위로 미리 정한 결산시기에 양자간의 채권・채무를 상계한 후 대금의 차액만을 결제하기 때문에 결제에 따른 부대비용이 크게 절감된다.

그러나 청산계정은 상계기간이 통상 30일에서 180일이 일반적이며, 수출업자는 그 대금결제를 단지 수입업자의 신용에 전적으로 의존하므로 대금회수와 관련한 위험을 부담하게 된다. 따라서 주로 본지사간이나 신용이 확실한 거래처와 같이 대금회수 위험이 없는 경우에 한하여 제한적으로 활용되고 있다.

청산계정방식의 장점으로는 수출업자의 입장에서 보면 거래가 매우 단순하며 서류의 작성과 심사에 따른 불필요한 수고와 은행수수료 등의 비용을 절감할 수 있으며, 수입업자의 입장에서 보면 대금의 결제이전에 미리 상품의 품질 등을 점검할 수 있다는 점과 대금결제의 유예를 통한 현금유동성 확보측면에서 유리하다.

그리고 일반적인 사후송금방식 수출의 경우에는 선적서류 또는 수출물품이 수입업자에게 인도되어야만 수출채권이 성립하여 대금결제가 이루어지지만, 청산계정방식은 수출업자가 물품을 선적한 후 선적 사실을 통지함과 동시에 수출채권이 확정된다는 점에서 다르다.

10장 추심방식에 의한 결제

I 추심결제방식의 개요

1 추심결제방식의 의의

추심(collection)이란 은행이 접수된 지시에 따라 ① 지급 또는 인수를 받거나 ② 지급인도 또는 인수인도로 서류를 인도하거나 ③ 기타의 조건으로 서류를 인도하는 목적 등으로 금융서류 및 상업서류를 인도하는 것을 목적으로 서류를 취급하는 것을 의미한다(URC 522 제2조 a항).

따라서 추심결제방식은 신용장을 통한 은행의 수출업자에 대한 대금지급확약 없이 수출업자가 계약조건에 따라 약정한 물품을 선적하고, 이에 따라 발급되는 운송서류를 첨부한 환어음을 발행하여 자신의 거래은행에 추심을 의뢰하면, 거래은행은 수입업자의 거래은행(추심은행 : collecting bank)에 추심을 의뢰하여 운송서류와 상환으로 수입업자가 대금을 결제하는 방법이다.

여기서 "금융서류"(financial documents)란 환어음, 약속어음, 수표 또는 기타 금전의 지급을 취득하기 위하여 사용되는 이와 유사한 증서를 의미하며(URC 제2조 b항 1호), "상업서류"(commercial documents)란 송장, 운송서류, 권리증권 또는 이와 유사한 서류 또는 그 밖에 금융서류가 아닌 모든 서류를 의미한다(URC 제2조 b항 2호).

추심결제방식에는 환어음의 지급인(수입업자)이 선적서류를 영수함과 동시에 대금을 결제하는 일람출급(at sight)조건의 지급인도방식(document against payment : D/P)과 환어음의 지급인이 환어음의 앞면에 인수(acceptance)의 뜻만 표시한 후에 선적서류를 영수하고 일정 기간 후, 즉 환어음의 만기일에 대금을 결제하는 기한부(usance)조건의 인수인도방식(document against acceptance : D/A)이 있다.

이러한 추심결제방식에 의한 거래는 별도로 명백한 합의가 없는 한 국제상업회의소가 제정한 "추심에 관한 통일규칙"(Uniform Rules for Collections, 1995 Revision ICC Publication No. 522)의 적용을 받게 된다.

2 추심결제방식의 특성

추심결제방식은 환어음이 발행되며, 추심에 관한 통일규칙(URC 522)이 적용되고, 대금결제관련 서류는 추심의뢰은행, 추심은행, 제시은행 등 추심관련 은행을 통하여 전달되며, 주로 본지사간 거래나 신용이 아주 확실한 거래선 사이에서 이용된다.

그리고 추심결제방식에서는 은행이 개입되지만 은행은 추심의뢰인의 대리인으로 관계할 뿐 신용장거래와는 달리 은행의 대금지급확약이 없으며, 신용장거래보다 은행수수료가 낮으며, 환어음의 지급인(drawee)은 수입업자이다.

첫째, 추심결제방식은 환어음이 발행되고 거래은행을 통하여 결제대금을 청구한다는 점에서 송금방식과 구별된다. 송금방식에서는 채무자인 수입업자가 수출업자에게 결제대금을 송금함으로써 대금결제가 이루어지지만, 추심결제방식은 채권자인 수출업자가 환어음을 발행하여 거래은행을 통하여 결제대금을 청구하여 대금을 회수하는 방식이다.

둘째, 추심결제방식은 신용장거래와는 달리 은행의 대금지급확약이 없으며, 주로 수출업자와 수입업자간의 신용에 의해 거래가 이루어진다. 따라서 추심결제방식에서 관여하는 은행은 추심의뢰인(수출업자)의 단순한 대리인에 불과하기 때문에 대금결제에 대한 최종적인 책임은 매매당사자가 부담하여야 한다. 즉, 추심거래에 관여하는 은행들은 위임사무의 처리를 위한 중개인 또는 보조자로서의 역할만을 담당하기 때문에 지급책임은 오로지 수입업자에게 있다.

셋째, 추심결제방식은 수입업자의 입장에서 보면, 물품이나 선적서류를 검사한 후 또는 물품을 전매한 후 결제대금을 지급하기 때문에 유리한 측면이 있으나, 수출업자의 입장에서 볼 때, D/P의 경우는 결제대금을 확실하게 수령한다는 보장이 없으며, 또한 D/A의 경우는 결제대금의 확실한 수령은 물론 물품 회수까지도 보장되지 않을 수 있는 위험성이 존재한다.

넷째, 추심결제방식을 통한 거래는 일반적으로 국제상업회의소가 제정한 "추심에 관한 통일규칙"의 적용을 받게 된다. 따라서 D/P, D/A거래의 정확한 이해를 위하여 추심에 관한 통일규칙에 대한 내용을 알고 있어야 한다.

3 추심결제방식의 이점

추심결제방식은 수출대금의 결제를 전적으로 수입업자의 신용에 의존하기 때문에 수입업자가 계약체결 후 도산하거나 시장조건의 악화로 손해가 예상되는 경우에는 수입대금결제를 기피하게 되어 수출업자는 대금회수가 어렵게 되는 위험성이 존재하는 것은 사실이다.

그러나 추심결제방식을 이용할 경우 다음과 같은 이점이 있다.

첫째, 신용장거래에서와 같이 신용장의 발행 등 복잡한 거래절차를 피할 수 있으며, 신용장거래의 경우 발행수수료, 통지수수료, 은행간의 코레스 비용, 인수수수료 등이 소요되는데 비하여 D/P, D/A거래에서는 이러한 제반 수수료를 절감할 수 있으며, 또한 은행의 서류심사절차가 없으므로 절차가 간편하다는 점이다. 따라서 본지사간의 거래나 상호 신뢰할 수 있는 거래처와의 거래에 적합한 결제방식이다. 그리고 수출업자의 경우, 신용도가 높거나 추심의뢰은행에 담보제공을 통하여 D/P, D/A어음의 매입시 환어음의 할인이 가능하기 때문에 대금결제를 신속하게 받을 수 있다.

둘째, 추심결제방식 역시 신용장방식의 거래와 마찬가지로 무역금융 혜택을 받을 수 있을 뿐만 아니라 수출실적으로 인정받을 수 있다. 예를 들어, 구매확인서를 발급해서 협력업체에서 물품을 구매하거나 조달한 뒤 추후 수입업자로부터 대금을 회수하여 지급할 수 있다.

셋째, 추심결제방식의 단점은 대금지급에 대한 은행의 지급확약이 없지만, 우리나라의 경우 수출보험을 통하여 자신의 귀책사유가 없는 경우에는 환어음의 지급거절로 인한 대금회수 불능위험을 회피할 수 있다.

그리고 수입업자의 입장에서 보면, 먼저 추심결제방식은 수출업자의 신용공여로 인해 물품이 수입국에 도착한 때에 대금결제를 하거나(D/P), 물품을 인수한 후 그 판매대금으로 결제할 수 있다(D/A). 그리고 추심결제방식으로 거래하는 경우에는 수입업자는 은행을 통해 서류를 전달받으므로 계약물품을 입수하지 못할 위험은 거의 없다고 하겠다.

4 추심결제방식의 당사자

1) 추심의뢰인

추심의뢰인(principal)은 계약물품을 선적하고 자신의 거래은행에 추심을 의뢰하는 매매계약상의 매도인인 수출업자를 말한다. 수출업자는 물품을 선적한 후 추심을 하기 위하여 화환어음을 발행하기 때문에 발행자(drawer)라고도 하며, 수출대금을 청구하는 채권자(creditor)인 동시에 추심의뢰은행의 고객(customer)이다. 추심의뢰인은 원칙적으로 추심과 관련한 은행의 모든 수수료와 비용을 부담하여야 하며, 추심의뢰서(collection order)에 추심관련 비용을 지급인(drawee)으로부터 추심하도록 명시하였더라도 만약 지급인이 수수료와 비용지불을 거절한 경우에는 추심의뢰인인 수출업자가 최종적으로 부담해야 한다.

2) 추심의뢰은행

추심의뢰은행(remitting bank)은 추심의뢰인으로부터 대금청구를 위한 추심을 의뢰받은 수출국에 있는 은행으로, 보통 수출업자의 거래은행이 된다. 추심의뢰은행은 추심의뢰인의 대리인의 성격을 가지고 있으므로 추심의뢰인의 지시를 엄격히 따라야 하며, 추심의뢰인의 사전 동의없이 그 지시 내용을 변경해서는 아니 된다.

추심의뢰은행은 수출업자의 금융상의 편의를 고려하여 우편기간과 유전스(usance) 기간에 상당하는 추심이자를 공제하고 추심 전에 매입하는 경우도 있다.

3) 추심은행

추심은행(collecting bank)은 추심의뢰은행 이외에 추심과정에 참여하는 모든 은행으로서 보통 수입업자의 거래은행이 된다. 이러한 추심은행은 추심의뢰은행이 요청한 추심의뢰서에 따라 지급인에게 추심하여 대금을 추심의뢰은행에 송부하는 은행을 말한다. 추심은행은 추심의뢰은행의 대리인의 성격을 가지고 있어 추심의뢰은행의 지시를 엄격히 따라야 한다. 만일 추심은행이 추심의뢰서에 기재된 지시를 따를 수 없는 경우에는 그 취지를 추심의뢰은행에게 즉각적으로 통지하여야 하며, 추심에 대한 결과도 추심의뢰은행에 통지하여야 한다.

4) 제시은행

제시은행(presenting bank)은 수입업자인 지급인(drawee)에게 직접 추심서류를 제시하는 은행으로서 넓은 의미에서 추심은행에 포함된다. 즉, 추심은행이 수입업자의 거래은행이 아닌 경우에는 제시은행이 존재하게 된다. 수출지의 추심의뢰은행이 수입국 소재 자행의 해외지점을 추심은행으로 선정한 경우 그 해외지점과 수입업자가 거래가 없는 경우에는 수입업자 거래은행으로 서류를 재송부하여 제시하게 되는데, 이 경우에 수입업자의 거래은행이 제시은행으로 된다.

5) 지급인

지급인(drawee)은 수출지 추심의뢰은행의 추심의뢰에 대하여 최종적으로 대금을 지급하거나 인수하는 수입업자를 말한다. 즉, 추심거래에 있어서 채무자로서 추심서류를 제시받고 추심을 의뢰한 상업어음에 대하여 지급을 하는 자 또는 인수하여 만기에 지급하는 자로서 수입업자가 된다.

추심의뢰서에 상업어음의 제시를 받는 자로 명시되며, 이러한 제시를 위하여 지급인은 완전한 주소가 표시되어야 한다. 이러한 지급인은 통상 buyer, consignee, importer가 된다.

Ⅱ 추심결제방식의 종류

추심결제방식에 의한 수출입은 신용장거래와는 달리 특정은행이 수출입 대금지급에 대한 확약을 하고 있지 않기 때문에 수출입거래 당사자간의 계약과 수입업자의 신용으로 대금지급이 이루어지며, 추심결제에 관여하는 은행은 단순히 수출업자의 대리인으로서 수출입대금의 추심의뢰 및 추심업무만 수행한다. 이러한 추심결제방식에는 지급인도조건(document against payment : D/P)과 인수인도조건(document against acceptance : D/A)방식이 있다.

1 지급인도조건

1) 지급인도조건의 의의

지급인도조건(documents against payment : D/P, 이하 D/P라 한다) 이란 수출업자가 수입업자와의 매매계약에 따라 자신의 책임 하에 수출물품을 선적하고 구비된 서류에 수입업자를 지급인으로 하는 일람출급 화환어음(sight bill of exchange)을 발행하여 자기 거래은행인 추심의뢰은행을 통하여 수입업자가 거래하는 은행 앞으로 어음대금을 추심의뢰하면 추심의뢰를 받은 수입국에 있는 추심은행이 수입업자에게 어음을 제시하여 그 어음대금을 일람출급으로 지급받아 추심의뢰은행 앞으로 송금하고, 추심의뢰은행이 수출업자에게 대금을 지급하는 거래방식을 말한다.

2) 지급인도조건의 거래과정

D/P거래의 거래과정을 살펴보면 다음과 같다.

① 수출업자와 수입업자는 대금결제방식을 추심방식으로 지급인도방식, 즉 D/P방식으로 무역대금을 결제할 것으로 무역계약에서 약정한다.

② 수출업자는 필요한 경우에 수출승인을 받고, 거래조건이 CIF나 CIP 조건인 경우에는 보험계약을 체결한 후, 수출절차를 종료한 다음에 무역계약에 일치하는 물품을 통관하여 기한 내에 선적을 완료하고 운송서류(B/L 등)를 준비한다.

③ 수출업자는 D/P계약서에서 요구하는 상업송장, 선하증권, 보험서류 등 관련 제반 서류와 수입업자를 지급인으로 하는 일람출급 환어음을 발행하여 자신의 거래은행인 추심의뢰은행에 제시하면서 수입업

자의 거래은행에 환어음대금에 대한 추심을 의뢰한다.

④ 추심의뢰은행은 환어음 및 운송서류 등을 추심은행에 송부하고 대금을 자신의 예치환거래은행의 계좌에 입금시키도록 의뢰한다. 즉, 수출업자로부터 추심의뢰 요청을 받은 수출지의 추심의뢰은행은 추심에 수반하는 모든 지시를 기재한 추심의뢰서를 작성하여 추심서류와 함께 추심은행에 송달하여 수입업자 앞으로 추심하여 줄 것을 요청한다. 이때 추심의뢰은행은 의뢰인이 지시한 경우에는 지정한 추심은행을 이용하며, 지정하지 아니한 경우에는 추심의뢰은행 임의로 선정한 지급지나 인수지 국가에 있는 은행을 추심은행으로 선정할 수 있다.

그리고 추심의뢰은행으로부터 추심의뢰를 받은 추심은행은 수입업자와의 거래관계 등으로 인하여 직접 수입업자에 대해 서류제시가 곤란한 경우에는 다른 추심은행, 즉 제시은행으로 추심서류를 송달하여 다시 추심을 의뢰하게 된다. 대개의 경우는 추심은행이 수입업자의 거래은행이 되도록 추심은행을 선정한다. 즉, 신속한 추심을 위하여 최초의 추심은행이 제시은행이 되도록 하는 것이다.

⑤ 추심은행(또는 제시은행)은 운송서류를 수령하고, 수입업자에게 추심서류가 도착하였음을 통지하여 조속한 어음의 결제를 촉구한다.

⑥ 수입업자는 운송서류에 하자가 없는 경우에 일람출급 환어음을 일람한 후에 어음대금을 지급하고 운송서류를 인도받는다. 이때 전신환 매도율을 적용하여 환산한 금액을 은행에 지급한다.

⑦ 추심은행은 수입업자로부터 지급받은 어음대금을 추심의뢰은행의 계좌에 입금하고, 추심의뢰은행에 입금되었음을 통보한다.

⑧ 추심의뢰은행은 자기 은행계좌에 입금된 어음대금을 수출업자에게 지급한다.

⑨ 수입업자는 추심은행으로부터 인도받은 서류를 가지고 필요한 경우에 수입승인을 득하고 소정의 수입신고절차를 필한 후 선하증권을 제시하고 수입물품을 인수하면 거래가 종료된다.

【 그림 10-1 D/P 거래과정 】

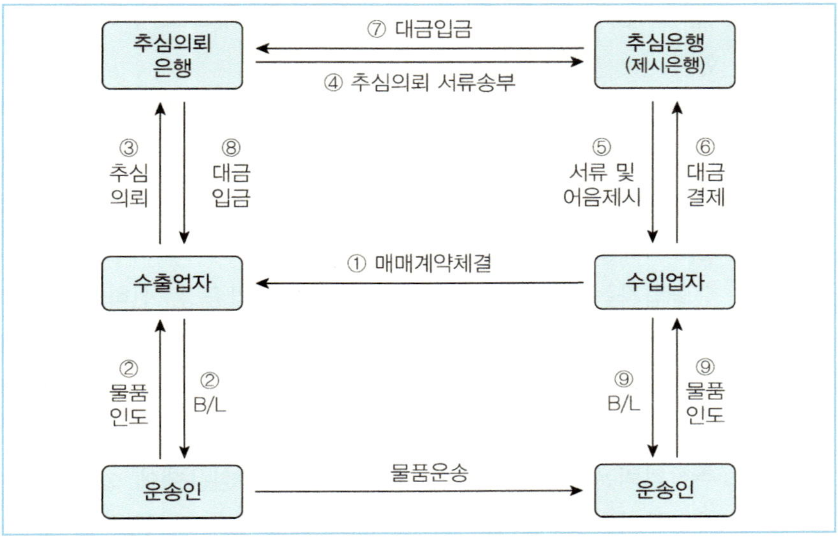

2 인수인도조건

1) 인수인도조건의 의의

인수인도조건(documents against acceptance : D/A, 이하 D/A라 한다)은 앞서 설명한 D/P거래와 대금을 추심하는 절차는 같다. 그러나 D/P와 다른 점은 D/P는 수출업자가 일람출급 환어음(at sight bill)을 발행하는데 반하여, D/A는 수출업자가 일람 후 정기 또는 확정일 출급의 화환어음, 즉 기한부 어음(usance bill)을 발행하여 수입업자에게 제시하고, 수입업자는 제시된 어음을 인수하고 서류를 인도 받은 후 어음 만기일에 대금을 지급하는 거래방식이다.

2) 인수인도조건의 거래과정

D/A거래의 거래과정을 살펴보면 다음과 같다.

① 수출업자와 수입업자는 대금결제방식을 추심방식으로 인수인도방식, 즉 D/A방식으로 무역대금을 결제할 것으로 무역계약에서 약정한다.

② 수출업자는 필요한 경우에 수출승인을 받고, 거래조건이 CIF나 CIP 조건인 경우에는 보험계약을 체결한 후 수출절차를 종료한 다음에 무역계약에 일치하는 물품을 통관하여 기한 내에 선적을 완료하고 운송서류(B/L 등)를 준비한다.

③ 수출업자는 D/A계약서에서 요구하는 상업송장, 선하증권, 보험서류 등 제반 관련서류와 수입업자를 지급인으로 하는 기한부 환어음을 발행하여 자신의 거래은행인 추심의뢰은행에 제시하면서 수입업자에게 환어음대금을 추심하여 줄 것을 요청한다.

④ 추심의뢰은행은 환어음 및 운송서류를 추심은행에 송부하고 수입업자로부터 어음 만기일에 대금을 수령한 후 그 대금을 자신의 예치환거래은행의 계좌에 입금시키도록 의뢰한다. 즉, 수출업자로부터 추심의뢰 요청을 받은 수출지의 추심의뢰은행은 추심에 수반하는 모든 지시를 기재한 추심의뢰서를 작성하여 추심서류와 함께 추심은행에 송달하여 수입업자 앞으로 추심하여 줄 것을 요청한다. 이때 추심의뢰은행은 의뢰인이 지시한 경우에는 지정한 추심은행을 이용하며, 지정하지 아니한 경우에는 추심의뢰은행은 지급지나 인수지 국가에 있는 은행을 임의로 선정하여 추심은행으로 이용할 수 있다. 그리고 추심의뢰은행으로부터 추심의뢰를 받은 추심은행은 수입업자와의 거래관계 등으로 인하여 직접 수입업자에게 서류제시가 곤란한 경우에는 다른 추심은행, 즉 제시은행으로 추심서류를 송달하여 다시 추심의뢰하게 된다. 대개의 경우는 추심은행이 수입업자의 거래은행이 되도록 추심은행을 선정한다. 즉, 조속한 추심을 위하여 최초의 추심은행이 제시은행이 되도록 하는 것이다.

⑤ 추심은행(또는 제시은행)은 운송서류를 수령하고 이를 수입업자에게 추심관련 서류가 도착하였다는 통지를 하고 수입업자에게 추심서류

를 제시한다.

⑥ 추심서류에 대한 도착 통지를 받은 수입업자는 운송서류에 하자가 없는 경우에 제시된 기한부 어음에 "accepted by xxx"라고 배서하는 인수 서명표시를 하고 운송서류를 인도받는다. 그리고 수입업자는 기한부 어음의 기간 이후인 어음의 만기일에 어음대금을 전신환매도율을 적용하여 환산한 금액을 추심은행에 지급·결제한다.

⑦ 추심은행은 추심의뢰은행의 계좌에 입금하고, 추심의뢰은행에게 입금되었음을 통보한다.

⑧ 추심의뢰은행은 자기 은행 계좌에 입금된 수출대금을 수출업자에게 지급한다.

⑨ 수입업자는 추심은행으로부터 인도받은 서류를 가지고 필요한 경우에 수입승인을 득하고 소정의 수입신고절차를 필한 후 선하증권을 제시하고 수입물품을 인수하면 거래가 종료된다.

【 그림 10-2 D/A 거래과정 】

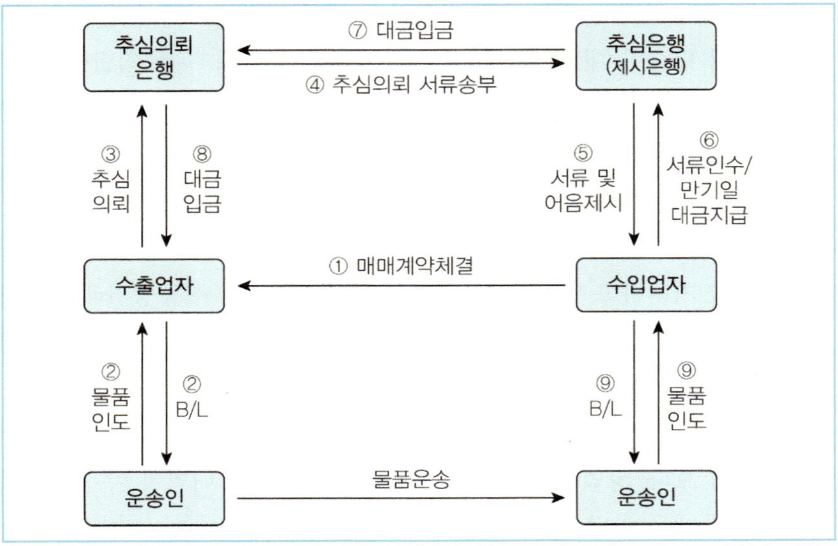

3 추심결제방식의 유의사항

추심결제방식은 신용장방식에 비하여 거래절차나 비용측면 등에서 여러 가지 이점이 있으나, 추심결제방식을 이용할 경우에는 다음과 같은 점에 유의할 필요가 있다.

첫째, 추심결제방식은 신용장방식과 달리 은행의 대금지급에 대한 확약이 없기 때문에 오로지 수입업자의 신용에 의존하여 거래를 하게 된다. 따라서 수입업자가 대금지급을 거절할 경우에는 대금을 회수하지 못할 가능성이 있다.

둘째, 신용장방식에서는 수출업자는 물품을 선적하고 나서 곧 바로 대금전액을 수출국에 있는 자신의 거래은행으로부터 지급받을 수 있어 비교적 대금회수기간이 짧다. 그러나 추심결제방식에서는 수입업자가 대금결제를 하기 전까지는 대금을 회수하지 못하기 때문에 상대적으로 대금회수기간이 길어진다는 단점이 있다.

셋째, 신용장방식은 은행이 직접 당사자로 참여하기 때문에 서류심사 등 대금결제에 깊숙이 관여하지만, 추심결제방식에서 은행은 추심의뢰인의 단순한 대리인의 입장으로 서류를 전달해 주는 역할만 한다. 따라서 D/P방식과 같은 경우 계약과 일치하지 않는 물품 및 서류를 받더라도 수입업자는 이것을 은행들에게 항변할 수 없으며, 수입업자 스스로 해결해야 한다.

넷째, 신용장방식의 거래에서는 대부분의 국가가 신용장통일규칙에 따라 처리하고 있다. 따라서 신용장통일규칙이 신용장거래와 관련한 업무 처리 및 해석상의 기준을 제공함으로써 오해나 분쟁의 여지가 줄어들 뿐만 아니라 분쟁발생시 중요한 해결의 근거를 제공해 준다. 그러나 추심결제방식에서의 모든 어음행위는 준거법으로서 “추심에 관한 통일규칙”보다 상업어음거래약정이나 행위지의 국내법이 우선적으로 적용되기 때문에 당사자간에 분쟁이 발생하는 경우에는 그 해결이 어렵다는 점이다.

다섯째, D/P방식에서 환어음은 일람지급어음, 즉 At Sight Bill이 발행된다. 따라서 수출업자로서는 수입업자가 지급을 하기 전에는 은행이 서류를 인도하지 않을 것이므로 물품에 대한 소유권을 보유하고 있다. 그러나 수입업자가 시장상황 악화에 따라 가격 폭락 등을 이유로 계약 체결시의 조건과 달리 서류를 인수하지 않거나 대금을 지급하지 않을 위험이 있다. 수입업자로서도 대금을 결제하고 서류를 받아 물품을 통관한 후 물품을 검사할 때 계약과는 달리 품질불량 등 상이한 물품을 인수하는 경우가 있을 수 있다. 따라서 D/P결제방식은 경우에 따라서는 수출업자와 수입업자 모두에게 불리한 상황을 초래할 수 있는 결제방식이 될 수 있다.

여섯째, D/A방식에서 환어음은 기한부 어음, 즉 Usance Bill이 발행되기 때문에 수출업자의 입장에서는 수입업자가 어음을 인수하고 물품을 모두 수령한 후, 어음 만기일이 도래하기 전에 파산하거나 지급불능이 될 경우에는 대금을 회수하지 못할 위험이 있다.

일곱째, D/A방식과 구별해야 하는 것으로서 usance D/P방식이 있다. usance D/P방식은 기본적으로 D/P방식에 해당하지만, 예컨대 'D/P at 30 days after sight'와 같이 설정되는 경우를 말한다. D/A방식의 경우 환어음과 선적서류가 도착하면 수입자는 기한부어음을 인수하고 선적서류를 즉시 입수한 후 만기일에 대금을 지급하는 반면, usance D/P방식의 경우에는 추심은행이 서류 도착 즉시 수입자에게 이를 인도하지 않고 명시된 기간이 지난 후 수입대금을 받고 서류를 인도한다. usance D/P방식은, 예컨대 서류가 물품보다 일찍 도착한 경우에 미리 대금을 지급하고 서류를 입수할 필요가 없는 수입자의 자금 부담을 덜어주기 위해 이용하는 것이다.

〈표 10-1〉 추심결제방식과 신용장방식 비교

	추심결제방식	신용장방식
거래근거	D/P, D/A 계약서	신용장
매도인 제공서류	환어음, 제반서류	환어음, 제반 서류
대금지급확약	없음	발행은행 지급확약
대금지급시기	일람불, 기한부	일람불, 기한부
대금회수	불확실	확실함
수출업자의 자금회전	담보능력에 따라 상이	용이함
수출대금 회수	환어음 추심, 매입	환어음 매입
수입업자의 자금부담	없음	가중
수입업자의비용부담	없음	가중
대금지급	수입업자	은행
부족자금 융통	수출용 원자재에 한해 무역금융	수출용 원자재에 한해 무역금융

Ⅲ 추심에 관한 통일규칙

1 추심에 관한 통일규칙의 의의

추심에 관한 통일규칙(Uniform Rules for Collections, 1995 Revision, ICC Publication No. 522 : URC 522, 이하 URC 522라 한다)은 국제적인 추심거래시 거래당사자간 관습과 법률의 차이에서 오는 분쟁의 발생 가능성을 줄이기 위하여 국제상업회의소(ICC)에서 제정한 추심에 관한 국제적인 통일규칙이다. 이는 1956년에 제정되어, 1967년, 1978년 및 1995년에 개정이 이루어졌으며, 전세계의 대부분의 은행들이 채택하여 사용하고 있어 국제무역거래와 관련한 분쟁예방에 기여하고 있다.

2 추심에 관한 통일규칙의 제정과 개정

ICC는 1956년에 국제적인 추심거래에서 국가간의 법률과 관습의 차이에 따른 분쟁예방의 필요성을 느끼고 모든 나라가 적용할 수 있는 "상업어음 추심에 관한 통일규칙"(Uniform Rules for Collections of Commercial Paper)을 제정하여 각국의 은행들에게 채택할 것을 권고하였다. 그러나 그 당시 유럽제국, 일본을 비롯한 10여 개국에서만 채택하였으며, 미국과 영국은 자국의 법률이나 관습과 상이하다는 이유로 채택하지 않았다. 따라서 상업어음 추심에 관한 통일규칙은 주요 무역국인 미국과 영국 등이 채택하지 않음에 따라 그 이용은 매우 제한적이었다.

그 후 ICC는 세계적인 추심에 관한 통일규칙의 제정의 필요성과 그 동안 운송기술의 발달 등의 국제무역환경의 변화에 따른 추심관행의 발전에 적응하기 위하여 1967년 5월 14일 ICC 이사회 의결을 거쳐 공표함으로써 ICC Brochure No. 254로 제1차 개정되었다.

그리고 ICC는 국제무역환경의 변화에 따른 실제적인 국제추심관행의 발전에 적응하기 위하여 1978년 6월 24일에 그 내용을 대폭 개정하고 그 명칭도 상업서류(commercial paper)라는 용어를 삭제하여 '추심에 관한 통일규칙'(Uniform Rules for Collections, 1978 Revision Publication No. 322)으로 변경하여 1979년 1월 1일부터 시행되었다.

제2차 개정에서 명칭을 변경한 이유는 추심의 방법에 상업서류뿐만 아니라 금융서류까지 고려하였기 때문이며, 또한 동 규칙을 채택하고 있는 경우 혼란과 오해를 피하기 위하여 추심서류에 동 규칙이 적용된다는 준거문언을 표시하도록 규정하였다.

한편 1980년대에 들어와 운송기술과 정보통신기술의 발전에 따라 국제무역관행에 급격한 변화가 일어남으로써 1995년에 추심에 관한 통일규칙을 개정하였다. ICC 은행위원회의 개정 작업부는 영국과 미국을 비롯한 25개국 이상의 ICC 국내위원회 및 조직과 은행전문가들로부터

의견을 수렴하여 1995년 6월에 최종 개정안을 마련하고 1995년 7월 10일에 ICC 간행물 제522호로 1995년 개정 추심에 관한 통일규칙(Uniform Rules for Collections, 1995 Revision, ICC Publication No. 522)을 채택하여 1996년 1월 1일부터 시행하고 있다.

3 추심에 관한 통일규칙의 구성

URC 522는 제A장 총칙 및 정의를 비롯하여 전체 7개장 26개 조항으로 구성되어 있는데, 그 주요 구성과 내용을 살펴보면 다음 [표 10-2]와 같다.

〈표 10-2〉 URC 522의 구성 및 내용

장	조 항
A. 총칙 및 정의	제1조 URC 522의 정의 제2조 추심의 정의 제3조 추심 관계당사자
B. 추심형식 및 구조	제4조 추심의뢰서
C. 제시형식	제5조 제시 제6조 일람출급 및 인수 제7조 상업서류의 인도 제8조 서류의 작성
D. 의무와 책임	제9조 신의성실 및 상당주의 제10조 서류 vs 물품/서비스/채무이행 제11-제14조 각종 면책조항 제15조 불가항력
E. 지급	제16조 제체없는 지급 제17-18조 지급통화 제19조 분할지급
F. 이자, 수수료, 비용	제20조 이자 제21조 수수로 및 비용

G. 기타	제22조 인수 제23조 약속어음 및 기타 증권 제24조 거절증서 제25조 예비지급인 제26조 통지

4 추심에 관한 통일규칙의 주요 내용

1) 총칙 및 정의

(1) URC 522의 적용

URC 522는 본 규칙의 준거문언이 제4조에 언급된 '추심지시서'(collection instruction)의 본문에 삽입된 경우에 제2조에 정의된 "지급 및/또는 인수를 취득하거나, 서류를 지급인도 및/또는 인수인도 하거나 기타의 제조건으로 서류를 인도하는 목적"으로 서류를 취급하는 모든 추심에 적용된다. 추심을 지시하는 추심지시서에 "This Collection is subject to Uniform Rules for Collection, 1995 Revision, ICC Publication No. 522"라는 준거문언이 삽입되어 있는 경우에 적용할 수 있다. 또한 별도의 명시적인 합의가 없거나 또는 국가, 주 또는 지방의 법률 및/또는 규칙에 반하지 아니하는 한 모든 관계당사자를 구속한다(제1조 a).

(2) 추심의 정의

"추심"(collection)이란 은행이 접수된 지시에 따라 "지급 및/또는 인수를 취득하거나", "서류를 지급인도 및/또는 인수인도 하거나", "기타의 제조건으로 서류를 인도하는 목적"으로 금융서류와 상업서류를 취급하는 것을 의미한다(제2조 a).

금융서류(financial documents)란 환어음, 약속어음, 수표 또는 기타 금전의 지급을 취득하기 위하여 사용되는 이와 유사한 증서를 의미한다.

상업서류(commercial documents)란 송장, 운송서류, 권리증권 또는 이와 유사한 서류 또는 그 밖에 금융서류가 아닌 모든 서류를 의미한다(제2조 b).

이러한 추심에는 무담보추심과 화환추심이 있다.

무담보추심(Clean collection)이란 상업서류가 첨부되지 않은 금융서류의 추심을 의미한다(제2조 c).

화환추심(documentary collection)은 상업서류가 첨부된 금융서류의 추심과 금융서류가 첨부되지 않은 상업서류의 추심을 의미한다(2조 d).

(3) 추심 당사자

추심관련 당사자는 은행에 추심업무를 의뢰하는 당사자인 추심의뢰인(principal), 추심의뢰인으로부터 추심업무를 의뢰받은 은행인 추심의뢰은행(remitting bank), 추심의뢰 이외에 추심의뢰과정에 참여하는 모든 은행인 추심은행(collecting bank), 지급인에게 제시를 행하는 추심은행인 제시은행(presenting bank) 및 추심지시서에 따라 제시를 받아야 할 지급인(drawee) 등이 있다(제3조).

2) 추심의 형식과 구조

추심을 위해 송부되는 모든 서류에는 URC 522의 적용을 받고 있음을 명시하고 완전하고 정확한 지시가 기재된 추심지시서를 첨부해야 한다. 은행은 그러한 추심지시서에 기재된 지시에 의거하여, 그리고 본 규칙에 따라서만 업무를 수행하여야 한다(제4조 a항 1호). 여기서 추심지시서(collection instruction)란 추심의뢰은행이 추심의뢰인으로부터 추심지시를 받아 추심은행에게 추심을 지시할 때 추심에 관한 여러 가지 지시사항을 기록한 첨부서류를 말한다.

이러한 추심지시서에는 다음과 같은 내용을 포함하여야 한다(제4조 b 및 c).

① 추심을 송부한 은행의 완전한 이름, 우편주소 및 SWIFT 주소, 텔렉스, 전화, 팩스 번호 및 참조사항을 포함한 명세
② 추심의뢰인의 완전한 이름, 우편주소, 그리고 해당되는 경우, 텔렉스, 전화, 팩스 번호를 포함한 명세
③ 지급인의 완전한 이름, 우편주소 또는 제시가 행해질 주소 및 해당되는 경우 텔렉스, 전화, 팩스 번호를 포함한 명세
④ 제시은행이 있는 경우, 제시은행의 완전한 이름, 우편주소 및 해당되는 경우 텔렉스, 전화, 팩스번호를 포함한 명세
⑤ 추심되는 금액과 통화
⑥ 동봉한 서류의 목록과 각 서류의 통수
⑦ 지급 및 인수조건과 서류인도조건
⑧ 추심 수수료 및 수수료의 포기 여부
⑨ 추심 이자에 관한 사항으로 이자율, 환산기간, 해당되는 경우 계산방법 및 이자의 포기여부
⑩ 지급방법과 지급통지의 형식
⑪ 지급거절, 인수거절 및/또는 다른 지시의 준수 거절의 경우에 대한 지시
⑫ 지급인의 완전한 주소 또는 제시가 행해져야 할 곳의 완전한 주소를 기재하여야 한다. 만약 주소가 불완전하거나 부정확한 경우에는 추심은행은 의무나 책임없이 올바른 주소를 확인하기 위해 노력하며, 추심은행은 불완전하거나 부정확한 주소로 인해 발생하는 어떠한 지연에 대해서도 의무나 책임을 지지 아니한다.

3) 제시의 형식

(1) 제 시

제시(presentation)란 제시은행이 지시받은 대로 그리고 본 규칙에 따라서 서류를 지급인이 취득할 수 있도록 만드는 절차를 말한다(URC 제5조 a). 추심지시서는 지급인이 조치를 취해야 하는 정확한 기한을 기재하여야 한다. 이러한 기한과 관련하여 “첫째”(first), “신속한”(prompt), “즉시”(immediate) 그리고 이와 유사한 표현들은 사용되어서는 아니 되며, 만일 그러한 용어가 사용된 경우 은행은 이를 무시한다(제5조 b).

서류는 접수된 형태로 지급인에게 제시되어야 한다. 다만 은행은 별도의 지시가 없는 한 추심의뢰인의 비용부담으로 필요한 인지를 첨부할 수 있도록 수권되어 있는 경우, 그리고 필요한 배서를 하거나 또는 추심업무에 관례적이거나 요구되는 고무인 또는 기타 인식 표지나 부호를 표시할 수 있도록 수권되어 있는 경우에는 그러하지 아니하다(제5조 c).

추심의뢰인의 지시를 실행할 목적으로, 추심의뢰은행은 추심의뢰인에 의해 지정된 은행을 추심은행으로 이용할 수 있다. 그러한 지정이 없는 경우에는 추심의뢰은행은 지급국가 또는 인수국가 또는 기타 조건이 준수되어야 하는 국가 내에 자신이 선택하거나 다른 은행이 선택한 모든 은행을 이용할 수 있다(제5조 d).

서류와 추심지시서는 추심의뢰은행이 추심은행으로 직접 송부되거나, 다른 은행을 중개인으로 하여 송부될 수 있다(제5조 e).

추심의뢰은행이 특정 제시은행을 지정하지 않은 경우에는 추심은행은 자신이 선택한 제시은행을 이용할 수 있다(제5조 f).

(2) 일람출급 및 인수

서류가 일람출급인 경우에는 제시은행은 지체없이 지급을 위한 제시를 하여야 한다. 서류가 일람출급이 아닌 기한부 지급조건인 경우에는 제시은행은 인수가 요구되는 때에는 지체없이 인수를 위한 제시를, 그리고 지급이 요구되는 때에는 적합한 만기일 내에 지급을 위한 제시를 해야 한다(제6조).

(3) 상업서류의 인도

상업서류의 인도에는 인수인도(D/A)와 지급인도(D/P)로 구분할 수 있는데, 추심은 장래의 확정일 지급조건의 환어음을 상업서류는 지급과 상환으로 인도되어야 한다는 지시와 함께 포함하여서는 아니 된다(제7조 a). 만일 추심이 장래 확정일 지급조건의 환어음을 포함하는 경우에는 추심지시서에는 상업서류가 인수인도(D/A) 또는 지급인도(D/P) 중 어느 조건으로 지급인에게 인도되어야 하는 지를 명시해야 한다. 그러한 명시가 없는 경우에는, 상업서류는 지급과 상환으로만 인도되어야 하며, 서류인도의 지연에 기인하는 어떠한 결과에 대해서도 추심은행은 책임을 지지 아니한다(제7조 b).

만일 추심이 장래확정일 지급조건의 환어음을 포함하고 추심지시서에 상업서류는 지급과 상환으로 인도되어야 한다고 기재된 경우에는, 서류는 오직 그러한 지급과 상환으로만 인도되고, 추심은행은 서류인도의 지연에서 기인하는 어떠한 결과에 대해서도 책임을 지지 아니한다(제7조 c).

(4) 서류의 작성

추심의뢰은행이 추심은행 또는 지급인이 추심에 포함되어 있지 않은 서류(환어음, 약속어음, 수입화물위탁증서(Trust Receipts), 약속증서(letter of undertaking) 또는 기타 서류 등)를 작성할 것을 지시하는 경우에는 그러한 서류의 형식과 자구는 추심의뢰은행에 의해 제공되어야 한다. 그렇지 않은 경우 추심은행은 추심은행 및/또는 지급인에 의해 제공된 그러한 서류의 형식과 자구에 대하여 의무나 책임을 지지 아니한다(제8조).

4) 은행의 책임과 면책

(1) 은행의 의무와 책임

은행은 신의성실에 따라 행동하고 또 상당한 주의를 다해야 한다(제9조).

추심방식의 경우에 수입업자가 환어음을 지급 또는 인수하지 않고 자신을 수하인으로 하여 송부된 물품을 인수받는 것을 방지하기 위해 추심은행을 수하인으로 하여 물품을 송부하는 경우가 있다. 이러한 경우를 대비하여 URC 제10조에서는 물품은 은행의 사전 동의없이 은행의 주소로 직접 발송되거나 은행 또는 은행의 지시인에게 탁송되어서는 아니 된다. 그럼에도 불구하고 물품이 은행의 사전동의 없이 지급인에게 지급인도, 인수인도 또는 기타의 조건으로 인도하기 위하여 직접 발송되거나, 은행 또는 은행의 지시인에게 탁송되는 경우에는 그 은행은 물품을 인수하여야 할 의무를 지지 아니하며 그 물품은 물품을 발송하는 당사자의 위험과 책임으로 남는다(제10조 a).

또한 은행은 화환추심이 관계되는 물품에 관하여 물품의 보관, 보험부보를 포함한 어떠한 조치도 취할 의무가 없으며, 그러한 조치를 하도록 지시를 받은 경우에도 그러하다. 은행은 그러한 조치를 취할 것을 동의한다면, 동의한 한도까지만 그러한 조치를 취한다. URC 제1조 c의 규정에도 불구하고 이 규칙은 추심은행에 의한 어떠한 명확한 통지가 없는 경우에도 이러한 효력을 갖도록 적용된다(제10조 b). 그럼에도 불구하고, 은행이 지시를 받았는지 받지 않았는지 간에 그 물품의 보호를 위해 조치를 취한 경우에는 그 결과 및/또는 물품의 상태 및/또는 물품의 보관 및/또는 보호를 위임받은 어떠한 제3자측의 어떠한 작위 및/또는 부작위에 관하여 어떠한 의무나 책임도 지지 아니한다.

그러나 추심은행은 자신이 취한 조치에 대하여 지체없이 추심지시를 송부한 은행에게 통지해야 한다(제10조 c).

물품을 보호하기 위해 취해진 조치와 관련하여 은행에게 발생한 어떠한 수수료 및/또는 비용은 추심을 송부한 당사자의 부담으로 한다(제10조 d).

URC 제10조 a의 규정에도 불구하고, 물품이 추심은행 또는 추심은행의 지시인에게 탁송되고, 지급인이 추심에 대해 지급, 인수 또는 기타 조건을 충족시켰으며, 추심은행이 물품의 인도를 주선하는 경우에는, 추심의뢰은행이 추심은행에게 그렇게 하도록 수권한 것으로 간주된다(제10조 e 1). 추심은행이 추심의뢰은행의 지시에 의거하여 또는 제10조 e 1과 관련하여 물품의 인도를 주선하는 경우에는 추심의뢰은행은 그 추심은행에게 발생한 모든 손해와 비용을 보상해야 한다(제10조 e 2).

(2) 은행의 면책

① 지시받은 당사자의 행동에 대한 면책

추심의뢰인의 지시를 이행하기 위하여 다른 은행의 서비스를 이용하는 은행은 그 추심의뢰인의 비용과 위험부담으로 이를 행한다. 은행이 전달한 지시가 이행되지 않는 경우에 그 은행은 의무나 책임을 지지 아니하며, 그 은행 자신이 그러한 다른 은행의 선택을 주도한 경우에도 그러하다. 다른 당사자에게 서비스를 이행하도록 지시하는 당사자는 외국 법률과 관행에 의해 부과되는 모든 의무와 책임을 져야 하며, 또 이에 대하여 지시받은 당사자에게 보상하여야 한다(제11조).

② 접수된 서류에 대한 면책

은행은 접수된 서류가 추심지시서에 열거된 것과 외관상 일치하는지를 결정하여야 하며, 또 누락되거나 열거된 것과 다른 서류에 대하여 지체없이 추심지시서를 송부한 당사자에게 통지해야 한다. 은행은 이와 관련 더 이상의 의무가 없다. 그리고 은행은 서류를 더 이상 심사하지 않고 접수된 대로 제시한다(제12조).

③ 서류의 유효성에 대한 면책

은행은 서류의 형식, 충분성, 정확성, 진정성, 허위성 또는 법적 효력에 대하여, 서류에 규정되거나 첨가된 일반적 조건 및/또는 특정조건에 대하여 어떠한 의무나 책임도 지지 아니한다. 또한 은행은 서류에 의해 표시되는 물품의 명세, 수량, 무게, 품질, 상태, 포장, 인도, 가격 또는 존재에 대하여 또는 물품의 송하인(consignors), 운송인(the carriers), 운송주선인(the forwarders), 수하인(consignees) 또는 보험자(the insurers of the goods) 또는 다른 모든 사람의 신의성실, 작위 및 또는 부작위, 파산, 이행 또는 지위에 대하여 어떠한 의무나 책임도 지지 아니한다(제13조).

④ 송달 및 번역 중의 지연, 멸실에 대한 면책

은행은 모든 통보, 서신 또는 서류의 송달중의 지연 및/또는 멸실에 기인하여 발생하는 결과 또는 모든 전기통신의 송신 중에 발생하는 지연, 훼손 또는 기타의 오류 또는 전문용어의 번역이나 해석상의 오류에 대하여 어떠한 의무나 책임을 지지 아니한다.

은행은 접수된 지시의 설명을 받기 위한 필요에서 기인하는 어떠한 지연에 대해서도 책임을 지지 아니한다(제14조).

⑤ 불가항력

은행은 천재, 소요, 폭동, 반란, 전쟁 또는 기타 불가항력의 사유 또는 동맹파업이나 직장폐쇄로 인해 발생하는 결과에 대하여 어떠한 의무 또는 책임을 지지 아니한다(제15조).

5) 지급

(1) 지급

추심된 금액(amounts collected)은 해당되는 경우 수수료 및/또는 지출금 및/또는 비용을 공제하고 추심지시서의 조건에 따라 추심지시서를 송부한 당사자에게 지체없이 지급되어야 한다(제16조 a).

(2) 내국통화에 의한 지급

지급국가의 통화, 즉 내국통화로 지급하도록 한 서류의 경우에는, 제시은행은 추심지시서에 별도의 지시가 없는 한 내국통화가 추심지시서에 명시된 방법으로 즉시 처분할 수 있는 경우에만 현지화에 의한 지급과 상환으로 지급인에게 서류를 인도해야 한다(제17조).

(3) 외국통화에 의한 지급

지급국가의 통화 이외의 통화, 즉 외국통화로 지급하도록 한 서류의 경우에는, 제시은행은 추심지시서에 별도의 지시가 없는 한 그 외국통화가 추심지시서의 지시에 따라 즉시 송금될 수 있는 경우에 한하여 그 외국통화에 의한 지급과 상환으로 지급인에게 서류를 인도해야 한다(제18조).

(4) 분할지급

무담보추심에 있어서 분할지급(partial payments)은 지급지의 유효한 법률에 의하여 허용되는 경우에 그 허용되는 범위와 조건에 따라 인정될 수 있다. 금융서류는 지급 전액이 수령되었을 때에만 지급인에게 인도된다(제19조 a).

화환 추심에 있어서, 분할지급은 추심지시서에서 특별히 허용된 경우에만 인정된다. 그러나 별도의 지시가 없는 한, 제시은행은 지급 전액을 수령한 후에 한하여 서류를 지급인에게 인도하며, 제시은행은 서류 인도의 지체에서 비롯되는 어떠한 결과에 대해서도 책임을 지지 아니한다(제19조 b).

6) 이자, 수수료 및 비용

(1) 이자

추심지시서에서 이자(interest)가 추심되어야 함을 명시하고 지급인이 그 이자의 지급을 거절할 경우에는 제시은행은 그 이자를 추심하지 아니하고 서류를 경우에 따라 지급인도 또는 인수인도 또는 기타의 조건으로 인도할 수 있다(URC 제20조 a). 그 이자가 추심되어야 하는 때에는, 추심지시서에는 이자율, 환산기간과 계산방법을 기재하여야 한다(제20조 b).

추심지시서가 이자는 포기될 수 없음을 명확하게 기재하고, 지급인이 그 이자의 지급을 거절하는 경우, 제시은행은 서류를 인도하지 아니하며, 서류인도의 지연에서 비롯되는 어떠한 결과에 대해서도 책임을 지지 아니한다. 이자의 지급이 거절되었을 때, 제시은행은 전신 또는 이것이 가능하지 않은 경우에는 다른 신속한 수단으로 지체없이 추심지시서를 송부한 은행에 통지해야 한다(제20조 c).

(2) 수수료 및 비용

추심지시서에 추심수수료 및/또는 비용(collection charges and/or expenses)은 지급인의 부담으로 하도록 명시하고 있으나 그 지급인이 이의 지급을 거절하는 경우에는 수수료 및/또는 비용을 추심하지 아니하고, 서류를 경우에 따라 지급인도, 인수인도 또는 기타 조건으로 인도할 수 있다. 이와 같이 포기되는 추심수수료 및/또는 비용은 언제나 추심을 송부한 당사자의 부담으로 하며 대금으로부터 공제될 수 있다(제21조 a).

추심지시서에서 수수료 및/또는 비용은 포기하여서는 아니 됨을 명확하게 기재하고 지급인이 이의 지급을 거절하는 경우에는 제시은행은 서류를 인도하지 아니하며 서류인도의 어떠한 지체에서 비롯되는 어떠한 결과에 대해서도 책임을 지지 아니한다. 추심 수수료 및/또는 비용의 지급이 거절되었을 때 제시은행은 반드시 전신 또는 이것이 가능하지 않은 때에는, 다른 신속한 수단으로 추심지시서를 송부한 은행에 지체없이 통지하여야 한다(제21조 b).

추심지시서의 명시된 조건에서 또는 이 규칙에 따라 지출금 및/또는 비용 및/또는 추심수수료(disbursements and/or expenses and/or collection charges)를 추심의뢰인의 부담으로 하는 모든 경우에 추심은행은 지출금, 비용, 수수료와 관련한 지출경비를 추심지시서를 송부한 은행으로부터 즉시 회수할 권리가 있다. 또 추심의뢰은행은 추심의 결과에 관계없이 그가 이렇게 지급한 모든 금액과 자신의 지출금, 비용 및 수수료를 추심의뢰인으로부터 즉시 회수할 권리가 있다(제21조 c).

은행은 어떤 지시를 이행하려고 시도하는 데 있어서의 경비를 충당하기 위하여 수수료 및/또는 비용의 사전지급을 추심지시서를 송부한 당사자에게 요구할 권리를 보유한다. 또한 그 지급을 수령할 때까지 그 지시를 이행하지 아니 할 권리를 보유한다(제21조 d).

7) 기타 규정

(1) 인수

제시은행은 환어음의 인수의 형식이 완전하고 정확한 지를 확인해야 할 책임이 있다. 그러나 제시은행은 어떠한 서명의 진정성이나 인수의 서명을 한 어떠한 서명인의 권한에 대하여 책임을 지지 아니한다(제22조).

(2) 약속어음 및 기타 증서

제시은행은 어떠한 서명의 진정성 또는 약속어음, 영수증 또는 기타 증서(the authority of any signatory to sign a promissory note, receipt, or other instruments)에 서명을 한 어떠한 서명인의 권한에 대하여 책임을 지지 아니한다(제23조).

(3) 거절증서

추심지시서에는 인수거절 또는 지급거절의 경우에 있어서의 거절증서(protest) 또는 이에 갈음하는 기타 법적절차에 관한 별도의 지시를 명기하여야 한다.

그러한 별도의 지시가 없는 경우에는 추심에 관여하는 은행은 지급

거절 또는 인수거절에 대하여 서류의 거절증서를 작성토록 하거나 (또는 이에 갈음하는 법적절차가 취해지도록 할) 아무런 의무를 지지 아니한다.

그러한 거절증서 또는 기타 법적 절차와 관련하여 은행에게 발생하는 모든 수수료 및/또는 비용은 추심지시서를 송부한 당사자의 부담으로 한다(제24조).

(4) 예비지급인

만일 추심의뢰인이 인수거절 및/또는 지급거절의 경우에 예비지급인(the case-of-need)으로서 행동할 대표자를 지명하는 경우에는, 추심지시서에 그러한 예비지급인의 권한을 명확하고 완전하게 기재하여야 한다. 그러한 지시가 없는 경우에는 은행은 예비지급인으로부터의 어떠한 지시에도 응하지 아니한다(제25조).

(5) 통 지

추심은행은 다음과 같은 규칙에 따라 추심결과를 통지하여야 한다(제26조).

① 통지의 형식

추심은행이 추심지시서를 송부한 은행으로 보내는 모든 지시 또는 정보에는 항상 추심지시서에 기재된 대로의 은행 참조번호를 포함한 적절한 명세가 기재되어야 한다(제26조 a).

② 통지의 방법

추심의뢰은행은 추심은행에게 지급통지, 인수통지 및 지급거절 또는 인수거절의 통지(c1, c2 및 c3)에서 기술된 바에 따라 통지해야 한다. 그러한 지시가 없는 경우에는, 추심은행은 자신이 선택한 방법으로 추심지시서를 송부한 은행의 부담으로 관련된 통지를 보낸다(제26조 b).

ⓐ 지급통지

추심은행은 추심의뢰서를 송부한 은행에게 추심한 금액, 해당되는 경우 공제한 수수료 및/또는 지출금 및/또는 비용 및 그 자금의 처분방법을 상술한 지급의 통지를 지체없이 송부하여야 한다(제26조 c 1).

ⓑ 인수통지

추심은행은 추심의뢰서를 송부한 은행으로 인수의 통지를 지체없이 송부하여야 한다(제26조 c 2).

ⓒ 지급거절 또는 인수거절의 통지

제시은행은 지급거절 또는 인수거절의 사유를 확인하기 위하여 노력하고 그 결과를 추심지시서를 송부한 은행에게 지체없이 통지하여야 한다. 제시은행은 지급거절 또는 인수거절의 통지를 지체없이 추심지시서를 송부한 은행으로 송부해야 한다. 추심의뢰은행은 그러한 통지를 수령한 때에는 향후의 서류취급에 대한 적절한 지시를 하여야 한다. 만일 그러한 지시가 지급거절 또는 인수거절을 통지한 후 60일 내에 제시은행에 의해 접수되지 않는 경우에는 서류는 제시은행측에 더 이상의 책임없이 추심지시서를 송부한 은행으로 반송될 수 있다(제26조 c3).

11장 국제팩토링결제

I 국제팩토링결제의 개념

1 국제팩토링결제의 의의

팩토링(factoring)이란 매도인이 매수인에게 물품이나 서비스를 제공함에 따라 발생하는 매출채권(receivables)을 금융기관인 팩터(factor)가 상환청구권없이 일괄양도받는 조건으로 공급자(supplier)와 국제팩토링계약을 체결하고 공급자에게 금융제공, 신용담보, 매출채권관리, 매출채권추심 등의 업무를 제공하는 금융기법을 말한다(UNIDROIT Convention on International Factoring, 제1조). 여기서 공급자는 국제팩토링 계약에 따라 금융기관인 팩터와 계약을 체결하는 자를 말하며, 국제물품매매계약에서는 매도인이며, 매출채권을 양도하기 때문에 양도인, 수출을 하기 때문에 수출자를 말한다.

국제팩토링(international factoring)은 신용장의 발행없이 이루어지는 수출입대금결제방식으로, 팩토링회사(factor)가 수출업자와 수입업자사이에서 신용조사, 신용위험의 인수(지급보증), 수출업자에 대한 전도금융 제공, 외상채권의 기일관리 및 수출대금의 회수, 기타 업무대행 서비스를 제공하는 일련의 금융서비스를 의미한다. 즉, 무신용장방식의 외상수출입거래에 수입팩터의 신용승인이 추가되는 거래이며, 신용승인(credit approval)이란 수입업자가 자금부족, 파산 등의 재무상의 이유로 수입팩터링 채무를 이행하지 못하는 경우에 수입팩터가 그 대금을 대신하여 지급할 것임을 약속하는 일종의 보증서를 말한다.

2 국제팩토링의 기능

1) 무역금융 제공

국제상거래에서 수출업자인 공급자는 일반적으로 외상거래의 경우에는 대금결제의 만기에 수출대금을 회수한다. 그러나 국제팩토링계약을 팩터와 체결한 공급자는 만기 이전에 수출대금의 전부 또는 일부를 회수할 수 있다. 따라서 수출업자는 대금지급 만기일까지 기다리지 않고 신속하게 자금을 회수하여 운영자금으로 활용할 수 있다. 특히 자금의 유동성이 부족한 중소기업의 경우에는 자금의 흐름을 원활히 할 수 있으며, 또한 미리 받은 수출대금으로 새로운 무역계약을 체결하거나 부품구매, 공장운영, 임금지급 등의 여타 운전자금으로 사용할 수도 있다.

실무적 측면에서 화환신용장거래의 경우에는 중국이나 일본과 같은 근접국가와의 거래에서 화물이 서류보다 먼저 도착한 경우에 신용장거래의 복잡성으로 인하여 수입업자가 선하증권과 같은 서류를 수취하지 못하여 화물의 수령이 지체될 수도 있다. 또한 계약에는 일치하는 물품을 제공하였지만 서류의 하자로 인하여 수출대금을 회수하지 못할 수도 있다. 따라서 국제무역거래에서 대금결제방식을 외상거래방식으로 하는 경우 국제팩토링을 이용하면 화환신용장거래의 단점을 제거할 수도 있다.

2) 신용담보

국제상거래에서 대금결제방식은 화환신용장의 이용이 감소하고 수출업자에게 신용위험이 발생할 가능성이 높은 사후송금거래와 같은 외상거래를 요구하고 있다. 이러한 외상거래방식이 무역거래에서 일반화됨에 따라 수입자에 대한 정보가 부족한 신규 수입업자와의 거래를 저해하는 요소가 된다. 따라서 수출업자가 팩터와 상환청구불능(without recourse)조건으로 국제팩토링계약을 체결하면 수입업자의 채무불이행 및 파산시 팩터가 매출채권 금액의 전액을 지급하기 때문에 수입업자의 신용위험을 제거할 수도 있다

3) 매출채권의 관리

국제팩토링에서 팩터는 무역금융제공, 신용담보 같은 기능뿐만 아니라 매도인의 매출채권관리 업무를 제공한다. 국제팩토링에서 매출채권관리시 팩터는 매도인을 대신하여 관련서류의 작성과 같은 업무뿐만 아니라 재고관리, 원가계산 등의 다양한 자료를 제공하기도 한다. 예컨대, 팩터는 매도인에게 매수인의 입출금내역서를 작성하여 정기적으로 보고서를 송부한다. 이러한 보고서에는 추심된 금액과 매도인이 부담하여야 할 비용이 부기되고 추심금액에서 수수료, 이자 등 매도인의 부담금이 차감된다. 실무적으로 팩터는 매도인과 매수인에게 매출채권장부의 기재, 장부관리, 송장관리, 만기일관리 및 신용전표의 관리 및 확인과 같은 서비스를 제공하기도 한다. 이러한 서비스는 매출채권관리 전담인력비용과 관리비용을 절약함으로써 중소기업에 많은 도움이 될 수 있다.

4) 추심

일반적으로 금융기관은 외상매출채권 담보금융에서는 담보로 금융을 제공하기 때문에 외상매출채권에 관한 추심업무에는 관여하지 않는다. 하지만 국제팩토링에서는 팩터는 외상매출채권을 직접매입하기 때문에 추심과정을 직접 모니터링 한다. 국제팩토링계약을 체결한 팩터는 매입한 매출채권에 대하여 채무자인 매수인이 해당 채권의 변제기에 대금을

지급하도록 지속적이고 정기적으로 통지를 행하여 추심업무를 행한다. 채무자가 정당한 사유 없이 변제기일까지 지급을 행하지 않으면 강력한 추심행위를 행하게 된다. 실무적 측면에서 국제팩토링에서 팩터는 추심업무를 제공하기 때문에 매도인의 입장에서는 추심에 관한 걱정 없이 자신의 업무에 집중할 수 있기 때문에 수출마케팅 및 새로운 기업 및 시장개척에 전념할 수 있기 때문에 기업의 수출경쟁력을 강화시킬 수 있다.

3 국제팩토링의 효용성

1) 해외시장개척과 시장의 확대

팩토링은 수출업자에게 대금회수에 대한 불안을 제거하여 주고, 상대방인 수입업자에게는 외상무역거래방식에 따라 자금 부담을 크게 덜어주므로 상호간의 거래규모가 확대될 수 있다. 따라서 국제무역에 있어서 팩토링에 의한 대금결제방법은 해외시장개척과 기존시장의 확대에 기여할 수 있다.

2) 부실채권의 방지

팩토링에 있어서 팩토링회사가 제공하는 수입업자에 대한 신용승인은 신용보증과는 달리 수입업자의 신용악화로 인한 지급불능 시에도 100% 대신 지급을 한다는 조건이고, 또한 채권회수를 책임지므로 수출업자의 입장에서는 부실채권을 줄일 수 있다. 또한 팩토링에 의한 수출입거래에서 분쟁이 발생하는 경우에 팩토링회사가 개입하여 분쟁해결에 적극적인 노력을 하므로 그 해결이 용이하며 불합리한 손실을 방지할 수 있다.

3) 운영자금조달의 용이

수출팩토링에서 팩토링회사는 수입업자에 대한 신용승인 한도 내에서 채권의 만기일 이전에 수출채권의 100%까지 운송서류 매입에 의한 금융을 제공해 준다. 따라서 수출업자는 외상매출채권을 사전에 자금화하여 운영자금을 조달할 수 있다.

4) 부대비용절감

수출팩토링의 경우에 팩토링회사가 수출업자에게 외국의 수입업자에 대한 신용조사를 행하여 그 정보를 제공하여 준다. 따라서 수출업자는 수입업자에 대한 신용조사 등에 따른 비용의 절감과 기존의 신용장방식에 의한 대금결제에서 소요되는 신용장의 발행, 통지, 확인수수료, 매입수수료 등 여러 가지 비용을 절감할 수 있다.

5) 외상매출채권 관리능력강화

팩토링회사가 신용수출에 따른 수입자별 원장정리, 신용거래 한도관리, 채권관리 및 회수 등의 서비스를 제공하여 주고, 또한 경영컨설팅도 제공하여 준다. 따라서 수출업자는 외상매출채권을 효율적으로 관리할 수 있다.

4 국제팩토링의 이점

1) 수입업자의 이점

수입업자의 입장에서 보면, 첫째, 별도의 담보없이 본인 신용만으로 기한이익을 향유하여 외상수입이 가능하다.

둘째, 신용장 발행에 따른 발행 수수료 등의 부담이 없으므로 비용을 경감할 수 있다.

셋째, 물품 수령 후 일정기간 내에 수입대금을 결제하면 되기 때문에 자금부담이 경감되고 수입결제자금의 부족시에 금융수혜를 받을 수 있다.

넷째, 수입대금의 결제 전에 물품의 품질 등을 확인할 수 있어 신용장방식의 약점인 제시된 서류가 신용장의 제조건에 일치하는 한 물품상의 하자에도 불구하고 대금을 지급하여야 하는 불합리성을 제거할 수 있다. 그리고 수입팩터로부터 만기일 관리, 회계관리 서비스 등을 제공받을 수 있다.

2) 수출업자의 이점

수출업자의 입장에서 보면, 첫째, 수입팩터로부터 수입업자에 대한 신용승인이 이루어지면, 수입업자의 클레임이 제기되지 않는 한 수출업자는 해당 신용승인 한도 내에서 그 대금지급을 보장받는다. 따라서 수출업자는 외상수출로 인한 대금회수 불안을 제거할 수 있으며, 당해 매출채권을 수출팩터에게 양도함으로써 수출대금을 조기에 즉시 현금화할 수 있다.

둘째, 수출업자는 수입업자에게 신용장거래보다 유리한 조건으로 제시할 수 있게 되어 대외경쟁력을 확보할 수 있으며, 신용장거래를 원하지 않는 수입업자와의 거래도 가능하므로 새로운 시장개척이 용이하다.

셋째, 팩토링거래를 통하여 본인의 지명도를 제고할 수 있으며, 전세계에 걸친 팩터의 회원망을 통하여 해외시장정보를 신속·정확하게 입수할 수 있다.

넷째, 신용장방식과는 달리 서류작성에 대한 과도한 부담없이 간편하게 실무를 처리할 수 있으며, 추심방식과는 달리 외상채권을 양도할 때 별도의 담보를 제공할 필요가 없으므로 담보부족으로 인한 곤란을 겪지 않는다.

다섯째, 대금회수, 수출채권의 기일관리 등 제반회계업무의 부담에서 벗어나 생산 및 판매에만 전념할 수 있어 원가절감 및 생산성을 증대시킬 수 있다.

5 국제팩토링의 종류

팩토링은 다양한 기준에 따라 다양하게 분류할 수 있다. 그 중에서 팩토링 당사자들의 국적을 기준으로 분류하면, 국내팩토링과 국제팩토링으로 구분할 수 있다.

국내팩토링(domestic factoring)이란 팩토링 당사자들의 국적이 동일한 팩토링을 말하며, 국제팩토링(international factoring)은 팩토링 당사자들의 국적이 서로 다른 팩토링을 말한다.

즉, 국제팩토링은 무신용장방식의 외상무역거래에 있어서 팩토링회사가 외상으로 수입하는 수입업자에 대한 신용위험을 인수하고 자기 책임 하에 수출업자에게 외상 수출대금을 회수하여 주는 제도로서 외상수출채권 매입방식의 금융제공과 수출채권의 관리 및 회수, 기타의 관련 서비스를 제공하는 무역관련 종합서비스이다.

무역관련 서비스로서의 국제팩토링은 형태별로 팩토링 계약자가 수출업자(exporter)인가 수입업자(importer)인가에 따라 수출팩토링(export factoring)과 수입팩토링(import factoring)으로 나누어지지만, 그 기본적인 메커니즘은 동일하다.

국제팩토링의 이용자는 주로 소규모 무역거래를 수행하는 자들로서 복잡한 거래절차를 원하지 않으며, 또한 신속한 수출대금의 회수를 원하거나 담보부족 등으로 신용장 발행에 어려움이 있는 중소무역업자들이 대부분이다.

현재 우리나라의 많은 금융기관에서 국제팩토링업무를 취급하고 있으며, 수출입상은 이를 통하여 대금결제를 비롯한 종합적인 무역금융서비스를 받을 수 있다.

Ⅱ 국제팩토링 당사자와 거래과정

1 국제팩토링의 거래당사자

1) 팩터

팩터(factor)는 수출업자인 클라이언트(client)로부터 매출채권을 매입하고 대금을 지급하는 금융기관을 말한다. 일반적으로 팩토링회사의 형태로 존재하는데, 국제팩토링에서 팩터는 수출팩터(export factor)와 수입팩터(import factor)로 구분할 수 있다.

2) 공급업자

수출업자 또는 판매자인 공급업자(supplier)는 팩터와 팩토링계약을 체결하는 자로서, 이러한 팩토링 이용계약에 따른 거래에서 발생한 외상매출채권을 팩터에게 원칙적으로 전부 양도하여 대금을 지불받는 자를 말한다.

국내팩토링(domestic factoring)에서는 물품을 판매한 판매자(seller) 그리고 국제팩토링(international factoring)에서는 물품을 수출하는 수출자(exportor)가 공급업자가 되며, 우리나라에서는 '거래처'라는 용어를 사용하고 있다.

3) 커스터머

수입업자 또는 구매자인 커스터머(customer)는 물품 구매자인 수입업자(buyer)으로서 팩터에 대하여 제3의 채무를 부담하는 자를 말한다. 국제팩토링에서는 수입업자(importer)가 커스터머가 되며, 우리나라에서는 거래처의 고객이란 의미로서 '고객'이라는 용어를 사용하고 있다.

2 국제팩토링 거래과정

【 그림 11-1 국제팩토링 거래과정 】

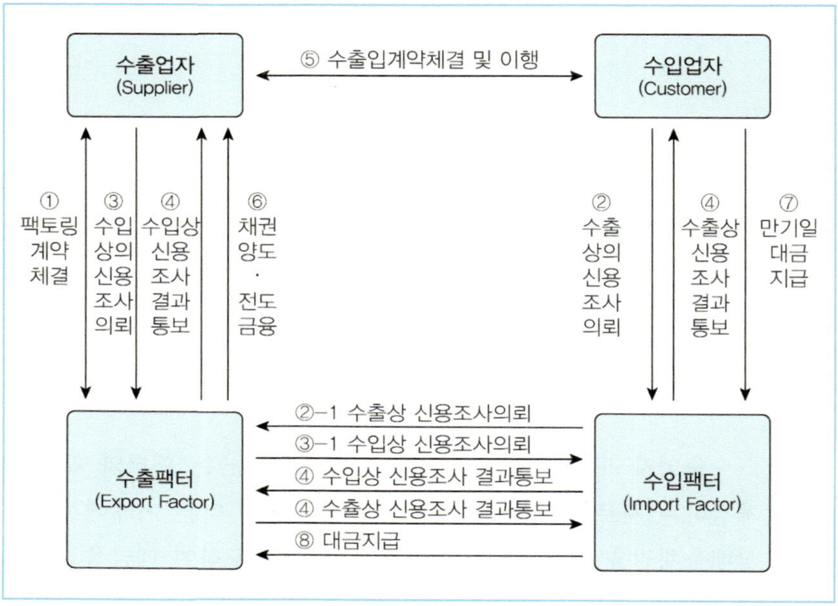

① 수출팩터와 수출업자간에 국제팩토링계약을 체결한다.

② 수입업자는 수출업자에 대한 신용조사를 수출팩터에게 의뢰한다.

③ 수출팩터는 수출업자로부터 고객리스트를 제출받아 수입업자가 주재하고 있는 국가의 수입팩터에게 신용조사를 의뢰한다.

④ 수입팩터는 수입업자에 대한 신용조사를 실시하고 그 결과를 수출팩터에게 통지한다. 수출팩터는 수입팩터의 신용결정 통지에 따라 거래처에 신용공여 여부를 결정한다.

⑤ 수출팩터의 신용조사 후, 수출업자는 수입업자와 계약을 체결한다. 수출업자는 수입업자와의 계약내용에 따라 선적을 이행한다.

⑥ 수출업자는 수입업자와의 영업활동에 의해 발생하는 매출채권을 국제팩토링 계약에 따라 전부 또는 일부를 팩터에게 양도하고 전도금융을 제공받는다.

⑦ 수입업자는 채권의 만기일에 수입팩터에게 대금을 지급한다.

⑧ 수입팩터는 지급받은 대금을 수출팩터에게 송금한다. 이 과정에서 수출팩터는 채권확보를 이행함으로써 금융의 창출, 대금회수 등의 번잡한 업무에서 벗어나게 된다.

12장 포페이팅결제

I 포페이팅결제의 개념

1 포페이팅결제의 의의

포페이팅(forfaiting)이란 금융기관이 대금결제조건을 연지급조건으로 하는 물품이나 서비스의 수출입거래에서 발행한 약속어음이나 환어음 등의 채권을 상환청구불능(without recourse)조건으로 수출업자로부터 고정이자율로 매입하는 무역금융을 말한다.

포페이팅은 신용장거래의 인수(acceptance)와 유사하나, 인수에 비해 기간이 장기이고 어음에 대한 소구권을 행사할 수 없다는 것이 가장 큰 특징이다. 즉, 기계, 중장비, 산업설비 및 건설장비를 구매할 경우 연불조건으로 거래를 많이 수행하게 되는데, 이러한 연불조건으로 거래할 경우 수출업자는 만기에 수출대금을 회수하지 못할 위험이 있다. 따라서 수출업자가 포페이팅을 통해 수출대금을 수령한 경우 수입업자의 대금지급 거절 또는 연기 등으로 발생할 수 있는 모든 위험에서 벗어날 수 있는 장점을 가지고 있다.

이러한 포페이팅을 활용할 경우, 수출업자는 연불수출어음(usance bill)을 할인·매입받을 수 있으며, 또한 수입업자는 연불조건의 만기일에 수입대금을 결제할 수 있는 이점이 있다. 이러한 포페이팅이 국제적으로 발생할 때에 국제포페이팅(international forfaiting)이라고 한다.

2 포페이팅결제의 특징

포페이팅은 다음과 같은 특징이 있다.

첫째, 포페이팅은 소구권을 행사하지 않기 때문에 담보제공이나 여신한도가 필요없다.

둘째, 포페이팅은 고정이자율을 적용하고 있어 수출업자의 금융비용을 수입업자에게 전가할 수 있다.

셋째, 선적 후 즉시 대금을 지급받으므로 환율 및 이자율변동에 따른 위험을 피할 수 있으며, 또한 수출업자는 물품인도에만 책임을 부담하고 그 외 모든 위험은 포페이터가 부담한다.

3 포페이팅결제의 효용성

1) 수출업자의 이점

수출업자의 입장에서는 수입업자로부터 받은 어음을 사전에 매입받을 수 있으며, 상환청구불능으로 포페이터가 매입을 하기 때문에 대금회수불능의 위험을 완전히 회피할 수가 있다. 또한 수출업자는 외상매출채권에 대한 사후관리나 회수업무로부터 완전히 해방되기 때문에 대금결제업무를 간소화할 수 있다.

따라서 포페이팅은 수출업자에게 다음과 같은 이점이 있다.

① 신용거래(외상수출)를 현금거래로 전환시켜주므로 유동성을 개선할 수 있다.

② 정치적 위험(political risk)과 신용위험(credit risk)을 100% 제거하여 준다.

③ 채무자나 보증인의 지급불능이나 지급불이행의 위험(commercial risk)을 제거하여 준다.

④ 간단한 서류를 이용하여 신속한 금융서비스를 받을 수 있다.

⑤ 할인율, 지급유예비용, 약정수수료 등 포페이팅비용은 포페이팅 기간 동안 고정되고 변동되지 않으므로 이자율변동에 따른 위험(interest rate risk)이나 환율변동에 따른 환위험(exchange rate risk)을 회피할 수 있다.
⑥ 수출업자는 채권관리와 회수업무로부터 해방된다.

2) 수입업자의 이점

수입업자는 포페이팅을 통하여 신용장거래에 소요되는 비용보다 저렴한 수수료로 거래은행으로부터 어음지급보증을 받을 수 있으며, 다음과 같은 이점이 있다.
① 하나의 대안적인 금융수혜를 받는 방법이다.
② 금융수혜에 대한 정보가 공개되지 않는다. 따라서 금융기관으로부터의 수입업자의 융자한도에 어떠한 영향을 미치지 않는다.
③ 자금조달능력을 증가시키고 다양화시켜 준다.
④ 매우 제약적인 자금조달을 피할 수 있다.

4 포페이팅결제의 거래당사자

1) 포페이터

포페이터(forfaiter)는 포페이팅계약에 의하여 수출업자의 연불수출어음을 상환청구불능의 조건으로 할인매입하고 이자, 수수료 등의 포페이팅비용(forfaiting cost)을 지급받는 금융업자를 말한다.

2) 수출업자

수출업자(exporter)는 연불수출계약에 의하여 물품을 인도하고 받은 연불수출어음을 포페이팅계약에 의하여 포페이터로부터 할인·매입을 제공받는다.

3) 수입업자

수입업자(importer)는 수출업자와의 연불수입계약을 체결하여 물품을 수입하고, 보증은행으로부터 지급보증을 받은 어음을 인도하고, 어음만기에 보증은행을 통하여 대금을 결제한다.

4) 보증은행

보증은행(guaranteeing bank)이란 수입업자가 발행하는 어음에 대한 지급보증을 행하는 은행이다. 포페이팅계약에 의하여 포페이터가 수출업자의 어음을 상환청구불능의 조건으로 할인·매입하기 때문에 어음에 대하여 지급을 보증하는 보증은행은 신용도가 높은 일류은행이어야 한다.

Ⅱ 포페이팅결제의 거래과정

1 포페이팅결제 과정

① 포페이팅을 원하는 수출업자는 연불수출계약을 체결하기 전에 포페이터와 수출에 따른 어음의 할인가능성을 협의하여 수입국의 위험도(country risk), 환율변동, 국제금리동향 등의 제반 위험을 고려한 포페이팅비용을 견적받아 포페이터와 포페이팅계약을 성립시킨다.

② 연불수출계약을 체결하고 선적을 이행한다.

③ 수입업자는 수출업자와의 연불수입계약에 따라 환어음이나 약속어음을 발행하고, 그 어음의 결제를 보증하기 위하여 거래은행으로부터 지급보증을 획득한다.

【 그림 12-1 포페이팅 결제과정 】

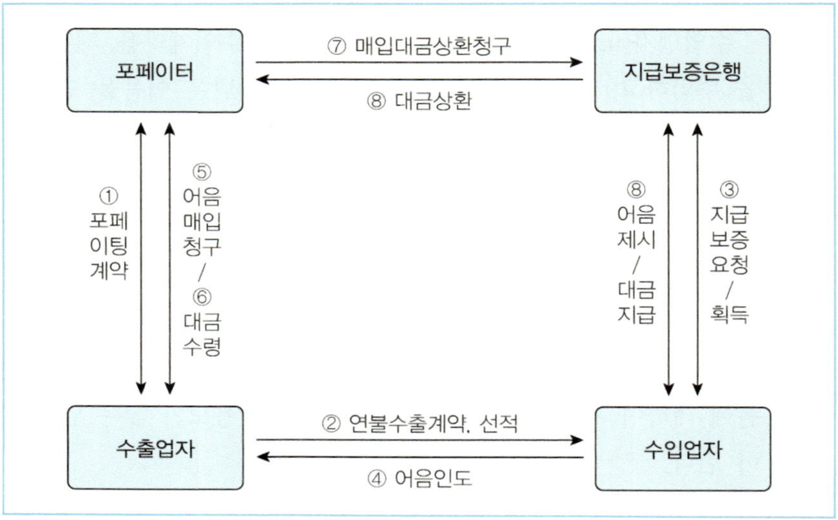

④ 수입업자는 수출업자에게 대금결제를 위하여 수입국의 일류은행의 지급보증이 이루어진 어음을 발행하여 인도한다.

⑤ 수출업자는 수입업자로부터 수출대금으로 인도받은 어음을 사전에 체결된 포페이팅계약에 의하여 상환청구불능의 조건으로 포페이터에게 할인매각한다. 이때에 수출업자는 어음의 이면에 배서하여 포페이터에게 양도한다.

⑥ 수출업자는 포페이터로부터 할인·매입한 어음대금을 현금으로 수령한다.

⑦ 포페이터는 할인·매입한 어음의 만기에 합의된 방법에 따라 보증은행에게 상환청구한다.

⑧ 포페이터로부터 어음의 상환청구를 받은 보증은행은 어음의 지급인인 수입업자에게 제시하여 어음대금을 결제받는다. 수입업자로부터 어음의 만기에 대금결제를 받은 보증은행은 포페이터에게 매입대금을 상환한다.

2 포페이팅과 국제팩토링의 차이점

포페이팅은 국제팩토링과 유사하지만 다음과 같은 점에서 차이가 있다.

① 팩토링은 장래의 불확실한 여러 개의 소규모 매출채권의 인수 및 처리를 행하는 계속적인 거래관계이나, 포페이팅은 개별적으로 확정되고, 어음의 형태로 문서화된 매출채권을 대상으로 한다는 점에서 차이가 있다.

② 팩토링과는 달리 포페이팅은 환어음(draft, bill of exchange) 및 약속어음(promissory note)의 할인을 통한 금융제공방식으로 할인의뢰인에 대한 소구권, 즉 상환청구권이 없다.

③ 팩토링의 대상은 일반적으로 단기매출채권(30~120일)이나, 포페이팅은 자본재를 중심으로 한 외국으로부터의 중장기매출채권(6개월~10년)을 주요대상으로 하며, 통상 10만달러 이상의 거래에서 이용된다는 점이다.

④ 팩토링은 단지 상업적 위험(commercial risk)만을 제거시키지만, 포페이팅은 상업적 위험은 물론 정치적 위험과 환위험까지도 제거할 수 있다.

〈표 12-1〉 팩토링과 포페이팅의 비교

구분	팩토링	포페이팅
주요 대상	비유통증권(외상매출채권)	유통증권(약속어음, 환어음)
대상채권의 성격	포괄적이고 계속적인 채권의 매매	개별적으로 확정된 매출채권
금액	소액	거액
지원거래의 성격	단기물품매매거래	중장기무역거래
업무수행범위	추심업무 등 부대서비스를 포함한 포괄적 업무 수행	채권의 할인매입과 관련된 제한적인 업무수행
소구권	소구불능, 소구가능	소구불능

지급근거	수입 Factor의 신용승인	지급보증(AVAL)
금리	제한없음	고정금리로만 할인
위험담보	상업적 위험	상업위험, 환위험, 정치적 위험 등

3 포페이팅, 추심방식 및 신용장방식과 비교

신용장은 매수인의 거래은행인 신용장 발행은행이 신용장 제조건에 일치되고 약정된 기간 내에 신용장상에서 요구하는 서류의 제시가 있을 때 수익자인 수출업자에게 대금을 지급할 것을 확약한 은행의 조건부 대금지급확약을 말한다. 이러한 신용장을 사용함으로써 수출업자는 자국에서 선적을 마친 후 대금을 회수할 수 있으며, 수입업자는 신용장 조건과 일치하지 않으면 대금지급의무를 부담하지 않아도 되기 때문에 국제무역거래에서 대표적인 결제수단 중의 하나이다. 수입업자는 수입물품의 재판매시점까지 신용기간이 필요한 경우 발행은행에 기한부 신용장 발행을 의뢰하고 수출업자로 하여금 30, 60, 90일 등 기한부어음을 발행하도록 한다. 수출업자는 신용장 내용대로 물품을 선적한 후 결제서류와 함께 환어음을 매입은행에 제출하고, 수출대금을 회수한다.

그리고 화환추심방식은 수출업자에게는 대금결제에 대한 보장이 없으므로 결제상의 위험이 따르는 거래이지만, 수입업자에게는 자기의 담보력 등이 부족한 경우 매우 편리한 제도이다. 따라서 추심결제방식의 거래는 수입상의 신용을 바탕으로 이루어져야 한다.

〈표 12-2〉 포페이팅, 추심방식 및 신용장방식의 비교

구분	추심방식	신용장방식	포페이팅
은행의 대금지급확약여부	없음	있음	있음(지급보증)
은행개입여부	개입	개입	개입
은행거래에 대한 담보제공여부	호나어음 추심전 매입시 담보제공	신용장 발행시 담보제공	추심전 매입에 따른 담보필요없음
거래에 따른 부대비용	적음	많음	많음
대금결제기간	일람불, 기한부(단기)	일람불, 기한부(단기)	기한부(중장기)
환어음 지급인	수입상	은행	포페이터
매매 당사자간의 유리성	매수인	매도인, 매수인 모두	매도인
거래상의 융통성	많음	없음	많음
결제수단의 안전성	불안	안전	안전
채권양식	환어음	환어음	환어음, 약속어음
소구권	소구가능	소구가능	소구불능

13장 은행지급확약

I 은행지급확약의 개념

국제상거래에의 대금결제 방식은 결제시기와 결제수단에 따라 매우 다양하다. 이 중 송금방식, 추심방식, 신용장 방식 및 오픈 어카운트(open account : OA)방식이 주로 사용되고 있다.

전통적인 대금결제방식인 신용장은 은행의 대금지급확약으로 수출업자에게는 대금결제를 보장하고 수입업자에게는 물품인도를 보장하는 리스크 경감기능과 수출입금융, 정보관리기능을 제공하는 장점이 있다. 그러나 은행에서의 서류심사 등에 따른 서류준비와 서류 불일치에 따른 하자발생 등으로 장기간이 소요되고, 이 과정에서 다양한 수수료가 발생하는 등 시간과 비용면에서 한계가 있다.

한편 OA방식은 신용장방식의 한계를 극복하기 위해 선적서류 등을 수출업자와 수입업자간에 계약에 따라 은행을 거치지 않고 수입업자에게 직접 송부해 일정기간 후에 대금결제를 받는 방식이다. 따라서 신용장방식보다 무역거래가 신속하고 비용이 적제 든다는 장점이 있다. 그러나 OA방식의 경우 신속하고 간편하게 대금결제를 진행할 수 있다는 장점이 있으나 은행의 대금결제보증이 없기 때문에 대금 결제위험에 노출되고 신용장과 같은 다양한 금융서비스를 받을 없다는 한계가 있으며, 또한 결제시기에 따라 일방의 당사자는 유리할 수 있으나 타방 당사자는 불리하다는 단점이 있다.

따라서 이러한 OA 결제방식의 문제점을 해결하기 위해 SWIFT는 2007년 전자무역 결제 서비스(Trade Services Utility : TSU)를 개발하였으며, 2009년 은행지급확약(Bank Payment Obligation : BPO, 이하 BPO라 한다)이 등장하였으며, ICC가 BPO를 위한 통일규칙인 URBPO를 제정·시행하면서 BPO가 새로운 무역결제방식으로 공식적으로 활용되게 되었다.

1 은행지급확약의 의의

은행지급확약(Bank Payment Obligation : BPO)은 신용장 방식과 OA[1)]방식의 장점을 결합한 결제 방식으로 신용장 방식처럼 은행이 대금지급에 대한 확약을 한다. 하지만 신용장 거래와는 달리 선적서류(종이) 기반이 아니라 데이터 기반으로 거래를 한다는 점에서 차이가 있다. 즉, 신용장에서와 같이 은행의 서류심사는 수출업자와 수입업자 간의 거래은행이 거래기업으로부터 서류 대신 송부받은 데이터를 기초로 각각의 은행이 SWIFT의 전산시스템에 관련 데이터를 보내 동 시스템에 있는 데이터 매칭 애플리케이션(Transaction Matching Application : TMA)에 의해 데이터 일치여부를 확인하는 것으로 대체되었다. 이에 따라 신용장방식에서 요구되었던 은행에 의한 종이서류 등의 서류심사가 없어짐으로써 신용장보다 신속하게 업무처리가 가능하게 되었다.

신용 위험과 관련해서 살펴보면, 은행지급확약은 환어음과 비교하면 신용위험측면에서 유리한데, 환어음은 은행에 의한 대금 지급보장이 없으나 은행지급확약은 특정 은행이 다른 은행에게 대금지급에 대한 보증이 있다. 그러나 은행지급확약은 신용장보다는 위험도가 크다고 할 수

1) 1국이 타국과의 무역대차를 결제할 경우 거래마다 직접 현금결제를 하지 않고 수출과 수입을 장부에 기장하여 두었다가 일정기간, 예컨대 6개월 또는 1년을 단위로 그 대차의 잔액만을 현금으로 결제하는 계정 방식이다. 강원진, 「무역결제론」, 박영사, 2007, p. 400.

있다. 즉, 은행지급확약은 지급 확약이 거래에 참여한 은행에게 제한되기 때문에 다른 방식으로 매도인에게 대금지급 보장을 하지 않기 때문이다.

2 은행지급확약 당사자

은행지급확약의 거래 당사자는 수출업자, 수입업자, 채권은행, 채무은행 등이며, 발행은행과 동의어인 채무은행(Obligor bank)으로부터 요청된 데이터와 매도인에 의해 제공된 데이터가 만약 전자적 데이터 일치가 있다면 대금은 지급이 이루어진다. 이하에서 은행지급확약 당사자를 살펴보면 다음과 같다.

1) 수입업자(Buyer)

채무은행(Obligor bank)과 거래하는 당사자로 당해 거래와 관련해서 물품을 인수하고 대금을 지급하여야 하는 의무가 있다.

2) 수출업자(Seller)

수취은행(recipient bank)과 거래하는 당사자로 물품을 공급하는 당사자로 계약의 내용과 일치하는 물품과 관련 서류를 제공할 의무가 있다.

3) 채무은행(Obligor bank)

수입업자의 거래은행으로 신용장 거래에서 발행은행에 해당되며, 은행지급확약을 발급한 은행을 의미하며, 주로 수입업자의 거래은행이 되는데 수입업자의 거래은행이 아닌 제3의 은행도 지급약정은행이 될 수 있다. 그리고 지급약정은행은 둘 이상의 은행이 될 수도 있다(URBPO Art 3조).

4) 수취은행(recipient bank)

수취은행은 은행지급확약 거래와 관련된 수출업자의 주거래은행으로 채무은행에게 베이스 라인을 전송하는 채권은행이다. 베이스 라인은 당해 계약을 근거로 작성된 운송, 보험, 증명서 등에 관한 데이터, 물품에 대한 정보, 대금결제조건, 은행 등에 관한 데이터를 의미한다.

3 은행지급확약의 거래 절차

1) TSU(Trade Service Utility)

정보통신기술의 발전과 전자적인 방식의 상거래에 대한 요구의 증대는 기존 상거래에 중간자 역할을 수행하던 은행에서 변화를 수용하면서 2003년 SWIFT는 무역거래 전자화를 추진하면서 표준화된 신용장 방식을 도입하였다. 그리고 2008년에는 은행 간 모든 서류의 전자화를 위해 TSU(Trade Service Utility)시스템을 구축하여 무역서류의 전자화를 진행하였다. 그리고 2009년 3월에 TSU(전자정보일치)에 대금결제 방식을 도입하여 은행지급확약시스템이 설계되었다. 그래서 TSU/BPO로 알려졌다. 하지만 I.C.C.에서 URBPO를 제정한 후 중앙정보처리기구를 TMA로 명명하면서 TMA/BPO로 불리게 되었다. 이러한 TMA는 참여은행의 소유여부에 관계없이 중앙처리 거래정보 일치 여부를 자동 심사하여 통보해주는 전자 메시지 기반시설이다(URBPO Art 3).

2) ISO 20022

ISO 20022[2)]는 "금융 메시지 표준 방침"이다. ISO 20022에 의한 메

2) 범용 금융 통신 메시지 표준으로 유럽 기업과 개인은 2009년 11월부터 단 하나의 계좌로 유럽 32개국을 넘나들며 자유롭게 계좌이체를 할 수 있게 되었다. 이는, 유럽중앙은행(ECB) 주도로 단일 유로결제지역(SEPA) 직접지불 프로그램이 진행되면서 가능해진 것으로, 유럽연합(EU) 27개 회

시지는 두 가지 요소로 구성된다. 즉, syntax와 semantics이다. syntax는 "메시지가 구조화된 형식(format)"이며 semantics는 메시지를 형성하는 단어들에 주어진 의미이다. ISO 20022에 사용되는 주요 syntax는 XML이며, SEPA(Single Euro Payment Area)에도 사용되고 있다. SEPA의 대금결제 방식에서는 ISO 20022 메시지 표준은 필수적이다. ISO 20022의 이점 중의 하나는 구성과 요소들은 메시지에 걸쳐 재생되기 때문에, 기관은 오로지 그들의 내부 데이터 구조에 일단 맵(map)[3]화 할 필요가 있다.

이러한 ISO 20022 메시지는 TSU와 의사소통에 사용된다. 오픈 어카운트(open account) 결제에 향상된 금융 서비스를 제공하기 위한 은행의 공급 사슬 과제를 충족하는데 도움을 주기 위해 개발된 공동 집중 매칭 유틸리티이다.[4]

3) 은행지급확약 처리과정

은행지급확약은 특정 은행이 전자적 데이터의 일치가 성공한 이후에 특정된 일자에 지급이 이루어질 것이라는 사실을 다른 은행에게 제공하는 취소불능적 확약(irrevocable undertaking)으로 정의할 수 있다. 은행지급확약 처리과정을 살펴보면 다음과 같다.

① 매수자와 매도자는 매매계약서상 대금결제로 BPO 방식을 채택할 것을 약정한다. 매수자는 매도자에게 PO(구매계약서(purchase order : PO)를 송부한다.

② 매수자는 PO 중에서 최소한으로 필요한 데이터와 함께 BPO 조건을 거래은행인 채무 은행에 송부한다.

원국과 이웃 5개 국가의 기업과 개인이 하나의 계좌로 국경을 초월해 매월 이동통신비, 에너지 요금 등을 부할 수 있도록 시스템을 표준화한 것이다.

3) [컴퓨터] manufacturing automation protocol

4) 국제표준화기구에서 만들 국제 표준문서인데 특히 ISO2022는 무역서비스 관리 비즈니스 분야의 표준메세지로서 TSMT(Trade Service Management)라고 한다(URBPO Art3).

③ 매도자는 PO 중의 데이터를 확약하고 BPO 거래조건의 거래은 행인 수취 은행에 송부한다. 만일 매수자와 매도자의 데이터가 TMA에서 일치하면 베이스라인이 설정된다. 매수자와 매도자는 각각의 거래 은행으로부터 일치(Matching)리포트를 수취한다.

④ 매도자는 물품을 선적한다.

⑤ 매도자는 선적데이터와 송장데이터를 거래은행에 송부하고 거래은행은 동 데이터를 TMA에 송부한다.

⑥ 매수자는 거래은행으로부터 일치 리포트를 접수한다.

⑦ 매도자 거래은행은 매도자에게 세 가지 데이터가 성공적으로 일치했다고 송부한다. 이때 BPO가 설정된다.

⑧ 매도자는 매수자에게 무역서류를 직접 송부하고 매수자는 이들 서류를 수취해 세관으로부터 물품을 인수한다.

⑨ 대금지급약정일에 채무 은행은 매수자의 계정에서 자금을 인출해 수취 은행에 송부한다.

【 그림 13-1 BPO 대금결제과정 】

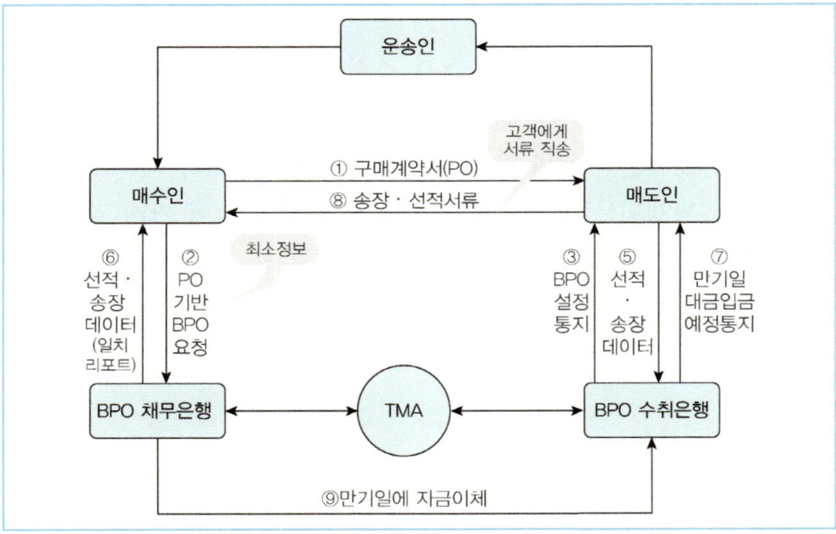

Ⅱ 은행지급확약의 특성

1 수출업자 측면

1) 은행의 대금지급 확약

은행지급확약은 수입업자의 거래은행이 수출업자에 대하여 신용장 방식처럼 대금 지급에 대한 확약을 하는 방식으로 종이서류가 아닌 거래 관련 데이터의 일치에 대해 수입업자의 거래은행이 수입업자를 대신하여 대금 지급에 대한 확약을 한다. 따라서 수출업자 입장에서는 수출대금의 조기회수가 가능하고 대금결제에 대한 불안함 없이 선적을 이행할 수 있다. 또한 거래 은행을 통하여 수출업자는 신용장 거래와 같이 은행지급확약 매입을 통하여 결제 대금의 현금화를 통한 수출금융의 수혜를 받을 수도 있다.

2) 결제 대금의 조기회수

선적을 이행한 후 곧 즉시 수출대금을 은행지급확약의 매입형태로 현금화가 가능하기 때문에 수출 대금의 조기 회수가 가능하다. 즉, TSU/BPO는 서류가 모두 데이터화되어 진행되기 때문에 신용장 거래에서 발생되는 발행, 서류심사 등의 과정이 없어 거래 절차가 매우 간단하다.[5] 수출업자는 선적 이후 선적서류를 수입업자에게 교부하기 때문에 신용장 거래 방식에서와 같은 종이 서류에 대한 심사과정이 없다.

5) TSU/BPO는 통상 단지 3-5일을 필요로 하며 결제속도가 T/T방식과 비슷하다.

3) 선적서류 작성에 대한 부담 완화

TSU/BPO 방식은 은행에 서류를 제출하는 과정이 없다. 따라서 서류 제출과 관련된 인적 또는 물적 비용이 발생되지 않는다. 또한 데이터를 기초로 서류를 심사하기 때문에 추가적인 종이서류의 발급이나 출력이 필요 없다.

은행지급확약 방식은 종이서류와 관련된 비용이나 시간이 절감되기 때문에 거래 관련 비용이 절감된다. 또한 신용장 방식이나 추심 방식보다 저렴한 수수료가 발생되기 때문에 무역 당사자 입장에서는 거래 관련 비용을 절감할 수 있다. 그리고 신속한 업무처리가 가능하기 때문에 절차와 관련된 비용도 절감할 수 있어 비용 측면에서 무역 당사자 입장에서 매우 유익하다.

4) 신속한 업무 처리를 통한 비용과 시간의 단축

O/A 방식처럼 은행을 거치지 않고 선적서류를 수입업자에게 전송하고 대금결제는 수입업자의 거래은행 확약을 기반으로 보장이 이루어진다. 그리고 서류 심사는 수출지 은행과 수입지 은행이 서류 대신 송부받은 데이터를 기반으로 이루어진다. 은행들은 SWIFT의 전산 시스템에 송부 받은 데이터를 보내고 동 시스템에 존재하는 데이터 매칭 애플리케이션(TMA, Transaction Matching Application)에 의해 데이터의 일치 여부를 확인하기 때문에 종이서류 등의 서류심사 과정이 없다. 따라서 신용장 방식보다 업무처리 속도가 신속히 진행되어 비용과 시간적 측면에서 효용성이 매우 높다.

2 수입업자 측면

1) 선지급 방식에 대한 불안감 해소

수입업자가 은행지급확약방식을 이용하는 경우 수입업자의 거래은행이 수입대금 결제에 관하여 수출업자에게 지급에 대한 보장을 제공하기 때문에 수입업자는 선불 방식을 통한 거래에서 발생되는 물품 인수에 대한 불안감을 해소할 수 있으며, 자금 불안으로 인한 문제점을 해결할 수 있다. 또한 보유자금의 효율적인 운용이 가능하게 되어 안정적인 기업 운영을 할 수 있다는 장점이 있다.[6)]

2) 신용장과 O/A 방식의 장점을 융합

은행지급확약은 상호계산 결제를 기반으로 하는 거래이지만 해당 거래 관련 정보만 금융 기관에 데이터로 제공하고 신용장 거래에서 효용성과 같은 은행의 대금 지급 확약 서비스를 이용할 수 있다는 특성을 지니고 있다. 즉, O/A 방식의 간편함과 신용장 방식의 지급 확약 서비스를 동시에 누릴 수 있다. 다시 말하면 신용장 방식과 O/A 방식의 중간 형태이다.

3) 물품 인수에 대한 보장

수출업자는 신용장 거래와 마찬가지로 은행의 대금결제에 대한 보장을 바탕으로 무역거래를 이행할 수 있다. 수입업자 입장에서도 자신의 거래은행이 거래의 중간자 입장에서 개입이 이루어지기 때문에 계약과 일치하는 물품의 인수에 대한 보장을 받을 수 있으며, 물품 인수와 관

6) 수입업자 입장에서는 대금결제가 조기에 이루어져 외상매입금에 대한 부담이 줄어들고 수출업자가 거래 조건 협상 시 유리한 교섭을 할 수 있다는 장점이 있다. 수입업자의 은행이 대금지급에 대한 보장을 하기 때문에 수출업자는 대금결제에 관한 불안함이 해결되어 거래와 관련된 협상의 과정에서 수입업자가 수출업자보다는 좀 더 유리한 입장에서 교섭을 할 수 있다.

련한 절차가 단축되어 물품의 조기 인수가 가능하다.

4) 신용장 전문 인력 채용 부담의 경감

신용장 거래의 경우 신용장에 대한 전문적인 지식과 경험을 가진 인력이 필요하다. 하지만 은행지급확약은 취급 서류의 종류도 단순하고, 종이 서류심사와 같은 절차도 없기 때문에 전문 인력 고용에 대한 부담이 경감된다.

3 은행 측면

1) 운영비용 절감

은행지급확약은 데이터 자동 매칭을 통해 결제가 이루어지기 때문에 수작업을 통한 확인 과정이 없으며, 신용장 거래에서 발생되는 서류심사과정이 없으므로 운영 절차가 단순하고 절차에 소요되는 비용도 절감할 수 있다.

2) 새로운 서비스 제공

기존의 대금결제 방식 이외에 새롭게 무역업체들에게 결제 서비스를 제공하기 때문에 무역 거래 당사자들에게 선택의 폭을 넓히고 은행의 서비스 제공 측면에서의 신뢰도 향상될 수 있다.

4 은행지급확약 거래에 대한 유의사항

은행지급확약은 '무역 데이터의 일치'를 조건으로 은행이 대금에 대한 지급을 보장하기 때문에 데이터의 전송이 이루어졌으나 수출업자가 수입업자에게 선적서류를 별도로 교부하지 않는다면 화물을 수취할 수 없다는 위험성이 있다. 또한 은행지급확약 거래에서는 물품의 권리증권인 선하증권이 은행을 경유하지 않고 수출업자가 수입업자에게 직접 전달하기 때문에 은행 입장에서 화물에 대한 채권을 확보할 수 없다는 문제점이 있다. 따라서 은행지급확약 거래와 관련해서 당사자들은 다음의 사항에 유의하여 사용하여야 한다.

① 매도인이 매칭 데이터를 제공했지만 불일치하는 물품이 제공된다면, 매수인은 은행지급확약에서 위험을 가진다.
② 채무은행은 물품의 상태 또는 존재에 상관없이 대금을 지급한다.
③ 수취은행(receiving bank)과 매도인 사이의 개별적인 계약이다.
④ 전통적인 선하증권이 요구되는 '연속매매(string sale)'에는 적당하지 않다. 즉, TSU에 제공되는 데이터는 전자적 형식이고 그 결과 이러한 데이터는 종이기반 선하증권의 유통성을 보장하지 않는다.
⑤ 은행지급확약방식을 사용하기 위해서 IT 시스템에 대한 비용 투자와 관련 소프트웨어 솔루션을 습득하여야 한다.

14장 블록체인 기술과 무역대금결제

I 블록체인 기술의 개념

1 블록체인의 의의

블록체인(blockchain)이란 거래와 관련하여 생성된 정보들을 블록(block)에 기록하고, 이러한 블록들을 시간적 흐름에 따라 순차적으로 연결한 사슬(chain)구조를 이루어 하나의 장부를 형성하게 된다. 즉, 거래정보를 기록한 블록들이 시간적 순서에 따라 연결되어 네트워크 참여자들에게 공유하고 관리하기 때문에 분산원장(distributed ledgers)을 말한다.[7)]

블록체인상의 거래기록이 시간적 순서에 따라 블록단위로 저장되고 연결된다. 따라서 특정블록의 데이터를 변경하기 위해서는 이후에 연결된 모든 블록의 데이터를 모두 변경해야 하는데, 거래데이터의 위변조를 위해서는 모든 참여자의 과반수 이상의 동의와 검증이 필요하기 때문에 데이터의 위변조나 해킹의 위험이 낮아 데이터의 보안성이 강화된다. 이처럼 블록체인은 분산원장을 기반으로 네트워크 참여자들이 중앙관리기관 없이 비즈니스를 수행할 수 있는 메커니즘으로, 거래정보를 위조나 변조없이 영구적으로 유지·관리할 수 있으며, 또한 관련된 모

7) 이기영 · 김철호(2018), "블록체인기반 스마트계약의 국제상거래 적용에 관한 고찰", 「국제상학」, 33(4), 한국국제상학회, 45-63.

든 거래내용을 추적할 수 있다.

2 블록체인 거래방식

기존의 거래방식은 사용자의 거래기록을 중앙기관 또는 제3의 신뢰기관이 관리한다. 이러한 중앙집중방식의 거래는 중앙기관에 문제가 발생하는 경우 모든 이용자가 피해를 입을 수 있어 안전성 및 보안성에 한계가 있다. 예를 들면, 사용자가 은행을 통해 타인에게 송금하면 거래 내역은 은행 서버에 저장되는데, 이때 은행 서버가 해킹 당하거나 거래기록이 삭제되면 사용자는 피해를 볼 수 있게 된다.

그러나 블록체인기반 거래의 경우, 거래장부가 네트워크에 참여한 모든 구성원들에게 분산되어 저장되기 때문에 새로운 거래가 발생할 때마다 구성원들의 확인을 거쳐 해당 거래를 인증하게 된다. 따라서 중앙기관 또는 제3의 신뢰기관이 필요하지 않으므로 적은 비용으로 거래의 효율성과 투명성을 가져올 수 있다.

블록체인기반 거래과정을 단계별로 살펴보면, 첫째 사용자 A가 B에게 100만 원을 송금하고자 하는 경우, 해당 거래정보가 저장된 블록이 생성된다. 둘째, 생성된 블록은 네트워크 참여자에게 모두 전파되며, 각 참여자는 동일한 블록을 가지게 된다. 참가자들이 전달받은 블록이 유효한 것인지 검증 및 승인 후 송금이 이루어진다. 셋째, 이후 새로운 거래가 발생하면 역시 거래정보가 저장된 블록이 생성된다. 넷째, 이때 생성된 블록은 기존 블록에 연결되어 네트워크 참여자에게 다시 전달되어 정보가 갱신되며, 다섯째 네트워크 참여자의 기존 블록에 새로운 블록이 등록되며, 유효성 검증 후 송금이 이루어진다.

블록체인에 기록된 거래 정보는 네트워크 참여자들 모두에게 공개되며, 각 참여자는 동일한 블록체인을 가지게 되므로 특정 거래 정보를 임의로 변경하려면 네트워크 참여자의 수많은 컴퓨터를 동시에 해킹하

【 그림 14-1 블록체인 거래과정 】

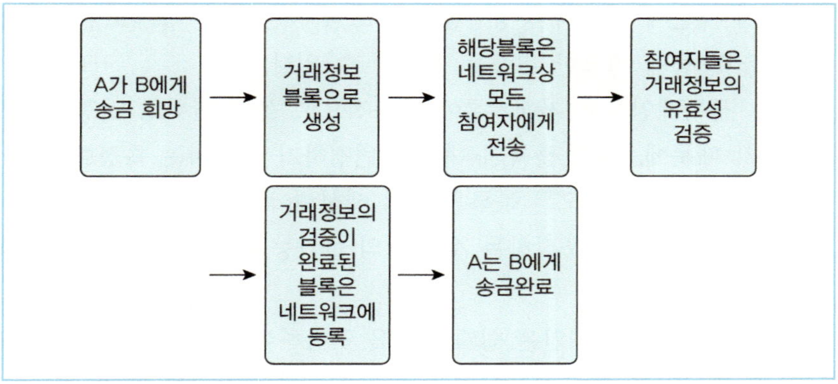

여 정보를 변경해야 하는데, 이는 사실상 불가능한 작업이기 때문에 블록체인은 보안성이 뛰어난 네트워크라 할 수 있다.

3 블록체인 기술의 특징

2009년 비트코인의 등장과 함께 주목받기 시작한 블록체인은 금융산업을 중심으로 암호화화폐의 발행, 유통 및 거래가 주 기능이었던 기존의 블록체인 1.0은 기존의 한계를 극복하고 블록체인 2.0으로 진화・발전하면서 다양한 영역에서 활용되고 있다.

블록체인 2.0의 대표적인 기술로는 이더리움(Ethereum)을 들 수 있으며, 이는 암호화화폐의 기능은 물론 비트코인의 거래 스크립트를 다양한 형태로 프로그램 가능하게 만든 스마트 컨트랙트(smart contract)를 구현할 수 있어 블록체인 기반 위에서 다양한 분산어플리케이션을 개발하고 구동할 수 있는 플랫폼으로 확장되고 있다. 이러한 블록체인 기술의 특성은 거래에 따른 내용을 기록하고 기록된 내용을 네트워크 참가자들이 공유하는 장부로서 거래에 대한 보안성이 뛰어나고, 중간관리자 없이 당사자간 직거래가 가능하여 수수료 등 비용을 절감하고 신속하고 효율적인 거래를 수행할 수 있다. 또한, 중간관리자가 필요 없기 때문에 현재의 중앙집중형 시스템의 운영 및 유지보수, 보안, 금융거래 등에 필요한 비용을 절감할 수 있다.

블록체인상의 거래기록이 순차적으로 블록 단위로 저장되고 연결되기 때문에, 특정 블록의 내용을 변경하기 위해서는 특정블록이 생성된 이후에 연결된 모든 블록을 다시 생성해야 하므로, 특정 블록에 저장된 내용을 임의로 조작하는 것은 거의 불가능하기 때문에 보안성을 확보할 수 있다.

그리고 블록체인은 쉽게 블록을 구축하여 연결할 수 있고, 새로운 아이디어의 손쉬운 수용이 가능하기 때문에 확장성이 높다. 특히, 사설형 블록체인이나 컨소시엄 블록체인의 경우 운영 주체 또는 참여자들의 합의를 통해 비즈니스 형태와 목적에 부합되는 플랫폼을 구축할 수 있다. 이러한 블록체인 기술의 특성이 무역거래에 활용될 경우 무역거래 절차의 간소화와 거래과정의 투명성 확보 및 거래관련 비용 절감과 더불어 무역거래관련 서류의 작성과 관리의 효율성과 신속성을 기대할 수 있다. 따라서 블록체인 기반 무역거래 플랫폼이 활용될 경우 무역거래관련 서류의 표준화, 거래절차의 효율화, 무역결제 리스크 감소, 무역관리 비용의 절감 등의 효과를 기대할 수 있다.

〈표 14-1〉 블록체인기술의 특징

분류	장점	단점
익명성	개인정보를 요구하지 않음. 은행계좌, 신용카드 등 기존 지급수단에 비해 높은 익명성을 제공	불법 거래대금 결제, 비자금 조성, 탈세가 가능함
거래 방식 (P2P)	공인된 제3자(은행 등) 없이 P2P 방식으로 거래가 가능함. 불필요한 수수료를 절감할 수 있음	문제 발생 시 책임 소재가 모호함

확장성	공개된 소스에 의해 쉽게 구축·연결·확장이 가능함. IT 구축비용 절감 효과가 있음	결재 및 처리 가능한 거래건수가 실제 거래규모에 비해 낮음
투명성	거래 내역이 공개되어 있어 원칙적으로 모든 거래에 접근 가능함. 거래 양성화 및 규제 미용 절감 효과 있음	완벽한 익명성 보장이 어려울 수 있음(조합에 의한 재식별이 가능함)
보안성	장부를 공동으로 소유(무결성)하기 때문에 보안 관련 비용이 절감됨	개인키의 해킹, 분실 등의 경우 일반적인 해결방법이 없음
안정성	일부 참가자 시스템에 성능 저하에 따른 전체영향력이 미미함	실시간, 대용량 처리가 어려움

4 블록체인기술의 유형

블록체인의 유형은 네트워크 참여자들이 블록체인 플랫폼에 접근할 수 있는 권한의 허용여부에 따라 비허가형 블록체인과 허가형 블록체인으로 구분할 수 있으며, 또한 블록체인 참가자 성격과 범위, 작업증명의 참가권한에 따라 퍼블릭 블록체인, 프라이빗 블록체인 및 컨소시엄 블록체인으로 구분할 수 있다.

비허가형 블록체인(permissionless blockchain)은 컴퓨터를 사용하는 누구나 참여할 수 있는 블록체인으로서 비트코인(bitcoin)으로 대표되는 퍼블릭 블록체인(public blockchain)을 말한다. 이러한 비허가형 블록체인은 네트워크를 관리하는 중앙관리자 없이 블록체인 네트워크의 합의과정에 아무런 제한 없이 누구나 참여할 수 있다. 퍼블릭 블록체인은 분산합의과정에 따라 경제적 비효율성과 낮은 확장성, 결제완전성을 보장하지 못한다는 점 등으로 실제 비즈니스에 활용하기에는 한계가 있다.

〈표 14-2〉 블록체인 기술의 유형별 특성

구분	퍼블릭 블록체인	프라이빗 블록체인	컨소시엄 블록체인
관리주체	모든 거래참가자	중앙기관	컨소시엄 참가자
거버넌스	정해진 규칙 변경 어려움	중앙기관이 용이하게 규칙 변경	참여자간의 합의로 규칙 변경 가능
네트워크 확장	어려움	매우 쉬움	쉬움
거래속도	느림	빠름	비교적 빠름
데이터 접근	모든 사용자 가능	허가받은 사용자	허가받은 사용자
식별법	익명성	식별가능	식별가능
거래증명	사후에 검증 알고리즘에 따라 결정	중앙기관이 거래증명	거래인증을 거쳐 사전에 합의된 규칙에 따라 거래검증
활용사례	비트코인	링크(Linq) 나스닥의 비상장 주식거래소 플랫폼	코다 : 글로벌 금융기업 연합의 컨소시엄 R3CEV가 고안

자료 : IBK기업은행 경제연구소.

허가형 블록체인(permissioned blockchain)은 네트워크에 액세스가 제한되는 블록체인으로, 블록체인 네트워크의 합의과정에 참여하기 위해서는 관리자로부터 사전에 권한을 부여받아야 한다. 허가형 블록체인은 네트워크 참여자와 권한을 제한하는 방식으로 초기 퍼블릭 블록체인이 안고 있는 한계를 극복하고 실제 비즈니스에 활용하기 위해 발전한 것으로 여기에는 프라이빗 블록체인(private blockchain)과 컨소시엄 블록체인(consortium blockchain)이 이에 속한다. 이러한 비허가형 블록체인은 분산합의과정에서의 부담이 완화되어 거래처리 속도를 개선하고, 네트워크 확장도 용이하며, 불특정 다수에게 네트워크 유지에 대한 대가로서 암호화폐를 제공할 필요도 없어 결제단계에서 발생할 수 있는 가치변동의 위험을 고려하지 않아도 된다. 또한 거래 참여자에게만 거래내역을 공개하거나 참여자별로 거래정보 통제권한을 다르게 부여하는 방식을 통해 거래정보에 대한 보안을 유지할 수 있다.

프라이빗 블록체인은 블록체인에 거래내역을 확인하고 기록하는 권한이 다른 네트워크 참여자가 신뢰할 수 있는 단일 주체에 의해 제어되어 네트워크 참여자의 식별이 가능하며, 어떤 상황에서는 특정 주체가 일부 참여자에게 권한을 제한하거나 블록체인의 규칙을 변경할 수 있는 권한을 가지며 설정된 규칙 및 규정에 따라 거래를 거부할 수 있다.

그리고 컨소시엄 블록체인은 퍼블릭 블록체인과 프라이빗 블록체인의 중간 형태이며 관리자가 모든 권한을 가지게 되는 형태인 프라이빗 블록체인과 달리 미리 선정된 노드들이 권한을 가지게 되는 블록체인이다. 컨소시엄 블록체인은 분산형 구조를 유지하면서 참여자의 제한을 통해 보안을 강화할 수 있고, 공공 블록체인에서 제기된 느린 거래 속도와 네트워크 확장성의 문제도 해소시켜 주기 때문에 은행간 거래에 활용할 수 있다.

비허가형 블록체인인 퍼블릭 블록체인과 달리 무역거래분야에서의 블록체인 유스 케이스(use cases)는 허가형 블록체인, 특히 컨소시엄형 블록체인을 기반으로 개발되고 있다.

Ⅱ 블록체인 기반 무역결제

1 무역결제 프로세스상의 문제점

1) 복잡한 거래절차

대부분의 무역거래는 수출업자가 수입업자에게 직접 물품을 인도하기보다는 운송인을 통하여 간접적으로 물품을 인도하는 상징적 인도로 이루어지고 있다. 따라서 수출업자가 제시한 선적서류와 상환으로 수입업자가 대금을 지급하기 때문에 무역매매계약을 안전하게 이행하기 위해서는 무역거래관련 각종 서류를 구비해야 한다. 특히 화환신용장거래의 경우 수익자가 발행은행에 대금지급을 청구하기 위해서는 신용장에서 요구하는 선적서류를 구비하여야 하는데, 이러한 선적서류에는 상업송장을 비롯한 선하증권, 보험증권과 같은 기본서류와 포장명세서, 원산지증명서, 영사송장, 세관송장, 검사증명서 등 부수적인 서류를 필요로 한다.

이러한 서류들은 대부분 수작업에 의해 작성되고 있어 선적과 관련된 정보들의 정정되는 상황이 발생되는 등 선적서류를 신용장에서 요구하는 조건에 완벽하게 일치시키는 것은 매우 복잡하며 번거롭다.

또한, 신용장의 발행에서 대금결제에 이르기까지 통상적으로 2주 이상의 시간이 소요되며, 신용장 매입 중에 서류에 하자가 발생하는 경우 서류보완 등으로 인하여 대금회수가 지연될 수 있어 특히 인력과 노하우가 부족한 중소기업의 경우 업무부담이 가중될 수 있다.

2) 과도한 비용발생

신용장거래의 경우, 신용장 발행에 따른 수수료, 신용장 조건변경관련 수수료, 통지 수수료 등 많은 비용이 발생한다. 또한, 계약의 내용과 상이한 조건의 신용장이 발행되면 수출업자는 수입업자에게 신용장상의 조건변경을 의뢰하게 된다. 이러한 조건변경을 의뢰하는 경우 수출입업자는 시간과 조건변경을 위한 비용에 대한 부담과 번거로움을 감수해야만 한다.

그리고 신용장거래관련 서류의 매입과정에서 하자가 발생하는 경우, 하자보완과 관련한 비용뿐만 아니라 선적서류의 도착지연에 따른 체선료, 화물보관료 등의 추가비용을 초래할 수 있다. 특히 매입관련 서류를 최초로 제출하였을 때 불일치 비율은 80%에 달하며, 신용장거래의 10만달러 수출시 일람부 신용장 수수료는 전체 수출대금의 약 0.11%를 차지하는데, 이는 송금수수료 0.01%의 10배 이상이다.

3) 선적서류 도착 지연문제

수출입물품의 통관 및 운송과정에는 다수의 이해관계자가 참여하지만, 참여자간 커뮤니케이션이 개별적으로 이루어지고 있어 문서 및 정보전달의 효율성이 매우 낮은 실정이다. 특히 육상 운송업체, 세관, 중개인, 정부기관, 항만 및 선사간의 커뮤니케이션이 복잡해지고, 방대한 서류작업으로 인하여 공급망의 속도가 느려지고 있다. 특히 화환신용장 거래에서 화물의 권리증권 역할을 하는 기존의 선하증권은 목적지에 화물보다 먼저 도착한다는 전제조건으로 사용되어 왔다.

그러나 최근 운송시스템의 발전으로 화물 운송시간이 크게 단축됨에 따라 물품이 수입국의 양륙항에 도착하여도 선적서류가 도착하지 않음으로써 화물의 수입통관이 지연되는 경우가 종종 발생하고 있다. 이로 인하여 양륙항에서 수하인이 선적서류를 입수하기까지 대기한다면 물품 판매기회 상실에 따른 손실 감수와 더불어 체선료(demurrage)를 부담할 수 있으며, 선적서류 없이 수입화물선취보증서(L/G : letter of guarantee) 등을 활용하여 물품을 인도하게 되면 운송인은 선의의 소지인(bona-fideholder)에게 손해배상 위험을 감수해야 한다. 이처럼 신용장거래에 따른 선적서류의 도착 지연사태가 종종 발생하고 있어 국제적으로 커다란 문제가 되고 있다.

4) 환어음 매입 관련 문제

수출업자는 수출대금을 회수하기 위해 물품을 선적한 후에 대금결제를 위해 신용장 조건과 일치하는 매입서류를 작성하여 매입은행에 제시하게 되는데, 이때 선하증권의 경우 전자화되지 않은 상태로 매입은행에 제시되는 경우가 대부분이기 때문에 제시된 선하증권 위조 및 중복 네고 가능성의 문제가 상존하고 있다. 또한, 제시된 매입서류의 불일치 비율이 상당히 높아 하자를 수정하는데 많은 비용과 시간이 소요된다. 특히 서류제시기일이 임박하였거나 기타 자금회전을 위하여 급하게 서류를 매입해야 하는 경우에는, 하자를 보완하지 못하고 그대로 매입을 하게 되면 서류상의 하자를 이유로 지급거절이 발생하는 경우도 있다.

5) 선적서류 위조 및 변조 문제

신용장 거래는 그 성질상 매매계약 또는 기타 계약과 독립된 거래라는 독립성의 원칙(UCP600 제4조)과 매매물품과 별개로 서류에 의한 거래라는 추상성의 원칙이 적용되기 때문에 거래조건과 일치하는 서류를 제시하여야 한다. 그러나 이러한 종이 집약적인 결제프로세스는 조정 및 관리비용을 증가시킬 뿐만 아니라 오류, 손실 및 사기에 취약하다. 특히 신용장 거래의 독립·추상성의 원칙을 악용하여 매입서류를 위조 또는 변조하여 신용장 거래조건에 일치시켜 이를 은행에 제시하고, 신용장 대금을 편취하는 사기사건이 종종 발생한다

2 블록체인 기반 무역결제 프로세스

블록체인기반 스마트계약을 통한 무역거래를 수행할 경우, 기존의 무역거래절차에 대한 리모델링이 요구된다. 이하에서는 신용장방식에서 블록체인기반 스마트계약을 적용한 거래절차를 살펴보면 다음과 같다.

① 먼저 수출업자(이하 수익자)와 수입업자(이하 발행의뢰인)간의 스마트계약으로 모델링할 수 있다.

② 발행의뢰인은 신용장 발행은행과 스마트계약을 체결하고, 신용장 발행을 의뢰하면, 발행은행은 매매거래조건 및 외국환거래약정서 등을 검토한 후 디지털 서명을 통해 승인하여 신용장을 발행한다. 이때 신용장은 발행의뢰인, 수익자, 은행(발행은행, 통지은행, 확인은행, 지정은행, 상환은행 및 코레스은행 포함) 및 참여 노드역할을 하는 기타 무역금융기관으로 구성된 분산형 원장 네트워크에서 발행한다.

③ 신용장은 수익자에게 통지되기 전에 통지은행을 포함한 다른 참여은행에 의해 순차적으로 검토하여 승인한다. 네트워크 합의 메커니즘은 특정 시점에서 신용장의 최종 버전이 하나만 있고 모든 당사자가 자신의 액세스 권한에 따라 이 버전을 보고 작업할 수 있음을 보장한다.

④ 수익자는 블록체인 네트워크에 제출된 신용장 거래조건을 검토하여 승인한 후, 발행은행과 수익자 간에 신용장 조건을 합의하여 약정한다. 또한, 신용장 조건에 대한 정정은 필요한 변경 내용에 따라 수익자, 발행의뢰인, 참여은행에 승인 및 읽기권한(approval and viewing permissions)을 부여하는 유사한 다중 서명메커니즘(similar multi-signatory mechanism)을 통해 관리할 수 있다.

⑤ 수익자는 신용장 발행은행과 신용장 거래약정이 확정되면 물품을 준비하여 선적한다. 이때 작성된 상업송장 등 관련서류와 보험증권 등 보험관련서류를 블록체인 네트워크에 제출한다.

⑥ 거래물품을 통관한 후 운송업자에게 인도하여 선적하게 된다. 이때 세관이나 기타 검사기관 등이 발행한 통관관련서류를 블록체인 네트워크에 제출한다.

⑦ 수출지에서 물품을 선적한 운송업자는 선하증권 등 운송관련서류를 블록체인에 제출한다.

⑧ 물품이 운송되어 수입국에 도착

⑨ 수입지에서 물품은 제3자 기관 및 세관 등에 의해 검사가 이루어진다. 이때 세관 및 검사기관과 운송업자는 통관관련서류를 비롯한 D/O 등 물품인도서류를 블록체인 네트워크에 제출한다.

⑩ 통관 후 물품을 수입업자(매수인)에게 인도한다. 이때 수입업자는 물품수령을 위해 디지털 방식으로 서명을 한다.

⑪ 수입업자 거래은행은 스마트계약을 통해 수출자업 거래은행(코레스은행)을 통하여 매도인에게 대금을 지급한다.

【 그림 14-2 블록체인기반 무역결제 프로세스 】

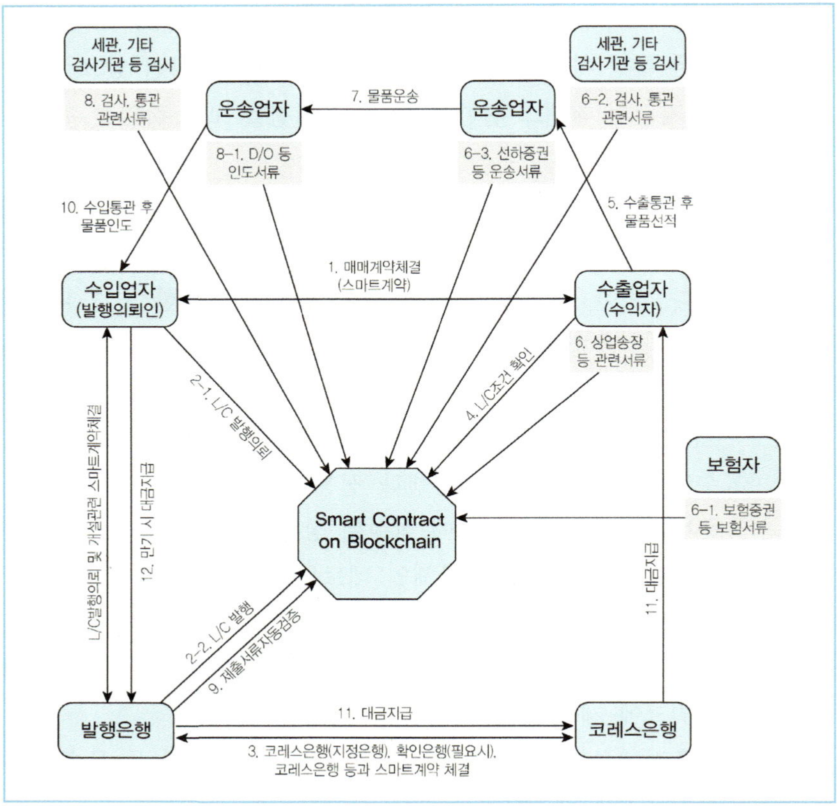

자료: 저자 작성

3 블록체인 기술 활용에 따른 영향 및 기대효과

블록체인 기술이 무역결제에 미치는 영향으로는 첫째 대금결제 방법의 자동화를 통한 수출업자에게 대금결제의 확실성을 제공한다는 점이다. 신용장과 같은 대금결제방법은 무역거래의 흐름과 대금결제과정에서 은행의 역할을 통해 비즈니스 위험을 완화하는 효과가 있으나, 거래에 따른 높은 비용, 계약이행지연 및 프로세스가 복잡하다. 특히 신용장거래는 서류를 기준으로 대금지급여부가 결정되기 때문에 서류 불일치로 인한 대금결제의 지연이나 신용장거래조건의 모호성으로 인한 분쟁발생 가능성이 있다. 이로 인하여 대금결제 지연이나 거절위험이 존재하지만, 블록체인 기술을 활용할 경우 거래조건의 이행확인을 자동화하고 거래조건의 명확화를 통한 분쟁예방이 가능하기 때문에 빠르게 대금결제가 이루어질 수 있다.

둘째, 블록체인 기술을 활용할 경우 무역물품을 실시간으로 추적할 수 있으며 운송조건에 대한 가시성을 확보할 수 있어 바이어에게 물품인도를 확실하게 보장하고 물품의 손상이나 오배송 등에 대한 위험관리를 가능하게 해 줄뿐만 아니라 문서조작이나 오류로 인한 손실을 방지할 수 있게 해준다.

셋째, 대금결제 수단의 디지털화를 통한 은행의 리스크 감소와 금융수익을 증가시킬 수 있다. 기존 환어음(bills of exchange)과 같은 결제수단은 제3자에게 양도될 수 있는데, 이를 통해 공급자는 할인이나 factoring 등을 통해 이러한 지급수단을 판매 또는 양도함으로써 자금을 조달할 수 있었다. 그러나 무역거래관련 정보의 이용이 제한적이고, 무역거래관련 증빙서류와 수동적인 검사에 따른 높은 비용과 프로세스의 비효율성으로 인하여 은행은 비즈니스 위험에 취약할 수밖에 없었다. 그러나 블록체인에 결제수단을 직접 발행할 경우 사기성 송장발행 방지, 채권 유동성 확대 및 자금관리 프로세스의 효율성을 향상시킬 수 있다. 그리고 블록체인을 통하여 가장 최신 버전의 무역결제서류관련 모든 서류를 효과적으로 관리할 수 있다.

무역결제에 블록체인 기술을 활용할 경우 기대효과는 첫째, 스마트계약으로 무역계약을 체결하므로 무역계약관련 거래조건을 명확하게 할 수 있어 거래조건과 관련한 모호에 따른 해석상의 차이로 인한 거래분쟁을 방지할 수 있다.

둘째, 무역결제관련 서류를 실시간으로 검토하고 승인함으로써 선적시간을 절약할 수 있다.

셋째, 블록체인 네트워크에 접속 가능한 전자송장, 전자보험증권, 전자선하증권 등 무역결제관련 서류를 이용하여 실시간으로 대금을 회수할 수 있다.

넷째, 수출업자 은행은 위험을 부담할 중개기관이나 코레스 은행이 필요하지 않게 됨으로써 거래절차를 간소화하고 시간을 절약할 수 있다.

다섯째, 선하증권을 블록체인 기술로 추적이 가능하기 때문에 선하증권 등 선적서류의 위조나 변조가 불가능하므로 이중지불 가능성이 제거된다.

여섯째, 물품운송과정을 실시간으로 모니터링할 수 있어 물품의 운송상황을 정확하게 파악할 수 있으며, 오배송 및 물품의 분실을 방지할 수 있다.

일곱째, 스마트계약으로 실행되는 계약조건에 의해 코레스 은행의 활용 등에 따른 추가적인 거래비용이 제거할 수 있다.

참고문헌

강원진, "신용장서류심사를 위한 ICC 국제표준은행관행의 일반원칙에 관한 고찰", 「국제상학」, 제18권 제3호, 한국국제상학회, 2003.

강원진, "전자신용장의 국제결제 인프라구축 동향과 해결과제", 「국제상학」, 제19권 제2호, 한국국제상학회, 2004.

강원진, 「무역결제론」, 개정판, 박영사, 2010.

강원진, 「신용장론」, 제5판, 박영사 2007.

강흥중, 「무역대금결제론」, 두남, 2011.

고윤승 · 최흥섭, "비즈니스 패러다임 변화와 그 활용 방안", 「한국과학예술포럼」, 제27권, 한국전시산업융합연구원, 2017.

금융결제원, "국제 B2B 인증 · 결제의 국제확산과 금융권의 대응과제", 2002. 3.

김동윤, "국제팩토링거래의 활성화 요건과 대책", 「무역연구」, 제8권 제4호, 2012.

김동윤 · 이양기, "국제전자상거래 환경에서 법적 문제점에 관한 고찰" 「무역보험연구」, 제17권 제4호, 한국무역보험학회, 2016.

김재성 · 임성철, "국제무역거래에서 블록체인의 활용가능성에 관한 연구", 「무역상무연구」, 제75권, 한국무역상무학회, 2017.

김정균 · 김보경 · 이유진, "블록체인이 산업과 국제무역에 미치는 영향 및 시사점", 「TRADE FOCUS」, 국제무역연구원, 2018.

김제완, "블록체인 기술의 계약법 적용상의 쟁점–스마트계약(Smart Contract)을 중심으로–", 「법조」, 제67권 제1호, 2018.

김철수 · 이양기, "신용장거래에서 서류 사기 및 위조에 따른 예외원칙 적용에 관한 고찰", 「무역연구」 제10권 제2호, 한국무역연구원, 2014. 4.

김철호, "U–Trade시대의 전자무역과 국제무역관습의 발전을 위한 선결과제에 관한 연구", 「국제상학」, 제25권 제2호, 한국국제상학회, 2010.

김철호, "무역거래에서 블록체인 기술의 활용을 위한 해결과제", 「통상학회지」, 제18권 제6호, 한국무역통상학회, 2018.

김철호, "무역거래의 전자화에 따른 제과제", 「국제무역학회」 제8권 제2호, 국제무역학회, 2002. 10.

김철호, "무역결제에서 블록체인 기술의 적용방안에 관한 연구", 「국제상학」, 제34권 제2호, 한국국제상학회, 2019.

김훈범 · 김상현, "국제상사분쟁에서 온라인 분쟁해결의 활용과 현황에 관한 연구", 「입법정책」, 제8권 제2호, 한국입법정책학회, 2014.
남풍우, 「무역결제론 개정7판」, 두남, 2011.
박광서, "우리나라의 중소수출기업의 수출팩토링활용 증대방안에 관한 연구", 「무역상무연구」, 제33권, 2007.
박광서, 「무역결제 제3판」, 삼영사, 2014.
박세훈, "한・중・일 국제팩토링에 관한 비교연구", 「무역학회지」, 제41권 제3호, 2016.
배정한, "우리나라에 있어서 중소기업에 대한 무역금융으로서 국제팩토링의 발전방안에 관한 연구", 「무역상무연구」, 제39권, 2008.
배정한, 「국제무역대금결제 제4판」, 삼영사, 2007.
서정두, "ISBP의 특징과 문제점 및 UCP 600의 주요과제", 「무역상무연구 」 제22권 제1호, 한국무역상무학회, 2004.
서정호・이대기・최공필, "금융업의 블록체인 활용과 정책과제", 「KIF 금융리포트」 제2017-0호, 한국금융연구원, 2017.
성승제, "블록체인 활성화의 법적 과제", 「기업법연구」, 제31권 제2호, 한국기업법학회, 2017.
송계의, 「무역결제론」, 두남, 2010.
송정남, "한국 팩토링제도 운용의 활성화방안에 관한 연구", 성균관대학교 박사학위 청구논문, 2012.
안병수, "블록체인기반 무역결제의 도입에 관한 연구", 「국제상학」, 제33권 제1호, 한국국제상학회, 2018.
양영식・송인방, "블록체인 스마트계약의 상용화 대비를 위한 법적 과제", 「법학연구」, 한국법학회, 2018.
양재훈, "물류산업의 블록체인 적용효과와 법적 과제에 대한 연구", 「융합정보논문지」, 제8권 제1호, 2018.
오원석, 「무역계약과 결제」, 삼영사, 2002.
윌리엄 무가야 저, 박지훈・류희원 역, 「비즈니스 블록체인」, 한빛미디어, 2017.
유하상, 「국제결제론」, 두남, 2012.
윤광운・장두채・김철호, 「전자상거래론-EC와 국제무역-」, 삼영사, 1999.
윤광운・최영봉・손성문, 「무역결제론」, 탑북스, 2011.
이기영・김철호, "블록체인기반 스마트계약의 국제상거래 적용에 관한 고찰", 「국제상학」, 제33권 제4호, 한국국제상학회, 2018.
이방식・박석재, "새로운 결제수단으로서 전자무역 결제 서비스/은행지급확약(TSU/BPO)의 장점과 활용에 관한 연구", 「무역연구」 제13권 제5호, (사)한국무역연구원,

2017. 10.
이봉수, "SWIFTNet TSU BPO의 계보학적 연구", 「통상정보연구」 제18권 제3호, 한국통상정보학회, 2016.
이봉수, "전자무역결제시스템의 활용에 관한 연구", 「관세학회지」 제6권 제3호, 한국관세학회, 2005.
이상옥 · 이정희, "신용장 전자화에 따른 문제점 분석에 관한 연구", 「e-비즈니스연구」, 제7권 제2호, 2006.
이상진 · 김형철, "URBPO 분석을 통한 중소수출기업의 전자결제 제고방안에 관한 연구", 「관세학회지」 제16권 제1호, 한국관세학회, 2015.
이성민, "글로벌 전자무역 네트워크화에 따른 eUCP에 관한 연구", 「e-비즈니스연구」 제8권 제3호, 한국e-비즈니스학회, 2007.
임재욱, "SWIFT의 Trade Service Utility & Bank Payment Obligation에 관한 연구", 「무역학회지」 제39권 제4호, 한국무역학회, 2014.
장은희 · 정희진, "BPO 제도의 유용성에 관한 연구 - L/C 제도와의 비교를 중심으로 -", 「무역상무연구」 제73권, 한국무역상무학회, 2017.
장청 · 강원진, 포페이팅의 유용성과 한계성에 대한 고찰, 「무역학회지」 제33권 제2호, 2008, p. 434.
전순환, "eUCP에 있어서 서류심사기준에 관한 연구", 「통상정보연구」 제7권 제1호, 한국통상정보학회, 2005.
정경영, "암호통화(cryptocurrency)의 본질과 스마트계약(smart contract)에 관한 연구", 「상사법연구」 제36권 제4호, 2018.
정경영 · 백명훈, 「블록체인기반의 스마트계약 관련 법제연구」, 한국법제연구원, 2017.
정용균 · 정재연, "무역거래대금 결제방식의 결정요인에 대한 사례 연구", 「통상정보연구」, 제17권 제4호, 한국통상정보학회, 2015.
조원길, "거래비용측면에서 전자신용장 활용전략에 대한 연구", 「통상정보연구」, 제16권 제1호, 한국통상정보학회, 2014.
지식경제부 · 한국무역협회, 「외환 · 환위험관리」, (사)한국무역협회 무역아카데미, 2009.
채진익, "BPO의 제도적 운용과 그 시사점에 관한 연구", 「무역학회지」 제41권 제5호, 한국무역학회, 2016.
채진익, "글로벌 전자무역의 활성화를 위한 전자신용장 제도의 운용과 개선방향", 「무역학회지」 제33권 제1호, 한국무역학회, 2008.
한국은행 금융결제국, 「전자금융총람」, 2009. 5.
한기문, "국제팩토링시스템의 이용에 관한 연구", 성균관대학교 박사학위 청구논문,

2009.
한낙현·김영곤, "무역결제수단인 TSU/BPO 제도의 도입에 따른 시사점에 관한 연구", 「무역상무연구」 제60권, 한국무역상무학회, 2013.
한낙현·김종석, "국제무역거래에서의 신용장관련 위험의 유형과은행의 의무에 관한 연구", 「국제상학」, 제22권 제2호, 한국국제상학회, 2007.
허은숙, "아시아 주요국의 수출팩토링 이용특성에 관한 연구", 「아시아연구」, 제12권 제1호, 2009.
홍길종, 김구태, "무역결제방식의 변화에 따른 신용위험 관리방안에 관한 연구", 「관세학회지」 제13권 제1호, 한국관세학회, 2014, pp.175-192.
홍승필 외, 「블록체인 기술 금융분야 도입방안을 위한 연구」, 금융위원회, 2016.
홍종덕, 「신용장과 ISBP」, 두남, 2005.
홍지상, "수출결제방식 변화와 대응방안". 한국무역협회 국제무역연구원, 2011.

寺本振透·玄 君先·內間 裕·弘中聰浩·田中幸弘·內山降太郎·大山幸一郎, "電子マネーの實用化に向けて(上)", 國際商事法研究會, 「NBL」 No. 614, 1997. 4. 1.
吉田 曉, "支給決濟システムの進展と今後の課題", 「金融ジャーナル」, 1985. 11.
木下信行·日向野幹也·木寅潤一, 「電子決濟と銀行の進化」, 日本經濟新聞社, 1997. 11.
森田宏樹, "電子マネーの法的構成(1-4) : 私法上の金錢の一般理論による法的分 析", 國際商事法研究會, 「NBL」 No. 616, 617, 619, 622, 1997. 5. 1, 5. 15, 6. 15, 8. 1.
松本恒雄, "インターネット上での取引と法", 日本評論社, 「法律時報」 第69卷 第7號, 1997. 6.
須藤 修·山下廣太郎·眞壁 修, 「これたけは知っこちきたい!! 圖說 電子マネー」, 經濟法令研究會, 1997. 2.
原田保·寺本義也, 「電子取引革命」, 東洋經濟新報社, 1997.
原田保·寺本義也, 「インターネット時代の電子取引革命」, 東洋經濟新報社, 1996.
日本大藏省, "電子マネー及び電子決濟に關する懇談會報告書", 1997. 5.
八尾 晃, 「國際取引と電子決濟」, 東京經濟情報出版, 1996.
八尾晃, "船荷證券電子化ネネットワークの展開(上"), The Japan Commercial Arbitraction, 「JCAジャーナル」, 第45卷 第3號, 1998.
廳調誠之助, "貿易の電子化とボレロ", 「海運」, 1999.

Accenture, Banking on Blockchain(https://www.accenture.com)
Award, Elias M., *Electronic Commerce*, Prentice Hall, 2002.

Benjamin Wright, *The Law of Electronic Commerce*, Little Brown and Company, 1996.

Delmolino, K., Arnett, M., Kosba, A., Miller, A., Shi, E., "Step by Step Towards Creating a Safe Smart Contract: Lessons and Insights from a Cryptocurrency Lab", 2015.

Deloitte, How Blockchain Can Reshape Trade Finance, (https://www2.deloitte.com/content/dam/Deloitte/global/Documents/grid/trade-finance-placemat.pdf)

Dolan, John F., *The Law of Letters of Credit*, 2nd ed., Warren, Gorhanm & Lamont, Inc., 1996.

Donald R, Smith, "Standard Banking Practice approved", ICC DCINSIGHT, 2002, p.1.

Dubovec, The problems and possibilities for using electronic bill of lading as collateral, Arizona Journal of International and Comparative Law, Spring 2006.

ICC, "2016: Rethinking Trade and Finance," International Chamber of Commerce, 2017.

ICC, Commentary on UCP 600, ICC, Publication No. 680, 2007.

ICC, International Standard Banking Practice(ISBP). ICC Publication No. 681, 2007. 6.

ICC, International Standby Practices 1998, ICC publication No. 590, 1998.

ICC, *Supplement forr Electronic Presentation Version 1.1*, ICC Publication No. 600, 2006.

ICC, Uniform Rules for Bank-to-Bank Reimbursements under Documentary Credits, ICC Publication No. 725, 2008.

JETRO, "The Survey on Actual Conditions Regarding Access To Japan- Single Window Systems for Trade and Port Related Procedures-", 2002. 7.

Kalakota, R. and Whinston, A. B., Electronic Commerce : *A Manager's Guide*, Addison Wesley Publishing Co., 1997.

Koji Takahashi, "Blockchain technology and electronic bills of lading", The Journal Of International Maritime Law, Lawtext Publishing Ltd., 2016.

Kurt Gronfors, "The Legal aspects and Practical Implications of Non-documentatry Gargo Movement", *Institute of Legal Science*, Gothemburg

University, Sweden, 1982.

Laryea, Emmanuel T., "Payment for Paperless Trade: Are There Viable Alternative to Documentary Credit?", *Law and Policy in International Business*, Vol.33, Fall, 2001.

Lata Varghese and Rashi Goya, "How Blockchain Can Revitalize Trade Finance", Cognizant, 2017.

Lata Varghese and Rashi Goya, "How Blockchain Can Revitalize Trade Finance", Cognizant, 2017.

Mann, Ronald J. · Winn, Jane K., *Electronic Commerce*, Aspen, 2002.

Marek Dubovec(2006), "The Problems and Possibilities for Using Electronic Bills of Lading as Collateral", Arizona Journal of International and Comparative Law, 23(2) (https://papers.ssrn.com/sol3/papers.cfm?abstract_id=2135246).

Mark Hayward, "The Top Five Problems with Letters of Credit," Strong & Herd, (www.strongandherd.co.uk/international-trade-articles/international-trade-article-problems-with-letters-of-credit/)

Murphy, E. V. · Murphy, M. M. and Seitzinger, M. V, "Bitcoin: Questions, Answers, and Analysis of Legal Issues", Congressional Research Service, 2015.

Nick Szabo, "Smart Contract"(http://www.fon.hum.uva.nl/rob/Courses/InformationInSpeech/CDROM/Literature/LOTwinterschool2006/szabo.best.vwh.net/smart.contracts.html)

Ryan, P., "Smart Contract Relations in e-Commerce: Legal Implications of Exchanges Conducted on the Blockchain", Technology Innovation Management Review, 7(10), 2017.

Schmitthoff, Clive M., *Schmitthoff's Export Trade*: The Law and Practice of International Trade, 10th ed., SWEET & MAXWELL, 2000.

UN/ECE, *Recommendation and Guidelines on establishing a Single Window*, 2005.

WCO, *Proposal on the introduction of Single Window/one time submission* (06-2278), 10 May 2006.

Westland, J. Christopher · Clark, Theodore H. K., Global Electronic Commerce, Mit Press, 2000.

Wheble, B.S., "The Legal Problems in the Use of Automatic Data Processing in International Trade", SWIFT, London, 1983.

World Economic Forum, 2018, Trade Tech – A New Age for Trade and Supply Chain Financ (https://www.weforum.org/whitepapers/trade-techa-new-age-for-trade-and-supply-chain-finance).

Yanling Chang · Eleftherios Iakovou and Weidong Shi, "Blockchain in Global Supply Chains and Cross Border Trade: A Critical Synthesis of the State-of-the-Art, Challenges and Opportunities" (https://arxiv.org/ftp/arxiv /papers/1901/1901.02715.pdf)

찾아보기

ㄱ

가격정책(Pricing policy) 71
거래 환위험(Transaction Exchange Risk) 65
거래처 329
거절증서 319
검사증명서(Inspection Certificate) 236
검역증명서(Quarantine Certificate) 237
견적송장 230
결제(honour) 253
결제조건(payment clause) 120
경제적 환위험(Economic Exchange Risk) 67
계약(Contract) 24
고객(customer) 296, 329
공인검량인(Public Weighter) 237
과실책임주의 215
과실추정주의 215
구상무역(compensation trade) 116
국내신용장(local L/C) 115
국내팩토링(domestic factoring) 328
국제물품매매계약에 관한 유엔협약(United Nations Convention on Contracts for the International Sale of Goods, 1980; Vienna Convention) 25
국제복합운송(international multimodal transport) 213
국제팩토링(international factoring) 322, 328, 329
국제포페이팅(international forfaiting) 332
국제표준은행관행(International Standard Banking Practice : ISBP) 248
국제항공운송협회(IATA) 208
권리증권(document of title) 193
금융서류(financial documents) 293, 309
기간경과선하증권(Stale B/L) 198
기명식 200
기명식선하증권(Straight B/L) 197
기탁신용장(escrow credit) 117
기한부신용장(usance L/C) 31, 107
기한부어음(usance bill, time draft, after sight draft) 31, 107, 242, 301

ㄴ

내국신용장 115
내국통화 317
내부적 관리기법 70
누진적 회전방법(cumulative method) 114

ㄷ

단기매출채권 337
단순소지인 200
단순송금방식(advance payment) 29, 288
단일운임(through rate) 212
단일책임(uniform liability) 212
단일책임론(uniform liability system) 215
담보위험 224
당발환 49
대금결제(settlement) 26
대금결제시기 28

대금상환도방식(COD와 CAD) 285
대변표(Credit Note) 240
대외지급수단 45
대응구매(counter purchase) 116
대체료(commission in lieu of exchange) 131
도로화물수탁증(Road Consignment Note) 210
독립·추상성원칙 256
독립성의 원칙 269
동시개설신용장(back to back credit) 116
동시결제방식 35, 289
동시송금방식(concurrent payment) 288
동시지급조건(concurrent payment) 30

ㄹ

리딩·래깅(Leading & Lagging) 70

ㅁ

만기일 255
매도환 49
매입(negotiation) 174, 254
매입 수수료(negotiation charge) 132
매입신용장(negotiation credit) 106
매입은행(negotiating Bank) 96
매입제한신용장(restricted credit) 106
매입환 49
매칭(Matching) 70
면책 264
면책약관(Negligence Clause) 196
무담보어음(clean bill of exchange) 33, 242
무담보추심(Clean collection) 310
무사고선하증권(Clean B/L) 197
무서류거래(documentless transaction) 272
무역거래(international trade transaction) 17
무역결제(settlement) 27
무화환신용장(clean credit) 102
무확인신용장(unconfirmed credit) 105
문언증권 194
물물교환(barter trade) 116
물물교환방식(barter trade) 33
미국의 통일상법전(Uniform Commercial Code, 1995 ; UCC) 24

ㅂ

발행수수료 130
발행은행(issuing bank) 93, 254
발행은행의 확약(undertaking) 155
발행의뢰인(applicant) 253
발행인(Drawer) 241
발행자(drawer) 296
발행형식 199
배서 200
법정기재사항 194
보세창고인도거래(bonded warehouse transaction : BWT)방식 290
보증부 매입(under reserve negotiation) 180
보증신용장(standby credit) 113
보증은행(guaranteeing bank) 335
보험금액(insurance amount) 224
보험서류 222
보험승낙서(Cover Note) 225
보험증권(Insurance Policy) 142, 222
보험증명서(Certificate of Insurance) 225
복합운송(multimodal transport) 212
복합운송인(combined transport operator : CTO) 213

복합운송인(Multimodal Transport Operator : MTO) 217
복합운송인의 책임 215
복합운송인의 책임제한 216
복합운송증권 217
본선수령증(Mate's Receipt : M/R) 193
부가위험(Extraneous Risks) 224
부보범위(coverage) 143
부보일자 223
분산원장(distributed ledgers) 351
분할지급(partial payments) 317
불가항력(Force Majeure) 265, 316
불요식계약(informal contract) 26
블록체인(blockchain) 351
비누진적 회전방법(non-cumulative method) 114
비용 318
비유통성 해상화물운송장 206
비트코인(bitcoin) 355
비허가형 블록체인(permissionless blockchain) 355

ㅅ

사고부선하증권(Foul or Dirty B/L) 197
사기예외 적용의 원칙(fraud exception rule) 86
사본 262
사전송금방식(advance remittance, payment in advance) 35, 285, 288
사후송금방식(remittance payment) 35, 289, 291
산업협력(industrial cooperation) 116
상계(netting) 70
상업서류(commercial documents) 293, 310, 313
상업송장(Commercial Invoice) 141, 230
상업적 위험(commercial risk) 337
상호계산방식 291
상환은행(reimbursing bank) 96
상환청구가능(with recourse) 242
상환청구가능신용장(with recourse credit) 105
상환청구불능(without recourse) 242, 332
상환청구불능신용장(without recourse credit) 106
서류상환지급(Cash Against Document : CAD) 30
서류심사기준 279
서류심사의 기준 259
서류인도결제방식(cash against document : CAD) 290
서류인수도조건(D/A) 31
선대신용장(red clause credit, packing credit) 29, 115
선물환거래(forward exchange transaction) 72
선의의 소지인(bona fide holder) 193
선적기간 255
선적서류(Shipping Documents) 190
선적송장(Shipping Invoice) 230
선적전검사(pre-shipment inspection : PSI) 290
선지급방식(payment in advance or cash in advance) 288
선지급조건(advance payment) 29
선택소지인식 200
선하증권(Bill of Lading : B/L) 141, 192
선하증권통일조약 196
세관송장(Customs Invoice) 233
소급약관 224
송금결제(remittance payment)방식 34
송금결제방식(remittance basis) 285
송금환 48
송금환결제 33
송장(Invoice) 229

수령선하증권(Received B/L) 196
수령인(Payee) 241
수리요건 202, 210
수익자(beneficiary) 94, 253
수입거래과정 22
수입계약 22
수입상(importer) 329, 335
수입승인 22
수입통관 23
수입팩터(import factor) 329
수입팩토링(import factoring) 328
수입화물선취보증서(letter of guarantee : L/G) 186
수입화물의 대도(trust receipt : T/R) 187
수출거래과정 19
수출결제방식 41
수출계약 19
수출상(exporter) 334
수출승인 19
수출팩터(export factor) 329
수출팩토링(export factoring) 328
수출화물의 운송 21
수취은행(recipient bank) 343
수표송금방식(demand draft : D/D) 286
스마트 컨트랙트(smart contract) 353
스위프트(SWIFT) 113
신용승인(credit approval) 322
신용위험(credit risk) 333
신용장(letter of credit : L/C) 36, 77, 248, 253, 267
신용장 당사자 93
신용장 발행의뢰인(applicant for the credit) 95
신용장 양도(transfer) 108
신용장 조건변경 후 매입(amendation nego) 180
신용장 조건변경(amendment) 156
신용장거래의 효용성 87
신용장의 독립성(independence) 79
신용장의 추상성(abstraction) 80
신용장의 취소(cancellation) 158
신용장의 통지(advice) 147
신용장의 통지방법 148
신용장의 한계 89
신용장의 확인(confirmation) 104, 152
신용장통일규칙 248
쌍무계약(bilateral contract) 25

ㅇ

약속어음(promissory note) 337
약식선하증권(Short Form B/L) 198
양도불능신용장(non-transferable credit) 108
양도은행(transferring bank) 96
어음매입수권서(authority to purchase : A/P) 118
어음매입지시서(letter of instruction) 119
어음지급수권서(authority to pay : A/P) 119
엄밀일치의 원칙(doctrine of strict compliance) 81, 270
연계무역(counter trade) 115
연지급(deferred payment) 170, 171
연지급신용장(deferred payment credit) 107
연지급약정서(deferred payment undertaking) 172
영국의 물품매매법(Sale of Goods Act 1979; SGA) 24
영사송장(Consular Invoice) 231
예비지급인(the case-of-need) 320
외국환 45
외국환거래약정서 121

외국환관리 49
외국환업무 50
외부적 관리기법 71
외화증권 45, 47
외화채권 47
외화파생상품 47
요식증권 194
요인증권 193
용선계약부선하증권(Charter Party B/L) 199
용어의 정의 253
용적중량증명서 237
우송증명서(Cirtificate of Posting) 221
우편소포수령증(Parcel Post Receipt) 221
우편수령증(Post Receipt) 221
우편신용장(mail credit) 105
운송서류(Transport Documents) 192
원본서류 262
원산지증명서(Certificate of Origin) 233
위생증명서(Certificate of Health) 237
위탁판매(sales on consignment) 31
유상계약(remunerative contract) 25
유엔국제물품복합운송조약 212
유통증권 194
유효기일(expiry date for presentation) 257
은행영업일(baking day) 253
은행의 면책 315
은행의 의무와 책임 314
은행인수(bank acceptance) 173
은행지급확약(Bank Payment Obligation : BPO) 341
이더리움(Ethereum) 353
이자(interest) 317
이종책임론(network liablilty system) 215
인수(acceptance) 172
인수 수수료(acceptance commission) 131
인수 후 지급 170
인수신용장(acceptance credit) 107
인수은행(accepting bank) 95
인수인도방식(document against acceptance : D/A) 36, 294
인수인도조건(documents against acceptance : D/A) 301
일람불어음(sight draft, demand draft) 242
일람지급(payment at sight) 170
일람출급 회환어음(sight bill of exchange) 299
일람출급신용장(sight credit) 107
일반약관(general clause) 196
일치하는 제시(complying presentation) 253
임의기재사항 196, 243

ㅈ

자산・부채관리(Asset-Liability Management) 71
자유매입신용장(open credit) 106
적용범위 252
전송(teletransmission) 158
전송신용장(teletransmission credit) 113
전신 조회 후 매입(cable nego) 180
전신송금환방식(telegraphic transfer : T/T) 287
전신신용장(cable credit) 105
전자결제 39
전자기록(electronic records) 273
전자신용장(Electronic Letter of Credit : e-L/C) 267
전자신용장의 효과 270
전자자금이체(Electronic Funds Transfer : EFT) 269

전자적 제시(electronic presentation) 272
절충형책임론(modified uniform liability system) 215
정치적 또는 환이전 위험(political and transfer risk) 337
정치적 위험(political risk) 333
제2통지은행 157
제시(presentation) 254, 312
제시은행(presenting bank) 241, 297
제시인(presenter) 254
제시장소(place for presentation) 257
조건변경서(the amendment) 156
종이서류(paper documents) 273
주문시현금지급방식(Cash With Order : CWO) 29
주문지급(cash with order : CWO) 288
중장기매출채권 337
지급금지명령(injunction) 86
지급불능 333
지급불이행 333
지급신용장(payment credit) 107
지급은행(paying bank) 95, 171
지급이행(honour) 170
지급인(drawee) 241, 297, 298
지급인도방식(documents against payment : D/P) 36, 294
지급인도조건(document against payment : D/P) 290, 299
지급지시서(payment order, 우편환) 286
지시식 200
지시식선하증권(Order B/L) 197
지시증권 194
지정은행(nominated bank) 254, 257

ㅊ

차변표(Debit Note) 237
채권자(creditor) 296
채권증권 193
채무은행(Obligor bank) 342
책임제한조항(liability limitation clause) 216
처분증권 194
철도화물수탁증(railway consignment Note) 210
청산계정(clearing account, open account : O/A) 31, 35, 291
추상성의 원칙 269
추심(collection) 240, 293, 309
추심(collection)후 매입 179
추심결제(collection)방식 35
추심결제방식 294
추심된 금액(amounts collected) 316
추심수수료 318
추심에 관한 통일규칙(URC 522) 294, 306
추심은행(collecting bank) 241, 297
추심의뢰서(collection order) 297
추심의뢰은행(remitting bank) 241, 297
추심의뢰인(principal) 241, 295, 296
추심지시서(collection instruction) 310
추심환 48
취소가능신용장(revocable credit) 103
취소불능신용장(irrevocable credit) 103

ㅋ

커스터머(customer) 329
컨소시엄 블록체인(consortium blockchain) 356
코레스 비용(corres charge) 131
쿠리어수령증(Courier Receipt) 221

클라이언트(client) 329

ㅌ

타발환 49
토마스 신용장(tomas credit) 118
통선하증권(Through Bill of Lading) 218
통운송(through carriage) 213
통지 320
통지 수수료(advising charge) 131
통지은행(advising bank) 95, 253
통화선물거래(currency futures transaction) 72
통화스왑거래(currency swap transaction) 72
통화옵션거래(currency options transaction) 72
특별약관(Special Clause) 196

ㅍ

파생상품 45
팩터(factor) 329
팩토링(factoring) 322
퍼블릭 블록체인(public blockchain) 355
포괄예정보험(open cover) 225
포장명세서(Packing List) 142, 236
포트폴리오(Portfolio) 71
포페이터(forfaiter) 38, 334
포페이팅(forfaiting) 38, 332
포페이팅비용(forfaiting cost) 334
프라이빗 블록체인(private blockchain) 356
필수기재사항 242

ㅎ

하자서류의 매입 179
할부지급신용장(installment payment credit) 108
합의계약(consensual contract) 25
항공화물수탁서(Air Consignment Note) 207
항공화물운송장(Air Way Bill : AWB) 207
해상보험계약 21
해상화물운송장(Sea Waybill : SWB) 204
허가형 블록체인(permissioned blockchain) 356
헤지(Hedge) 62
현물인도결제방식(cash on delivery : COD) 289
현물환거래(spot exchange transaction) 71
현품인도지급(Cash On Delivery : COD) 30
협회적화약관(Institute Cargo Clauses : ICC) 223
혼합지급조건(mixed payment) 31
화환신용장(documentary credit) 102
화환어음(documentary bill) 32, 242
화환추심(documentary collection) 310
확약(undertaking) 155
확인 수수료(confirming charge) 132
확인(confirmation) 253
확인신용장(confirmed credit) 104
확인은행(comfirming bank) 253
환가료(exchange commission) 131
환산 환위험(Translation Exchange Risk) 66
환어음(Bill of Exchange) 138, 240, 244, 337
환어음의 지급인(drawee) 294
환위험 61
환위험관리(foreign exchange risk management) 61, 68
환위험 관리기법 69
환적선하증권(Transhipment B/L) 198
회전신용장(revolving credit) 114
후지급조건(연지급 ; deferred payment) 30

A~Z

Clean B/L 201
collection charges 318
Combined Transport B/L 218
Combined Transport Document(CTD) 218
Consignee 202
CTD 217
e-UCP 271, 277
e-UCP XML Guide 276
expenses 318
FIATA B/L 214
Freight 202
Full Set 201
Hamburg Rules 216
ISO 20022 343
lost or not lost 224
MTD 217
Multimodal Transport B/L 218
Multimodal Transport Document(MTD) 218
Notify Party 202
OA방식 340
Ocean B/L 202
On Board B/L 201
protest 319
Red B/L 199
SWIFT System 268
Through B/L 218
TSU(Trade Service Utility) 343
TSU/BPO 방식 347
UCP 600 249
UNCTAD/ICC 복합운송증권규칙 216
UN국제복합운송조약 213
URC 522 306

[저자소개]

이 우 영(李宇嶸)

• 부산대학교 대학원 무역학과(경제학박사)
• 현, 경성대학교 국제무역통상학과 교수

▮ 주요 저서 및 논문
• 무역학입문(공저)
• 무역상무론(공저)
외 관련 저서 및 연구논문 다수
e-mail : wyrhee@ks.ac.kr

김 철 호(金喆浩)

• 부산대학교 대학원 무역학과(경제학박사)
• 현, 경남과학기술대학교 글로벌무역통상학과 교수

▮ 주요 저서 및 논문
• 전자무역(공저)
• 무역결제에서 블록체인 기술의 적용방안에 관한 연구
외 관련 저서 및 연구논문 다수
e-mail : kch@gntech.ac.kr

우 광 명(禹光明)

• 부산대학교 대학원 무역학과(경제학박사)
• 현, 목원대학교 사회과학대학 무역학과 부교수

▮ 주요 저서 및 논문
• "ICC 중재판정에서 Incoterms 적용의 해석문제
• 국제상거래에 있어 신의성실원칙 적용에 관한 사례연구
외 관련 저서 및 연구논문 다수
e-mail : kmwoo@mokwon.ac.kr

이 양 기(李良基)

- 부산대학교 대학원 무역학과(경제학박사)
- 현, 부산대학교 무역학부 부교수

▌주요 저서 및 논문
- 최신무역학원론(공저)
- 최신국제상거래론(공저)
- 신용장거래에서 서류 사기 및 위조에 따른 예외원칙 적용에 관한 고찰"
  외 관련 저서 및 연구논문 다수

e-mail : yangkee21@pusan.ac.kr
홈페이지 : http://trade.pusan.ac.kr

저자와의
협의하에
인지생략

무역결제론[제2판]

2014년 8월 30일 1판 1쇄 발행
2020년 2월 21일 2판 1쇄 인쇄
2020년 2월 27일 2판 1쇄 발생

저 자 이 우 영 · 김 철 호
우 광 명 · 이 양 기
발행인 고 성 익
조 판 플 러 스

05027
발행처 서울특별시 광진구 아차산로 335 삼영빌딩
도서출판 三 英 社
등 록 1972년 4월 27일 제2013-21호
전 화 737-1052 · 734-8979 FAX 739-2386

정가 25,000원

ISISBN 978-89-445-0496-9-93320